KB045734

욕망을 자극하라

욕망을 자극하라

누구라도 사지 않을 수 없게 만드는 론칭 전략

정혁준 지음

CONTENTS

그들의 출발 지점을 살펴야 세계 1등 기업이 보인다

이 물건은 누구나 꼭 갖고 싶어 하는 '머스트 해브Must Have' 아이템이었고, '나'를 특별하게 만들어 주는 '잇It' 아이템이기도 했다. 손 안에 쏙 들어올 만큼 크기가 작은 데다 디자인이 세련되었다. 학생과 젊은이의 로망일 수밖에 없었다. 하지만 집어 들고 나서 가격표를 확인해 보면 흠칫 놀랄 만큼 비쌌다.

고가임에도 이 물건은 전 세계를 휩쓸었다. 센트럴파크에서 조깅을 하는 사람들도, 서울 출퇴근길의 샐러리맨들도, 유럽 어느 소도시 대학교의 학생들도 이 물건으로 음악을 듣고 어학 공부를 했다. 이 물건을 들고 다니지 않으면 시대에 뒤처진 사람 취급을 당할 정도였다. 이 물건은 음악 시장의 판도를 바꾸기도 했다. 이른바 블루오션을 만들어 낸 것이다. 젊은이와 시대의 문화를 상징하는 아이콘이 된 것은 당연한 일이었다. 이 물건을 만든 기업은 혁신적인 기업으로 세상에 이름을 알렸다.

시장 조사를 할 수 없었던 워크맨

앞의 글을 읽고 아이팟이나 아이폰을 떠올렸다면 당신은 젊은 축에 속한다. 30대 중반에서 40대 후반이라면 아마도 일본 기업 소니SONY의 워크맨Walkman을 생각해 냈을 것이다. 워크맨은 지금 중년에 접어든 이들이 청년이었을 당시에 모든 젊은이가 갖고 싶어 했던 선망의 기기였다. 그리고 모방의 달인이라는 꼬리표를 달고 다니던 일본 기업과 제품에 대한 선입견을 지워 버린 일등공신이기도 했다.

워크맨의 신화는 '다른 사람에게 피해를 주지 않고 음악을 즐길 수 있는 방법이 없을까?'라는 생각에서 시작되었다. 소니의 공동 창업자 이부카 마사루井深大는 해외 출장에 올라 비행기를 탈 때면 휴대용 카세트에 헤드폰을 꽂아서 음악을 듣고는 했다. 그러던 중 그는 크기가 작아서 휴대가 용이하고 다른 사람에게 피해를 주지 않고 음악을 들을 수 있는 카세트를 만들면 좋겠다는 생각을 동

업자인 모리타 아키오盛田昭夫에게 전했다. 모리타 아키오는 그 말을 듣고는 무릎을 탁 쳤다. 그는 오래지 않아 엔지니어들을 불러 모아서 갖고 다니기 쉽게 크기를 줄이고 이어폰으로 음악을 들을 수 있는 소형 카세트를 만들 것을 주문했다.

하지만 엔지니어들은 아키오의 제안을 환영하지 않았다. 새로운 제품을 개발하려면 먼저 시장 조사를 해야 하는데, 표본으로 삼을 만한 제품이 이 세상에 존재하지 않았기 때문에 시장 조사가 불가능했다. 제품의 형체가 없는 상태에서 이어폰이 달린 소형 카세트에 대해서 어떻게 생각하느냐고 물어서는 올바른 데이터가 수집될 리 없었다. 난관은 그것만이 아니었다. 당시 일본 사람들은 청각장애인의 보청기처럼 생긴 이어폰에 거부감을 갖고 있었다. 게다가 카세트의 사이즈를 줄이려면 녹음 기능을 빼야 했는데, 녹음 기능이 없는 카세트를 구입하려는 사람이 있을지 의문이었다.

이처럼 불안 요소가 많았지만 결국 소니의 엔지니어들은 모리타 아키오가 주문한 대로 제품을 만들었다. 제품에는 워크맨이라는 이름이 붙었다. 브랜드 이름이 영어 문법적으로 맞지 않았지만, 모리타 아키오는 그대로 밀어붙였다. 그리고 소니는 워크맨을 세상에 선보이면서 이렇게 광고했다.

'인간은 왜 걷는 법을 배웠는가.'

소니는 걸어 다니면서 음악을 들을 수 있다는 점을 마케팅 포인트로 삼았다. 하지만 출시하고 한 달이 지날 때까지도 반응은 신통찮았다. 그런데 의외의 곳에서 바람이 일기 시작했다. 워크맨이 미국 여피yuppie 들의 마음을 사로잡은 것이었다. 여피들이 워크맨을 선택한 이유는 다른 사람에게 불쾌감을 주지 않고도 음악을 즐길 수 있다는 점이 아니었다. 다른 사람으로부터 방해를 받지 않고 자신만의 세계에 집중할 수 있다는 점 때문이었다.

타인의 간섭을 받지 않는 자신의 세계에 몰입하다

워크맨은 사용자가 스스로 외부와 차단하고 내면으로 들어갈 수 있게 해 주는 통로였다. 다른 이의 간섭을 받지 않고 자신만의 음악과 사운드트랙을 즐기고자 하는 여피들에게 워크맨은 잇 아이템이었다. 애초에 제품을 개발한 콘셉트와는 180도 다른 지점에서 수요가 창출되었지만, 결국 워크맨은 세계적인 히트 상품이 되었다. 워크맨이 세상에 나오기 전까지만 해도 사람들은 전자 제품을 갖고 다닐 생각을 하지 못했다. 휴가를 떠나거나 피크닉을 즐기면서 큼지막한 카세트를 들고 가는 것이 고작이었다. 워크맨은 전자 기기를 몸에 지니고 다닌다는, 당시로서는 미래지향적인 풍속을 만들어 냈고 '나만의 전자 제품'이라는 새로운 개념을 창출했다.

처음 워크맨이 세상에 나왔을 때 서양인들은 브랜드명이 영문법에 들어맞지 않는다고 조롱했지만, 워크맨이라는 단어는 1981년에 프랑스어 사전에 수록되었고 1986년에는 옥스퍼드 영어 사전에 이름을 올렸다. 애초에 소니의 브랜드 이름에서 출발했지만 워크맨은 훗날 소형 카세트를 일컫는 고유 명사가 되었다.[1]

워크맨은 2006년 3월 일본 사마타이 현 공장에서 생산을 중단할 때까지 총 3억 4,000만 대가 팔려 나갔다. 워크맨은 소니의 혁신적인 브랜드가 되었을 뿐만 아니라 일본 제품의 첨단 기술을 보증하는 '메이드 인 저팬'의 전도사가 되었다.

성공 신화의 드러나지 않은 이면을 보라

사업을 시작하거나 새로운 프로젝트를 기획하는 사람에게는 어떻게 첫발을 떼느냐가 매우 중요한 화두가 된다. 때문에 많

은 사람들이 시중의 경제경영서를 참조한다. 성공한 사람이나 기업이 걸어온 길을 통해 배움을 얻기 위해서다.

하지만 대부분의 경제경영서는 성공의 결과만을 보여 준다. 예를 들어, 미국 항공사 사우스웨스트 항공Southwest Airlines의 성공을 다룬 경제경영서들 대부분이 이 항공사의 비용 절감과 펀fun 경영에 주목한다. 그러나 사우스웨스트 항공이 사업을 시작했을 때 그들이 이러한 사안을 경영 전략으로 삼은 것은 아니었다. 이처럼 성공한 기업을 둘러싼 성공 신화에는 드러나지 않는 부분이 있게 마련이다. 기업이 성공 가도에 오르고 난 뒤에 안착한 시스템만을 조명하는 것은 부유한 사람이 어떻게 돈을 벌었는지는 말하지 않은 채 그 사람이 현재 살고 있는 저택이나 누리고 있는 삶을 보여 주면서 '부자는 으레 이렇다'라고 말하는 것에 지나지 않는다. 부러움을 자아낼 수는 있지만 가르침을 줄 수는 없다.

이 책은 세계적으로 성공한 기업들이 처음 사업을 시작했을 때 어떤 방법을 썼는지를 중점적으로 보여 준다. 사업을 시작하려는 이나 새로운 프로젝트를 기획하는 이들에게 실질적인 도움을 주기 위해서다. 그래서 이 책은 성공 신화에 가려진 이야기들을 찾아 나선다. 성공 신화란 기업들이 일정한 틀을 잡고 어떤 수준의 반열에 오르고 난 뒤에 만들어지는 것이다. 하지만 이들의 사례를 통해 우리가 배워야 할 것은 이 기업들이 첫걸음을 뗐을 때 어떤 식으로 수요를 만들어 내고 시장에 진입했는가 하는 점이다.

그들의 시작은 어떠했는가?

사업을 시작한 초기에 수요를 만들어 내지 못한다면 사업을 접거나 프로젝트를 폐기해야 한다. 사업을 시작할 때 어떻게 시작하고 어떻게 위기를 넘기느냐에 따라 사업의 지속성을 확보할 수 있다. 이 책은 세계적으로 성공한 기업들이 사업 초기의 어려움을 어떻게 극복했는지, 후발 주자로서 어떻게 시장에 진입하여 점유율을 높여 나갔는지 알아보고자 한다. 또한 성공 신화에 가려진 숨은 이야기를 들여다보고자 한다. 그들 대부분이 불굴의 의지와 노력, 번뜩이는 창의력으로 목적을 달성했지만, 때로는 행운이 그들의 성공을 뒷받침하기도 했다. 또 뼈저린 실패를 통해 변신과 변화를 꾀하기도 했다.

큰 틀을 보고 맥락을 꿰뚫어야 한다. 숲을 보지 못하고 나무만 보아서는 성공 스토리를 내 것으로 만들 수 없다. 혁신은 어떤 상황에서 이루어졌는지, 도전이 있을 때 어떻게 응전했는지를 보아야 한다. 스타벅스가 한창 주가를 올릴 때 다른 커피 회사들은 손을 놓고 있었을까? 그들도 그들만의 전략을 세워 스타벅스의 아성에 도전했고 스타벅스를 궁지에 몰아넣기도 했다.

경영은 혼자 하는 것이 아니다. 경영은 상대적이다. 그런 상대적인 상황과 변수를 빼 놓고는 수요를 얘기할 수 없다. 한 기업의 성공 신화를 한쪽에서만 바라보아서는 안 된다. 전체를 꿰뚫어야 큰 그림을 볼 수 있다.

CHAPTER · 1

최초의 선발 주자가 되라고? 아니, 선발 주자가 놓친 고객을 공략하면 돼

: 어떻게 엔터프라이즈는 허츠와 에이비스를 제치고 1위가 되었는가

How to Lead

- 왜 업계 최초 브랜드의 시장 점유율이 가장 높을까?
- 렌터카 기업 에이비스는 1위 허츠와의 경쟁에서 살아남기 위해 어떤 전략을 택했는가?
- 이미 시장을 선점하고 있는 강자들이 즐비한 렌터가 업계에서 후발 주자 엔터프라이즈는 어떻게 시장에 진입하고 점유율을 넓혀 나갔는가?
- 가격 경쟁력을 높이기 위해 엔터프라이즈가 선택한 전략은?

세계 최초로 자동차 대여업을 시작해 렌터카 시장의 리더 브랜드가 된 허츠는 이후 군소 렌터카 업체가 시장에 진입한 뒤에도 시장의 70퍼센트 이상을 장악한 절대 강자의 자리를 굳건하게 지켰다. 군소 렌터카 업체 중 하나였던 에이비스는 허츠와의 전면전을 피한 채 스스로 2위임을 인정함으로써 허츠와의 격차를 조금씩 줄여 나가는 전략을 택했다. 1950년대 후반 엔터프라이즈가 뛰어들었을 때, 렌터카 시장은 허츠와 에이비스라는 두 '골리앗'이 버티고 있는 난공불락의 요새와도 같았다. 이에 엔터프라이즈는 기존의 시장 구조에 편입되지 않고 독자적인 영역을 개척하는 모험을 감행한다.

마케팅 전략 전문가인 알 리스와 잭 트라우트가 함께 쓴 책《마케팅 불변의 법칙The Immutable Laws of Marketing》은 마케팅을 공부하는 사람이라면 누구나 읽게 되는 마케팅 분야의 바이블이다. 이 책에 나오는 마케팅의 제1법칙은 '리더십의 법칙'이다. 처음으로 어떤 사업을 시작한 최초의 브랜드가 그 사업 분야의 1위로 자리매김한다는 것이다. 이 책은 '리더십의 법칙'을 대표하

는 기업으로 미국의 렌터카 기업 허츠Hertz를 들고 있다. 허츠가 부동의 1위 자리를 수성하는 동안 2위 기업은 어떻게 대응했을까? 스스로 2위라는 걸 인정하면서 그 자리를 지켰다. 이 기업이 에이비스Avis였다. 2위 업체인 에이비스는 1위로 올라서려고 노력하기보다는 고객에게 자신의 위치를 인정하는 전략을 택했다.

2000년대 초반까지만 해도 '리더십의 법칙'은 들어맞았다(《마케팅 불변의 법칙》이 미국에서 처음 출간된 것은 1993년의 일이다). 당시만 해도 미국 렌터카 업계의 1위는 허츠였다. 지금은 어떨까? 허츠는 1위 자리를 내주었다. 그렇다면 '2인자'를 자처했던 에이비스가 드디어 1위로 올라섰을까? 아니다. 독자 여러분에게는 다소 생소할 수 있는 엔터프라이즈Enterprise라는 기업이 업계 1위에 올랐다.[2] 도대체 어떻게 해서 엔터프라이즈라는 '듣보잡' 업체가 미국 렌터카 업계의 1위로 올라섰을까? 이 이야기를 하려면 1918년으로 가야 한다.

허츠의 독주 : 처음으로 렌터카 사업을 시작하다

스물두 살의 청년 월터 제이콥스Walter L. Jacobs는 시카고에서 중고 포드 승용차를 판매했다. 중고차 대리점에는 항상 고객을 기다리는 재고 차량이 마당을 차지하고 있었다. 어느 날 제이콥스는 자동차를 그냥 마당에 세워 놓을 게 아니라 돈을 받고 빌려주면 어떨까 하고 생각했다. 자동차를 대여한다는 렌터카Rent-A-Car 개념이 탄생한 순간이었다.

미국의 차량 대여점을 표시하는 아이콘

1918년, 월터 제이콥스는 곧장 시카고에서 자동차를 대여하는 사업을 시작했다. 처음에 고객에게 대여한 차는 포드 'T형 모델' 12대뿐이었지만, 5년 뒤에는 대여용 자동차 수가 500대를 넘어섰다. 1923년에 제이콥스는 시카고의 택시 회사 옐로 캡Yellow Cab Company의 설립자인 존 허츠John D. Hertz에게 자신의 사업체를 매각했다. 허츠는 회사를 인수하고 나서 이름을 '허츠 드라이브어셀프 시스템Hertz Drive-Ur-Self System'으로 바꾸었다.[3]

허츠는 이후 계속해서 소유주가 바뀌었다. 제너럴모터스General Motors, 유나이티드 항공United Air Lines, Inc., 포드 자동차Ford Motor Company 등에 매각되었다가 2005년에 사모펀드 그룹인 프라이빗 에쿼티 그룹Private Equity Group이 인수하여 현재까지 이어지고 있다.

앞서 밝힌 대로《마케팅 불변의 법칙》은 마케팅의 제1법칙인 '리더십의 법칙'을 설명하면서 허츠를 예로 들었다.

> 대부분의 경우 최초의 브랜드는 그 영역의 리더가 된다. 그리고 그 뒤를 따라 시장에 들어온 브랜드들의 판매율 순위는 흔히 발

을 들여놓은 순서와 일치한다.

어떤 영역에서든 시장을 주도하고 있는 리더 브랜드는 거의 예외 없이 소비자의 마음속에 가장 먼저 자리 잡고 들어간 브랜드다. 렌터카 시장의 허츠, 컴퓨터 시장의 IBM, 콜라 시장의 코카콜라가 바로 그런 예다.

2000년대 초반까지 허츠는 미국 렌터카 시장에서 부동의 1위 자리를 지켰다.

2위 에이비스의 도전 : 공항에는 왜 렌터카가 없을까?

공군 장교였던 워렌 에이비스Warren Avis는 제2차 세계 대전이 끝난 뒤 미시간에서 자동차 판매 대리점을 운영했다. 그러던 어느 날 공항에서 택시 승강장의 길게 늘어선 줄에 섞여 있던 그는 렌터카가 시내에만 돌아다니고 정작 필요한 공항 주변에서는 찾아볼 수 없다는 사실을 깨달았다. 그리고 공항과 시내를 연결하는 렌터카 사업 아이디어를 떠올렸다.[4]

1946년, 그는 8,500달러의 자본으로 플로리다와 미시간 공항에서 렌터카 서비스 사업을 시작했다. 회사 이름은 '에이비스 에어라인 렌터카Avis Airlines Rent-a-Car'라고 지었다. 출장을 가는 비즈니스맨과 여행을 떠나는 관광객이 차를 쉽게 대여할 수 있도록 하는 데 초점을 맞추었다.

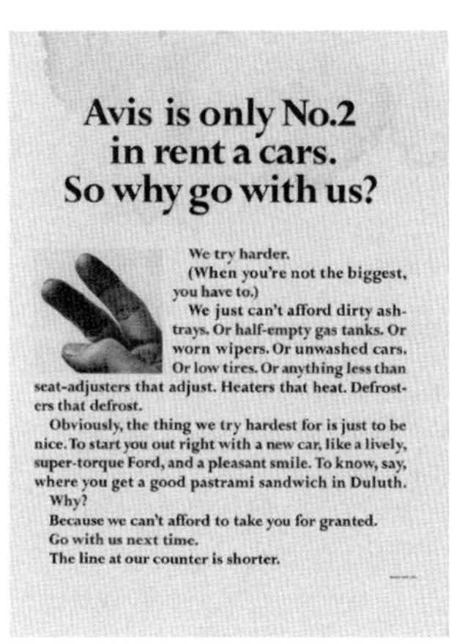

에이비스의 2등 전략 광고

에이비스의 시장 진입은 쉽지 않았다. 경영이 날로 악화되어 13년 동안 적자가 이어졌다. 당시 미국 렌터카 업계는 시장 점유율 70퍼센트를 넘게 차지하고 있는 허츠가 1위였고, 나머지 업체들이 시장 점유율을 3~5퍼센트씩 나누어 가진 모양새를 취하고 있었다.

1962년이 되었을 때 에이비스의 누적 적자는 125만 달러에 달했다. 에이비스는 신용카드 회사인 아메리칸 익스프레스American Express Company의 부사장이었던 로버트 타운젠트Robert Townsend를 사장으로 영입하여 경영 쇄신에 나섰다. 그리고 타운젠트는 마케팅 업계에 길이 남을 광고를 제작한다. 바로 'No.2 캠페인'이다.[5]

광고의 캐치프레이즈는 '에이비스는 업계 2위에 지나지 않습니다. 그런데 왜 저희와 함께하셔야 하느냐고요?'다. 자사를 명확하게 업계 2위라고 인정한 광고는 세계 광고사상 이것이 최초였다. 그리고 광고는 이렇게 이어진다.

저희가 더 열심히 일하기 때문입니다. 업계 최고가 아니라면 그렇게 열심히 하는 것 말고는 다른 도리가 없지 않겠습니까? 저희는 더러운 재떨이를 그냥 내버려둘 수가 없습니다. 연료 탱크가 가득 차지 않은 채로, 와이퍼가 말을 듣지 않는 채로, 세차가 안 된 채로, 타이어에 바람이 빠진 채로, 시트가 제대로 자리 잡히지 않은 채로, 히터가 고장 난 채로, 서리 제거기가 작동하지 않는 채로 차를 빌려 드리지 않습니다. 물론 저희가 더 열심히 하는 이유는 잘 보이기 위함이지요.

여러분이 새 차를 탈 때처럼 산뜻한 기분을 갖고, 강력한 힘을 경험하며, 얼굴에 즐거운 미소가 절로 감돌도록 해 드리기 위한 것이랍니다. 말하자면 저희는 여러분의 가려운 데를 정확하게 긁어 드릴 수 있는 거지요. 왜냐고요? 저희는 여러분을 으레 저희를 찾아 주시는 손님으로 생각하지 않기 때문입니다. 다음번에는 저희 에이비스를 한번 이용해 보십시오. 그렇게 오래 기다리지 않으셔도 된답니다.

기대했던 대로 광고는 화제가 되었다. '업계 2위인 에이비스도 더욱 노력한다는데 3위인 우리는?'이라는 업계의 반응이 나타났고, 고객들 사이에서는 공항에서 에이비스의 렌터카를 빌려서 광고가 맞는지 아닌지 확인해 봐야겠다는 이야기가 나돌았다.

이 광고는 에이비스 1,800개 영업소 종업원들의 사기와 근무 태도도 바꾸었다. 직원들은 가슴에 '더욱 노력합니다'라고 적힌 배지를 달고 더욱 상냥하게 고객들을 맞았고 일 처리 속도도 빨라졌다. 매출이 오르기 시작했다. 2개월 동안 적자 규모가 빠른 속도로 줄어들더니 적으나마 흑자를 기록했다. 뉴욕에서는 1개월 만에 매출이 51퍼센트나 증가했고, 그 뒤 2년 동안 매출은 10퍼센트에서 35퍼센트로 크게 신장했다.

1등 기업은 굳이 경쟁 기업을 언급하지 않고 항상 자기네가 1등임을 내세운다. 2등 기업은 1등 기업의 단점을 부각시켜서 자기네를 돋보이게 만든다. 에이비스는 결점이나 약점을 감추기보다는 솔직하게 인정하면서 1위와 서비스 측면에서 별반 차이가 없다는 점과 2위이기에 더욱 노력할 것을 강조했다. 이 광고로 인해 에이비스는 부동의 2위 자리를 지킨 것과 동시에 허츠와의 시장 점유율 격차를 크게 줄일 수 있었다. 에이비스의 '2등 캠페인'은 단순히 1위인 허츠에 도전한 것만이 아니라, 세상의 많은 사람들이 갖고 있는 2등에 대한 고정 관념을 향해 도전장을 내민 것이었다.

《마케팅 불변의 법칙》의 저자들은 에이비스의 도전을 이렇게 풀이했다.

> 각 영역별로 사람들의 마음속에는 제품 사다리가 있다. 그 사다리의 각 디딤대에 각각의 브랜드명이 있다. 렌터카 영역을 생각해 보자. 허츠는 소비자의 마음속에 최초로 들어가 제일 높은 디딤대를 차지했다. 에이비스는 두 번째, 내셔널National은 세 번째다. 당신의 마케팅 전략은 얼마나 빨리 소비자의 마음속으로 들어갔

느냐, 그래서 사다리의 어느 디딤대를 차지했느냐에 따라 달라져야 한다. 물론 더 높은 디딤대일수록 유리하다.

에이비스를 예로 들어 보자. 이 회사는 자사의 서비스 품질이 우수하다고 광고해 왔다. '렌터카 업계에서 제일 뛰어난 서비스'가 에이비스의 광고 메시지 중 하나였다. 그런데 광고를 본 사람들은 고개를 갸우뚱했다.

'내 마음속 사다리의 가장 높은 디딤대를 차지하지도 못한 회사가 어떻게 가장 뛰어난 렌터카 서비스를 제공한다는 거지?'

이에 에이비스는 소비자의 마음속에서 한 발 진전을 이루기 위해 반드시 필요한 일을 했다. 사다리 위에서의 자기 위치를 인정하고 나선 것이다.

엔터프라이즈 :
공항 수요와는 다른 수요도 있다

잭 테일러Jack Taylor는 제2차 세계 대전 때 미 해군에서 복무했다. 그는 공중전에서 크게 이름을 떨친 미국의 대표적인 전투기 헬캣Hellcat을 조종했다. 헬캣은 주로 항공모함에서 출격했다.

전쟁이 끝난 뒤 잭 테일러는 고향인 미주리 주 세인트루이스에 배송 회사를 차렸다. 얼마 뒤 그는 캐딜락Cadillac 판매 대리점을 열었다. 캐딜락은 미국의 고급 차종이다. 1957년에 그는 다시 렌터카 업계에 뛰어들었다. 8대의 차로 시작했다. 처음에는 주로 회사의 중역을 대상으로 차를 대여하면서 기업과 거래를 했다. 1969년에는 회사 이름을 전쟁 중에 군복무를 하면서 승선했던 미국 항공모함의 이름을 따서 엔터프라이즈라고 고쳤다.

이때만 해도 미국 경제는 황금기를 맞고 있었고 항공 산업이 크게 성장했다. 이전에는 돈이 많거나 회사 일로 출장을 떠나는 사람만이 비행기를 이용했지만 1960년대 후반부터 항공 여행의 수요가 크게 확대되었다. 이에 맞추어 허츠와 에이비스는 공항을 중심으로 형성한 영업망을 더욱 공고히 하고 있었다.

후발 업체인 엔터프라이즈는 렌터카 고객이 많은 공항을 사업 거점으로 잡기가 힘들었다. 허츠나 에이비스 같은 강자들이 이미 공항을 장악하고 있었고, 초기 투자 비용을 감당하는 것도 수월하지 않았다. 테일러는 공항 렌털 시장에서 허츠나 에이비스 같은 업체들과 경쟁하는 것은 역부족이라고 판단하고 다른 틈새시장을 찾았다.

미국은 땅덩어리가 크기 때문에 자동차 없이 생활하는 것이 거의 불가능하다. 주거 지역도 우리나라처럼 밀집해 있는 것이 아니어서 물건 하나를 사려고 해도 차를 타고 멀리 나가야 하는 경우가 많다. 아이들의 등하교길 역시 우리와 비교할 수 없을 정도로 멀다. 잭 테일러는 이러한 미국인의 라이프 스타일에 주목했다. 자동차 사고를 당해서 수리 기간이 길어지거나 자동차를 도난당해 어쩔 수 없이 일시적으로 차를 대여해야 하는 사람들이 눈에 띄었다. 이런 일을 당했을 때 자동차 보험에 가입했다면 자동차 보험사에서 가입자에게 렌터카를 제공한다.

그런데 당시 허츠와 에이비스의 렌터카 영업소는 대부분이 공항에 있었다. 공항은 소음 문제 때문에 주거 지역과 멀리 떨어져 있어서 거주지를 중심으로 사용할 자동차를 대여하려 해도 일단 공항까지 가야 했다. 서울을 예로 들면, 강동구에 사는 사람이 렌터카를 빌리기 위해 인천국제공항이나 김포공항까지 가야 했던 것이다.

잭 테일러는 전체 렌터카 시장에서 사고나 도난 등의 이유로 차를 대여하는 고객의 비율이 40~45퍼센트에 이른다는 사실을 알아냈다. 그는 이러한 고객에 집중했다. 이른바 '집중화 전략' 또는 '틈새 전략'이었다.

작아 보이는 시장에는 골리앗이 뛰어들지 않는다

엔터프라이즈는 영업소를 공항이 아닌 주택가와 사무실 밀집 지역에 집중적으로 배치했다. 하지만 자금력이 약했던 엔터프라이즈가 모든 주택가와 사무 지역을 커버할 수는 없었다. 이러한 사실은 엔터프라이즈의 영업소가 없는 지역의 주민은 여전히 불편함을 감수해야 한다는 것을 뜻한다. 왜냐하면 땅이 넓은 미국에서는 큰 도회지를 벗어나면 대중교통을 이용하기가 힘들어서 결국 렌터카를 대여하려 해도 영업소까지 오가는 교통편이 애매하기 때문이다. 게다가 당시 사람들은 렌터카는 으레 공항에서 빌린다는 인식을 갖고 있었다. 그런 사람들의 눈에 엔터프라이즈는 자금 여력이 없어 동네 고객을 상대로 영업을 하는 영세한 회사로 비쳤다. 당연히 고객의 신뢰도가 떨어질 수밖에 없었다. 엔터프라이즈는 이러한 몇 가지 약점을 보완하기 위해 고객의 니즈에 따른 새로운 가치를 제안했다. 편리함과 합리적인 가격이었다.

엔터프라이즈는 공항 시장을 버리고 주택가와 상업 지구를 시장으로 개척했다.

엔터프라이즈는 편리함이라는 가치를 실현하기 위해 매우 특별한 서비스를 도입했다. 고객을 영업소까지 태우고 오고, 또 고객이 영업소로 차를 반납하면 다시 고객을 원하는 장소까지 데려다주는 것이다. 이름 하여 '픽업 앤 드롭Pick up & Drop off' 서비스였다. 대개의 렌터카 회사들이 공항에 집결해 있어서 공항에 가야만 원하는 자동차를 빌릴 수 있었던 기존의 시스템에서 벗어나 집에서 전화를 걸면 무료로 고객을 영업소와 집까지 데려다주는 서비스는 오래지 않아 고객의 마음을 사로잡았다.

엔터프라이즈가 합리적인 가격, 다시 말해서 렌터카 업계의 강자들보다 저렴한 가격으로 영업을 할 수 있었던 첫 번째 이유는 영업소를 임대료가 비싼 공항에 두지 않았기 때문이었다. 게다가 상대적으로 임대료가 낮은 주택 지역이나 사무 지역에 영업소를 두면서 독립적인 공간을 확보한 것이 아니라 기존 점포의 입구나 쇼핑센터의 한 구석에 마련하고 직원 역시 고객을 맞이하는 한두 명만 배치하여 운영했다. 또 허츠나 에이비스처럼 6개월마다 승용차를 교체하지 않고 1년 6개월 동안 활용하다가 처분하고 새로운 차로 교체했다. 결국 엔터프라이즈는 영업소의 몸집을 줄이고 승용차의 교체 시기를 늦춘 데서 오는 비용 절감 효과를 저렴한 가격으로 환원했다. 이렇게 해서 엔터프라이즈는 허츠나 에이비스보다 렌터카 대여비를 최고 30퍼센트까지 낮출 수 있었다. 요금이 싼 데도 계속해서 흑자를 냈다. 집중화의 위력이었다.

엔터프라이즈가 공략한 시장은 공항의 렌터카 수요에 견주어 상대적으로 작아 보였기에 허츠와 에이비스는 이 시장을 눈여겨보지 않았다. 정비소에 차를 맡기고 임시 동안 차를 빌려서 쓰려는 도심의 렌터카 소비자를 간과한 것이었다. 고객을 여행자로만 한정하는 뼈아픈 실책을 저질렀던 허츠는 결국 새로운 시장을 노리고 진입한 엔터프라이즈에게 추월당하고 말았다.

현재는 많은 렌터카 회사들이 엔터프라이즈와 같은 픽업 앤 드롭 서비스를 제공하고 있다. 하지만 엔터프라이즈를 따라잡지는 못하고 있다. 렌터카 서비스를 최초로 시작하여 사다리 디딤대의 가장 높은 곳을 차지한 것은 허츠였지만, 다른 차원의 서비스를 도입하여 시장을 재편한 엔터프라이즈는 새로운 사다리를 만들어 가장 높은 곳을 차지한 것이다.

아이아코카도 깜짝 놀라게 만든 비즈니스 모델

엔터프라이즈는 북미를 넘어 영국, 독일, 아일랜드, 푸에르토리코 등의 국가로 사업을 확장하면서 81만 8,000대의 차량을 보유하게 되었고 직원은 6만 1,000명이며 모두 6,500개의 영업소를 운영하고 있다. 2008년에는 《포브스Forbes》가 선정한 세계 500대 기업에도 진입했다.

미국 자동차 업계에서 GM, 포드와 더불어 '빅 3'로 통하는 크라이슬러Chrysler Corporation의 CEO로 재직하면서 혁신을 진두지휘했던 리 아이아코카Lee Iacocca는 엔터프라이즈의 성공을 두고 이렇게 말했다.[6]

"잭 테일러로부터 엔터프라이즈의 렌터카 사업에 대해서 들었을 때 솔직히 나는 그의 성공을 의심했다. 그의 계획은 단 한 가지 차별화 전략으로 거인인 허츠, 에이비스와 맞서 싸우는 것이었다. 그 전략이란 고객의 집을 방문해서 직접 픽업한다는 것이었다. 사실 고객을 직접 데리러 간다는 아이디어 하나 때문에 사람들이

스페인 발렌시아 공항의 렌터카 서비스 안내판.
2014년 전 세계 렌터카 시장의 매출 규모는 310억 달러(한화 약 35조 5,000억 원)에 이른다.

기존에 거래하던 회사를 버리고 엔터프라이즈를 선택할 것 같진 않았다. 하지만 오늘날 엔터프라이즈는 북미에서 가장 큰 렌터카 회사가 되었다."

엔터프라이즈는 여기서 멈추지 않았다. 자동차 보험 가입자의 자동차가 파손되거나 도난당하면 보험 회사는 이를 대신할 렌터카를 보험 가입자에게 무상으로 제공하게 되는데, 엔터프라이즈는 보험 회사에서 빌리는 렌터카를 대폭 할인해 주는 방법으로 보험사와 파트너십을 맺으며 이 사업에 뛰어들었다. 현재는 회사 수입의 3분의 2 이상이 이 사업에서 나오고 있다. 보험 가입자를 대상으로 영업을 하다 보니 TV 광고에 의존할 필요도 없다. 대신 보험 회사 대리점에 영업력을 집중한다. 보험 회사 직원들이 보험 가입자들에게 렌터카 업체로 엔터프라이즈를 추천하고, 또 이 루트를 통해 엔터프라이즈는 보험 가입자를 잠재 고객으로 확보할 수 있다. 이 사업을 통해 엔터프라이즈는 보험 회사, 자동차 딜러, 자동차 정비소를 사업 파트너로 활용하면서 더 많은 고객을 확보하고 사업 영역을 넓혀 가고 있다.

시장이 없는 곳에서 성공하다

신생 기업이 당면하는 가장 힘든 상황은 이미 시장을 장악하고 있는 절대 강자와의 경쟁일 것이다. 다윗과 골리앗의 싸움

엔터프라이즈가 인수한 내셔널과 알라모는 주로 여행객을 대상으로 사업을 벌이고 있다.

만큼이나 어려운 싸움이 아닐 수 없다. 하지만 다윗이 골리앗을 이긴 것처럼 업계 1위를 공략할 방법이 전혀 없는 것은 아니다. 철저하게 그들과는 다른 방식으로, 그들이 외면한 틈새시장을 개척하는 것이다.

다른 렌터카 회사들이 공항에 집중할 때 엔터프라이즈는 전화를 걸면 무료로 픽업하는 서비스를 제공함으로써 도심과 주택가의 고객을 잡을 수 있었다. 그리고 임대료가 비싼 공항에 영업소를 설치하지 않고 고객을 에스코트할 직원만 파견하는 방식으로 비용을 줄일 수 있었으며, 비용을 절감함으로써 확보한 차액으로 경쟁업체보다 저렴하게 가격을 책정할 수 있었다. 또 보험 회사, 정비업체와 연계하여 자동차 사고를 당한 사람이 손쉽게 자사의 렌터카를 이용할 수 있도록 패키지를 강화했다. 기존의 강자들이 진을 치고 있는 싸움터를 피해서 새로운 시장을 개척하고 자기만의 강점을 하나둘 쌓아 가면서 실력과 세력을 키운 것이다.

엔터프라이즈의 승승장구를 지켜보던 허츠는 뒤늦게 이 시장에 뛰어들었지만 이미 대세는 기울어 있었다. 이 새로운 차원의 서비스 영역과 새로운 시장에서 허츠는 더 이상 '리더 브랜드'가 될 수 없었다.

엔터프라이즈는 고객의 편의를 위해 공항에도 영업소를 열었다. 하지만 초심을 잃지 않고 도심과 주택가의 고객에게 집중하고 있으며 매출의 91퍼센트를 초기의 이 집중화된 고객으로부터 창출하고 있다.

2007년에 엔터프라이즈는 미국의 또 다른 렌터카 회사인 내셔널과 알라모를 인수했다.[7] 내셔널과 알라모는 자체 브랜드로 영업을 하고 있다. 특히 내셔널은 렌터카 고객의 취향을 고려하여 주차장에서 아무 차나 골라서 타고 갈 수 있는 '아무 차나 고르세요 Pick Any Car' 서비스를 선보였다. 내셔널의 고객은 예약한 사이즈대의 자동차 가운데 타고 싶은 차를 입맛대로 선택해서 타면 된다. 차를 구매할 때처럼 렌터카도 고객이 스스로 고를 수 있다는 새로운 차원의 서비스를 구현한 것이다.

미국 렌터카 시장의 중심지는 도심에서 공항으로, 그리고 다시 교외로 옮겨 갔다. 엔터프라이즈는 도심과 공항에 머물러 있던 시장을 '동네'와 교외로 확장했다. 시장이 있는 곳이 아니라 시장이 없는 곳에서 성공을 일군 것이다. 만약 허츠나 에이비스의 뒤를 쫓기만 했다면 엔터프라이즈는 렌터카 업계 1위라는 성공과 영예를 차지할 수 없었을 것이다.

CHAPTER · 2

카페 문화를 판다고?
아니, 기본인 맛에 충실했어

: 스타벅스의 커피 전쟁

How to Lead

- 원두의 공급 부족에 시달리면서 커피 제조사들이 선택한 방법은 어떤 결과를 낳았는가?
- 스타벅스 창업자들의 경영 철학은 무엇이었는가?
- 스타벅스의 하워드 슐츠는 맥도날드의 거센 공격을 물리치기 위해 어떤 선택을 했는가?
- 스타벅스가 소비자에게 제공한 가치는 무엇인가?

달랑 음료수 한 잔을 앞에 놓고 대화를 나누는 일명 '다방 문화'가 생소했던 미국에 스타벅스는 유럽풍 카페 문화를 이식하는 '문화 전달자'가 되면서 성공적으로 시장을 개척했다. 하지만 스타벅스의 창업 모델은 '문화'가 아니었다. 원료의 공급 부족에 시달리던 대형 커피 제조사들이 편법으로 이에 대처하는 동안 미국의 커피 맛은 하향 평준화되었고, 결국 이러한 현상은 새로운 세대를 커피 고객으로 끌어들이지 못하는 결과를 낳았다. 미국의 커피 산업은 저성장 저수익 구조가 되었다. 이러한 상황에서 스타벅스 창업자들은 '맛'이라는 커피의 본질을 내세우는 '낡은 아이템'으로 시장에 뛰어들었다.

미국에서 커피는 물 다음으로 많이 소비되는 음료다. 미국의 카페와 레스토랑을 비롯한 식음료점에서 판매되는 커피 매출은 2013년 기준 300억 달러(한화 약 34조 원)에 이른다. 2012년 조사에서는 미국 성인의 약 83퍼센트가 하루에 반드시 한 잔의 커피를 마시는 것으로 나타났다. 미국에서만 하루에 1억 2,000잔 정도의 커피가 소비되고 있다는 말이다. 이러한 커피의

천국 미국에서 스타벅스Starbucks는 최강자로 군림하고 있다. 스타벅스의 성공을 다룬 많은 책들이 '스타벅스는 좋은 커피가 아니라 다른 커피를 판다'고 강조한다. 커피 문화를 만들어 냈다는 뜻이다. 하지만 사실 스타벅스는 '다른 커피'가 아니라 좋은 커피, 즉 맛있는 커피라는 기본에서 출발했다.

두 배나 비싼 커피를 팔았던 던킨도너츠

던킨도너츠Dunkin' Donuts는 1946년 윌리엄 로젠버그William Rosenberg가 미국 매사추세츠 주 퀸시에서 조그만 트럭을 세워 놓고 출근길의 회사원들에게 도넛과 커피를 팔면서 출발했다.[8] 당시 커피 값은 대개 5센트였던 반면 로젠버그가 만든 커피는 10센트였다. 그는 신선하고 질 좋은 커피를 마실 수 있다면 5센트 정도는 더 지불할 용의가 있다는 주변 사람들의 의견을 바탕으로 제품의 품질이 사업 성공의 보증수표라는 신념을 갖고 서비스 목표를 정했다.

그런데 '던킨'이라는 이름은 어디에서 왔을까? 로맨스 코미디의 원조라는 평가를 받고 있는 미국 영화 〈어느 날 밤에 생긴 일It happened One Night〉을 보면 '던킨'이라는 말이 나온다. 여자 주인공 엘리(클로데트 콜베르 분)가 도넛을 먹으면서 커피에 도넛을 푹 담그자, 도넛을 커피에 깊게 담그면 눅눅해져서 맛이 없다며 피터(클락 케이블 분)는 도넛의 끝부분만 살짝 묻혀서 먹는다. 피터는 이렇게 하는 것이 도넛을 제대로 먹는 방법이라며 자랑스럽게 "던킨Dunk-in"이라고 말한다. 해석하자면 '~에 적시다', '~에 담그다'라는 뜻이다.

사람들은 로젠버그의 달콤한 도넛과 진한 커피에 열광했고, 4년 뒤에 그의 가판대는 200개로 늘어났다. 하지만 던킨은 커피 전문점으로 자리매김하지는 못했다. 당시 미국 사람들에게 커피는 음식에 곁들여 먹거나 음식을 먹은 뒤 입가심으로 마시는 음료였다. 당연히 커피는 집에서 만들어서 마시는 것이었고, 식사를 할 때 식당에서 서비스로 제공하는 음료로 여겼다. 커피만을 마시기 위해 커피숍을 찾는다는 건 아직 상상할 수 없었다. 던킨도너츠 역시 커피 전문점으로 자리 잡을 생각이 없었다. 도넛을 파는 것이 매출을 올리는 데 더 이로웠기 때문이다.

반세기 전까지만 해도 커피 시장은 원료를 제조하고 공급하는 회사들이 장악하고 있었다. 그런데 수십 년 뒤 스타벅스는 어떻게 새로운 시장을 개척하고 최고의 자리에 오를 수 있었을까?

1위 커피 회사 맥스웰하우스의 꼼수

1950년대 중반 미국은 '번영의 1960년대'를 맞이할 준비를 하고 있었다. 제2차 세계 대전과 한국전쟁의 긴장에서 벗어난

평화의 시기가 도래하고 경제적 안정을 누리면서 미국인들은 달콤한 커피와 함께 삶의 여유를 즐겼다. 당연히 커피 수요가 크게 늘었다. 하지만 공급이 수요를 따라 주지 못했다. 1953년 6월에 불어닥친 기상이변에 브라질의 커피 농장들이 큰 피해를 입으면서 공급이 크게 줄었기 때문이다. 커피 값이 폭등했다. 단돈 5센트였던 커피 한 잔 값이 10센트까지 치솟았고, 손님들의 잔에 계속 커피를 채워 주던 식당들도 양을 제한할 수밖에 없었다.[9]

맥스웰하우스Maxwell House, 힐스 브로스Hills Bros 등의 미국 커피 제조사들은 대책 마련에 나섰지만 쉽게 해법을 찾을 수 없었다. 커피 값을 더 올리자니, 커피에 취해 있던 대중이 커피를 멀리하게 될까 봐 걱정이었다. 이미 사람들은 커피 값이 오른 데 대해 불평을 늘어놓고 있었다. 커피 값이 오른 이유를 제대로 몰랐던 사람들은 커피 제조사들이 수익을 높이기 위해 제품의 가격을 올렸다고 생각했다. 대중의 불만이 점점 커지면서 커피 제소사에 항의 편지를 써서 보내는 사람이 있는가 하면, 몇몇 지역에서는 주민들이 식당 앞에서 시위를 벌이기도 했다. 커피를 둘러싼 여론이 악화되자 일부 정치인과 언론은 브라질 정부가 미국 시민의 주머니를 털기 위해 미국으로 수출하는 커피의 양을 인위적으로 줄이고 있다고 강력하게 비난했다.[10]

이런 상황에서 커피 제조사들은 편법으로 사태를 무마하기 위한 시도에 나선다. 폭등한 커피 값을 감당하기 어려웠던 커피 제조사로서 선택할 수밖에 없었던 임기응변이었지만, 이 방법은 일종의 '마약'과도 같았다. 그리고 결국 이 일은 훗날 스타벅스가 탄생하는 빌미가 되었다. 그들이 쓴 방법이란 바로 싸구려 커피를 섞는 것이었다.

전 세계적으로 생산되는 커피 원두는 크게 에티오피아가 원산지인 아라비카Arabica와 콩고가 원산지인 로부스타Robusta, 라이베리아가 원산지인 리베리카Liberica로 나뉜다. 이 가운데 아라비카는 11세기부터 재배된 품종으로 다른 커피 원두와 비교했을 때 맛이 부드럽고 향이 뛰어나다. 때문에 가장 값이 비싸며 전 세계 원두 생산량의 70퍼센트를 차지하고 있다. 하지만 아라비카 품종에는 치명적인 결함이 있다. 병충해에 약하고 대량 재배가 힘들다는 점이다. 올해 풍작을 거두더라도 이듬해에는 완전히 망칠 위험성이 적지 않다. 원료 공급의 안정성이 떨어진다는 사실은 커피 제조사에게도 치명적이었다.

1953년 이후 네 차례의 서리를 경험하면서 커피 제조사들은 장기적으로 아라비카를 주원료로 쓰기 어렵다는 결론을 내렸다. 대안을 찾아야 했다. 아라비카가 가진 결함을 보완할 수 있는 품종이어야 했다. 그렇게 선택한 것이 로부스타였다. 기후 변화에 강하고 생산량도 풍부했다. 값도 쌌다. 하지만 맛이나 향이 아라비카에 비해 떨어졌다. 때문에 커피 제조사들은 그동안 로부스타를 취급

하지 않았던 것이다. 하지만 공급이 수요를 따라 주지 못하고 여론이 점점 악화되자 당시 1위 커피 제조사였던 맥스웰하우스의 경영진은 로부스타를 도입하기로 결정했다.[11]

커피 품종을 완전히 로부스타로 바꾸는 것은 아니었다. 기존에 쓰던 아라비카에 로부스타를 조금 첨가하면 커피 맛에 큰 영향을 주지 않으면서도 커피를 안정적으로 공급할 수 있을 것이라고 생각했다.

맥스웰하우스는 이러한 결정을 최종적으로 확정짓기 전에 고객을 대상으로 시음회를 열었다. 아라비카만으로 만든 커피와 로부스타를 섞은 커피를 놓고 블라인드 테스트를 실시한 뒤 맛에 대한 소비자의 반응을 비교해 본 것이다. 블라인드 테스트 결과에 맥스웰하우스 경영진은 만족스러워했다. 시음회에 참여한 대부분의 사람들이 두 종류의 커피에서 맛의 차이를 거의 느끼지 못했다고 답했던 것이다.

결국 맥스웰하우스는 로부스타를 섞어서 커피를 만드는 방안을 밀어붙였다. 맥스웰하우스는 아라비카에 로부스타를 소량 섞은 커피를 출시하면서 커피를 안정적으로 공급하는 동시에 원가도 줄일 수 있었다.[12]

경쟁자들도 덩달아 따라 하다

맥스웰하우스가 커피에 로부스타를 섞는다는 사실을 경쟁사들도 곧 알아차렸다. 만약 당시에 경쟁 회사 중의 단 한 곳이라도 맥스웰하우스가 커피에 로부스타를 첨가하고 있는 반면에 자사의 제품은 순수하게 아라비카만을 고집하고 있다고 홍보하면서 가격 경쟁의 열세를 품질로 만회하려 했다면 어떻게 되었을까? 커피 시장의 판도가 바뀌지 않았을까? 하지만 그 어떤 경쟁 회사도 그렇게 하지 않았다. 가격 인상 압박에 시달리고 있던 경쟁 회사들은 너나 할 것 없이 기존의 제품에 로부스타를 섞는 맥스웰하우스의 방법을 그대로 따랐다.

아라비카에 로부스타를 섞는 방법은 단기적으로 보았을 때는 커피 제조사의 경영에 도움이 되었다. 고객의 대부분은 기존의 제품과 새 제품의 차이를 알아차리지 못했고, 공급은 안정적이었으며, 생산 원가도 낮출 수 있었다. 커피 제조사들은 자기네가 선택한 이 대안에 만족했다.

아라비카에 로부스타를 소량 섞은 커피는 이후 몇 년 동안 잘 팔려 나갔고 커피 원두의 공급도 원활했다. 하지만 미국인의 삶의 질이 높아짐에 따라 커피 수요가 계속 증가하자 커피 제조사들은 또 다시 공급의 압박에 시달리게 되었다. 맥스웰하우스는 매년 로부스타의 혼합 비율을 고객이 알아차릴 수 없을 정도로 조금씩 늘려 나가는 방법으로 이 문제를 해결했다. 다른 커피 제조사들도 조심스럽게 맥스웰하우스를 뒤따랐다. 커피 회사들은 그때마다 고객의 반응을 확인하기 위해 시음회를 열었다. 다행히 시음회의 평가는 나쁘지 않았다.

그런데 어느 순간부터 커피를 외면하는 미국인이 늘어나기 시작했다. 1964년에는 미국 역사상 처음으로 커피 매출이 줄어들었다. 커피 제조사들은 처음에 그 원인을 찾지 못했다. 매년 개최하는 시음회의 결과는 고객들이 신제품에 만족하는 것으로 나타나고 있었기 때문이다. 커피 제조사들은 전전긍긍했다. 커피 제조사들이 밝히지 못한 그 원인은 무엇이었을까? 그것은 바로 젊은 고객의 등장이었다.

그동안 커피 제조사들이 로부스타의 혼합 비율을 미세하게 높여 왔기 때문에 기존의 커피에 길들여져 있던 고객들은 그 맛의 차이를 느끼지 못했다. 그런 식으로 시간이 지나면서 커피에 대한 미국인들의 입맛은 하향 평준화되어 갔던 것이다. 하지만 커피를 처음 접한 젊은이들에게 로부스타가 섞인 커피는 쓰고 불쾌한 음료일 뿐이었다. 젊은이들이 커피를 외면한 것은 오랜 시간 진행되어 온 커피 제조사들의 농간이 종착점에 다다랐다는 사실을 의미했다. 젊은 층이 커피를 외면하자 전체 미국인의 인구에서 커피를 즐기는 비율은 점점 낮아질 수밖에 없었다. 그것은 곧 매출 감소라는 현실로 드러났다. 그리고 그 공백을 코카콜라와 펩시 같은 청량

음료가 치고 들어왔다.

기업이 지속적으로 성장하기 위해서는 기존의 고객층과 기성세대를 대체할 새로운 세대의 고객을 확보해야 한다. 하지만 미국의 커피 제조사들은 안정적인 공급과 원가 절감이라는 유혹에서 벗어나지 못한 채 그 기회를 스스로 저버리고 말았다. 이런 상황이 계속되자 미국의 커피 산업은 저성장 저수익 구조로 변해 갔다. 그런데 이 시점에서 커피 제조사들은 다시 한 번 잘못된 대응을 하게 된다.

커피 제조사의 경영진들은 매출 감소의 원인이 청량음료에 시장을 잠식당했기 때문이라고 판단했다. 그러면서 청량음료 회사들의 광고 공세와 공격적인 마케팅에 맞불을 놓기 위해 광고와 마케팅에 막대한 돈을 쏟아부었다. 하지만 상황은 달라지지 않았고 수익 구조는 더욱 악화되었다.

당시 커피 제조사 경영진의 분석이 완전히 빗나간 것은 아니었다. 청량음료 회사들은 감각적인 광고로 젊은이들의 눈길을 사로잡고 있었다. 하지만 그것이 커피 매출 감소의 근본적인 원인은 아니었다. 커피 제조사들은 자기네가 만드는 커피가 맛이 없기 때문에 외면당하고 있다는 사실을 깨닫지 못했고, 맛있는 커피를 마시기 위해서라면 더 많은 돈을 지불할 용의가 있는 고객들이 존재한다는 사실 역시 꿰뚫지 못했다. 그들은 시음회에서 나온 잘못된 정보에만 매달려 있었다.

스타벅스,
아라비카의 풍미를 되찾다

시장이 혼탁해지고 원인 모를 추락이 이어질 때는 게임의 규칙을 바꾸는 존재가 나타남으로 해서 그 시장이 전면적으로 재편되기도 한다. 커피 시장에서는 스타벅스가 그런 일을 했다.

당시 커피 제조사들이 로부스타를 섞은 품질 낮은 커피를 유통시키기고 있었음에도 고품질의 아라비카 시장이 완전히 소멸한 것은 아니었다. 어떤 분야에나 그 분야의 본질을 지키고자 하는 마니아가 있게 마련이다. 미국의 커피 마니아들은 도심의 구석이나 대학가의 작은 카페를 중심으로 자기들만의 세계를 지키고 있었다. 스타벅스를 설립한 세 사람도 여기에 속했다.

1970년 초 영어 교사인 제럴드 제리 볼드윈Gerald Jerry Baldwin, 역사 교사인 지브 시글Zev Siegl, 작가인 고든 보커Gordon Bowker는 워싱턴 주의 시애틀에서 살고 있었다. 이들은 1960년대에 함께 샌프란시스코 대학교를 다닌 동창이었다. 커피 애호가였던 이들은 커피를 마시는 모임을 만들어 정기적으로 만남을 가졌다.

당시 미국인 대다수가 커피 제조사들이 공급한 쓴맛이 강한 커피에 길들여져 있었지만 이들은 향이 부드럽고 깊은 아라비카 원두로 내린 커피를 즐겼다. 하지만 아라비카 원두를 취급하는 공급처가 시애틀에는 단 한 곳도 없었다. 그래서 이들은 우편으로 주문을 하거나 캐나다까지 직접 가서 아라비카 원두를 공수해 오고는 했다. 그러던 중 세 사람은 시애틀에 아라비카 원두 판매점을 열기로 뜻을 모았다. 그러고는 각자 1만 달러씩을 투자해 1971년에 시애틀의 지역 시장인 파이크 플

레이스 마켓Pike Place Market의 작은 매장을 사들여 커피 원두와 향신료, 차 등을 판매하는 가게를 오픈했다. 가게의 이름은 허먼 멜빌의 소설 《백경Moby Dick》에 등장하는 일등항해사 스타벅Starbuck의 이름을 따서 '스타벅스 커피, 티 앤 스파이스Starbucks Coffee, Tea and Spice'라고 지었다.[13] 소설 속의 스타벅이 커피를 즐겼기 때문이라고 한다. 스타벅을 복수로 쓴 이유는 창업자가 세 명이기 때문이었다. 바다의 신인 세이렌의 모습을 응용한 로고도 만들었다(하지만 《백경》에는 스타벅이 커피를 즐긴다는 대목이 나오지 않는다. 창업자들이 책을 읽지 않았거나 오독한 것이다).

이렇듯 스타벅스는 커피 원두를 판매하는 소매점으로 출발했다. 설립자들은 원두 공급 업체인 피츠 커피 앤 티Peet's Coffee & Tea에서 아라비카 원두를 공급받아 로스팅을 한 뒤 팩에 담아 팔았다.

로스팅roasting이란 커피나무에서 채취한 생두green bean에 열을 가해 볶는 과정이다. 생두는 맛이 없는 딱딱한 씨앗이다. 로스팅 단계를 거치면서 생두는 커피 특유의 맛과 향을 지니게 된다. 이렇게 만들어진 것을 원두라고 부른다. 스타벅스는 원두 판매점을 열 때

부터 로스팅 공장을 따로 만들어 커피 로스팅에 주의를 기울였다. 커피를 에스프레소로 즐기는 이탈리아 사람들과는 달리 미국 사람들은 커피에 우유나 시럽 등을 첨가해서 먹는다. 이런 미국인의 입맛에 맞추기 위해 생두를 진하게 볶은 다크 로스팅dark roasting 원두를 사용했다. 스타벅스의 아메리카노 맛이 다른 커피 전문점에 비해 유독 진한 것은 이 때문이다.

시애틀 시민들은 스타벅스가 판매하는 아라비카 원두를 통해 오래전에 잃어버렸던 커피 맛을 되새길 수 있었다. 대형 커피 제조사들이 훼손한 커피 맛을 복원함으로써 커피에 대한 미각을 되살려 낸 것이었다. 맛있는 커피를 다시 접한 사람들은 스타벅스로 몰려들었다. 판매량이 창업자들의 예측을 크게 앞질렀다. 지역 일간지인 《시애틀 타임스Seattle Times》에 소개된 후로는 판매량이 더욱 급증했다. 가게 문을 연 지 9개월 뒤에는 늘어나는 수요에 대응하기 위해 원산지의 재배업자로부터 직접 아라비카 원두를 사들이기 시작했다.

미국 도심에 유럽풍 카페를 이식하다

1982년 스타벅스는 하워드 슐츠Howard Schultz가 마케팅 책임자로 합류하면서 새로운 전기를 마련했다. 하워드 슐츠는 복사기 제조 회사인 제록스Xerox에서 영업 사원으로 일하다가 커피 전문 용품 생산업체인 해마플라스트Hammarplast로 옮긴 뒤 기록적인 실적을 올려 젊은 나이에 부사장직에 오른 입지전적인 인물이다. 해마플라스트에서 일하던 당시 그는 스타벅스의 단골 고객이었다. 그는 스타벅스의 창업자들이 가진 커피에 대한 열정과 지식에 탄복해 높은 연봉을 포기하고 스타벅스의 식구가 되었다. 1982년에 스타벅스는 로스팅 공장 1개와 판매점 5개를 운영하면서 시애틀 지역 레스토랑과 에스프레소 바에 원두를 공급하고 있었다.

1983년 하워드 슐츠는 이탈리아 밀라노에서 열린 국제 가정용품 전시회에 참석했다. 그는 밀라노 거리를 돌아다니다가 이탈리아 사람들이 에스프레소 바에 앉아 스팀밀크Steam milk(에스프레소 머신으로 데운 우유)와 에스프레소를 마시며 편안하게 휴식을 취하는 모습을 보고 사업 아이디어를 떠올렸다. 유럽의 카페 문화를 미국에 적용하겠다는 생각을 한 것이었다.[14]

미국에 돌아온 하워드 슐츠는 스타벅스 창업자 세 사람에게 커피 원두뿐만 아니라 에스프레소 커피도 판매하자고 제안했다. 하지만 창업자들은 하워드 슐츠의 의견을 받아들이지 않았다. 음료 시장에 진출하는 것은 스타벅스의 핵심 사업에서 벗어나고 '커피의 맛'을 추구하는 창업자들의 철학에도 맞지 않는다는 것이 이유였다. 스타벅스의 창업자들 역시 미국인이었다. 거의 모든 미국인이 생각하는 것처럼 커피는, 특히 품질이 뛰어난 커피는 집에서 만들어 먹는 것이었다. 게다가 커피숍 문화 역시 미국에서는 아직

유럽의 카페 풍경

낯설고 생소했다.

하워드 슐츠는 포기하지 않고 창업자들을 끈질기게 설득한 끝에 1984년에 스타벅스의 매장에서 6개월 동안 에스프레소 바를 시범적으로 운영하는 데 동의를 얻어 냈다. 그리고 스타벅스의 여섯 번째 판매점 오픈에 맞추어 에스프레소 바를 열었다. 성공적이었다. 하지만 스타벅스 창업자들은 끝내 처음의 뜻을 꺾지 않았다. 그들의 결정에 실망한 하워드 슐츠는 1985년, 자신이 구상한 커피 프랜차이즈를 실현하기 위해 스타벅스를 떠났다.

하워드 슐츠는 항상 바쁘게 지내면서 편안함을 추구하는 미국의 대도시 사람들에게 커피 음료를 팔면 크게 성공하리라고 확신했다. 그는 스타벅스 창업자들이 투자한 30만 달러를 포함한 40만 달러의 자금으로 시애틀에 커피 프랜차이즈 회사인 일 지오날레 커피 컴퍼니il Giornale Coffee Company를 설립했다.[15] '일 지오날레'는 이탈리아의 유명 일간지 이름에서 따온 것으로 '매일'이라는 뜻이다. 하워드 슐츠는 당시만 해도 몇몇 대학 캠퍼스 내에만 존재하던 커피숍 문화를 도심의 상업지구로 끌어내고 싶어 했고, 회사와 집 사이에 '제3의 장소'라고 부를 만한 편안하고 아늑한 공간을 만들겠다는 꿈을 품었다.

드디어 일 지오날레의 첫 번째 커피숍이 시카고에 문을 열었다. 하워드 슐츠는 스타벅스에서 공급받은 원두로 카푸치노, 카페라테 등의 커피 음료를 만들었다. 이탈리아의 카페를 미국에 옮기고 싶어 했던 하워드 슐츠의 바람대로 커피숍은 이탈리아풍으로 꾸며졌고, 메뉴판 역시 이탈리어로 만들었으며, 커피숍 내부에는 은은한 클래식 음악이 흘렀다. 직원들은 나비넥타이를 매도록 했고, 시애틀의 커피 전문가 데이비드 올슨을 영입해 직원들의 커피 교육을 맡겼다. 그리고 그날의 일간지를 비치하여 혼자 온 고객이 무료하지 않도록 배려했다.

하워드 슐츠의 예측대로 일 지오날레는 문을 열자마자 금세 인기를 끌었다. 개장 6개월 만에 하루 1,000명 이상의 고객이 찾는 명소가 되었다. 오래지 않아 시애틀에 두 번째 매장이 문을 열었고, 캐나다 밴쿠버에도 세 번째 매장이 오픈했다. 하지만 시간이 지남에 따라 고객들이 이탈리아어로 된 메뉴판과 직원들의 정장이 부담스럽다는 의견을 개진하자 하워드 슐츠는 매장 분위기는 유지한 채 메뉴판을 영어로 바꾸고 직원들의 복장 규정도 완화했다. 그리고 매장이 하나둘 늘어남에 따라 각 매장마다 균일한 커피 맛을 유지하기 위해 반드시 직영 방식으로 프랜차이즈를 운영한다는 원칙도 세웠다.

1987년, 스타벅스의 창업자들이 3년 전에 인수한 피츠 커피 앤 티의 경영에 집중하기 위해 스타벅스를 매각하려 한다는 이야기를 들은 하워드 슐츠는 곧바로 스타벅스를 인수했다. 그는 스타벅스를 일 지오날레 커피 컴퍼니로 합병하고 일 지오날레 매장 이름을 스타벅스로 바꾼 뒤 회사 이름 역시 스타벅스Starbucks Corporation로 변경했다. 1992년에 기업 공개를 할 당시 스타벅스는 165개의 매장을 운영하는 커피 프랜차이즈로 성장해 있었다.

맥도날드의 습격

미국의 대표적인 패스트푸드 전문점 맥도날드McDonald's Corporation는 2000년대 초반부터 매장에서 커피를 판매하기 시작하며 스타벅스가 장악하고 있던 커피 시장에 도전장을 내밀었다.[16] 2006년 말부터는 매장에 바리스타를 배치했을 뿐만 아니라 모카와 라테, 에스프레소, 카푸치노 등으로 커피 메뉴를 늘렸고, 2007년에는 미국 전역의 1만 3,794개 매장의 3분의 2 이상에서 맥카페

McCafe라는 커피 전문 코너를 신설하여 운영했다.

맥도날드는 맥카페 홍보에 1억 달러를 쏟아붓는 공격적인 마케팅을 펼치며 순식간에 고객의 시선을 사로잡았다. 게다가 맥카페의 음료는 스타벅스에 비해 일반적으로 25퍼센트 이상 쌌다. 스타벅스는 20온스 라테를 4.48달러(한화 약 5,000원)에 판매한 반면 맥카페는 같은 크기의 컵에 담긴 라테를 3.31달러(한화 약 3,700원)에 팔았다. 뿐만 아니라 맥카페의 커피는 가격이 저렴하면서도 품질 면에서 스타벅스에 결코 뒤지지 않았다. 실제로 소비자 전문지인 《컨슈머리포트Consumer reports》가 커피 전문가를 대상으로 시음회를 가진 결과 스타벅스의 커피는 향과 맛이 지나치게 강하고 맥카페의 커피는 적당하고 알맞다는 평가가 나왔다.

때마침 2008년에 서브프라임 모기지론 사태가 발생하면서 미국 경제가 휘청거리자 맥카페의 커피가 진가를 발휘하기 시작했다. 맥도날드의 본업인 햄버거 판매보다 맥카페를 통한 커피 판매 수익이 더욱 쏠쏠할 정도였다. 불경기로 지갑이 가벼워진 사람들이 스타벅스에서 맥도날드로 발길을 돌린 탓이었다.

커피만 놓고 보면 맥도날드는 그야말로 승승장구했다. 2006년부터 본격적으로 커피 판매를 시작한 이후 맥도날드의 커피 매출은 해마다 약 20퍼센트의 신장세를 보였다. 반면에 2006년과 2007년 스타벅스의 매출 증가율은 4퍼센트대에 머물렀다. 같은 기간에 맥도날드의 주가는 10퍼센트 이상 상승한 반면 스타벅스의 주가는 20퍼센트 넘게 하락했다.

업계 관계자들은 맥도날드가 아침 고객을 공략한 것이 특히 주효했다는 평가를 내놓았다. 맥도날드는 커피 판매만으로도 쏠쏠한 재미를 보던 중에 '맥머핀', '맥모닝' 등의 아침 메뉴를 개발하며 매출 드라이브를 걸었다.[17] 맥도날드는 '식사와 커피를 한곳에서'라는 콘셉트로 '당신의 하루를 맥카페 하세요'라는 캐치프레이즈를 내걸고 대대적인 광고전을 펼쳤다.

맥도날드에 의해 뜻하지 않게 시장을 잠식당한 스타벅스는 《뉴욕타임즈》 등에 '싸구려 커피를 조심하세요'라는 광고를 내보내며 맞불을 놓는 한편 맥도날드처럼 아침 메뉴를 개발했다. 하지만 이는 잘못된 전략이었음이 훗날 드러났다. 맥도날드를 찾는 고객은 아침 식사를 하기 위해 매장을 찾았다가 아침 식사에 곁들여 마실 탄산음료 대신 커피 한 잔을 주문하는 경우가 많았지만, 스타벅스는 오로지 출근길에 따뜻한 커피를 마시기 위해 찾는 고객이 대부분이었다. 그런 사람들에게 스타벅스의 매장에서 풍기는 머핀의 버터 냄새는 커피 향을 죽이는 방해 요소가 되었던 것이다.

스타벅스의 반격

스타벅스의 위기가 감지된 것은 2007년이었다. 그 이전까지 폭발적으로 늘어나던 매장 수가 정체를 보이기 시작한 것이다. 그러던 중 미국에 불어 닥친 서브프라임 모기지론 사태는 고객들의 구매력을 더욱 떨어뜨렸고, 맥도날드 등의 패스트푸드 체인들이 값이 싸면서 품질은 그다지 떨어지지 않는 커피를 들고 나오자 압박은 더욱 거세졌다. 게다가 카리부 커피Caribou Coffee, 피츠 커피 앤 티와 같은 커피 체인은 스타벅스보다 더욱 품질이 뛰어난 커피를 내놓으면서 고가의 시장으로 진입하고 있었다.

결국 2000년 이후 일선에서 물러나 스타벅스 이사회의 의장직만 맡아 왔던 하워드 슐츠가 움직일 수밖에 없었다. 2008년 1월, 하워드 슐츠는 스타벅스의 CEO로 복귀하면서 창업할 때 마음에 새겼던 초심을 사원들에게 제시했다.

"커피는 단순한 음료가 아니라 사람과 사람을 이어 주고 유대감을 형성하는 매개체입니다."

하워드 슐츠가 복귀한 다음 가장 먼저 한 일은 스타벅스의 아침 메뉴를 없앤 것이었다. 아침 메뉴를 판매하면 일시적인 매출 향상에는 도움이 될 수 있겠지만 장기적인 관점에서는 커피 판매에 악영향을 미칠 것이라고 판단했기 때문이다. 그리고 2008년 2월 26일 오후 5시 30분, 미국 전역의 7,100개 스타벅스 매장이 일제히 문을 닫았다. 하워드 슐츠가 내린 극약처방이었다.[18]

"우리는 고객 여러분께 최상의 에스프레소를 선사하기 위해 잠시 시간을 갖고자 합니다. 완벽한 맛과 크레마를 가진 에스프레소는 숙련된 기술을 필요로 합니다. 그래서 우리는 지금 그 기술을 갈고 닦는 데 전념하려고 합니다. 부디 양해 바랍니다."

7,100개의 스타벅스 매장이 문을 닫은 그날 영업을 하지 않

은 시간은 3시간 30분에 불과했지만 미국 전역은 혼란에 빠졌다. 미국의 주요 일간지는 굳게 닫힌 스타벅스 매장의 사진과 함께 '스타벅스 없는 세상'에 관한 기사를 내보냈고, 심야 코미디 프로그램은 스타벅스 금단 증상을 풍자 개그로 만들어 선보였다.

3시간 30분의 영업 중단으로 스타벅스는 600만 달러의 손실을 입었다. 하지만 매출을 포기하고, 또 경영진과 이사회, 주주들의 반대를 무릅쓰면서 하워드 슐츠가 감행한 이 사건은 훗날 스타벅스의 개혁과 새로운 출발을 상징하는 유명한 일화가 되었다. 하워드 슐츠가 이런 결단을 내린 것은 단지 사람들의 주목을 끌기 위해서만은 아니었다. 그는 고객 서비스를 향상시키겠다는 의지를 고객들에게 전하고 새롭게 거듭나야 한다는 메시지를 직원들에게 심어 주고 싶어 했다. 또한 그 일은 스타벅스를 개혁의 출발점으로 되돌려 놓는 리셋reset 버튼을 누른 것이기도 했다.

스타벅스가 어려움을 겪은 이유는 여러 가지가 있겠지만 가장 큰 이유는 스타벅스만의 독특함이 사라졌기 때문이었다. 경쟁사들이 스타벅스의 비즈니스 모델을 벤치마킹하는 동안 스타벅스 매장은 오히려 초기의 안락함을 잃어버렸다. 더 많은 고객을 확보하고 회전율을 높이기 위해 패스트푸드점처럼 매장을 불편하게 만들었던 것이다.

하워드 슐츠는 한 잔의 에스프레소를 뽑는 일을 예술에 빗대어 표현하고는 한다. 바리스타는 완벽한 맛과 향으로 완성된 커피 한 잔을 만들어 내는 장인이고, 그 과정이야말로 '영혼을 감동시키는 스타벅스의 정신'을 구현하는 일이자 스타벅스가 40년 동안 지켜 온 핵심 가치라는 것이다. 슐츠는 성장 논리에 매몰되어 무분별하게 매장을 늘리고 샌드위치까지 파는 동안 이 핵심 가치가 훼손되었다고 보았고, 그는 3시간 30분의 영업 중단으로 원점 회귀를 선언한 것이었다.[19]

스타벅스가 인기를 끈 진짜 이유

스타벅스가 출현하기 전까지 미국 사람들은 식당에서 앞치마를 두른 여종업원이 계속해서 채워 주는 1달러 50센트짜리 커피를 마시는 데 익숙해 있었다. 또 주유소 편의점에서 도넛 두 개를 포함해서 2달러에 파는 뜨뜻미지근한 커피에도 길들여져 있었다. 커피는 식당이나 집에서 음식에 곁들여 먹는, 우리나라로 치면 물이나 숭늉에 가까운 기능성 음료였다.

스타벅스가 남달랐던 점은 커피숍 자체가 흔치 않고 또 달랑 커피 한 잔만 앞에 놓고 몇 시간씩 수다를 떠는 문화가 어색했던 미국에 유럽식 커피 문화를 이식했다는 것이다. 또 메뉴를 카페모카, 카페라테, 카라멜마키아또 등 외국 이름으로 지으면서 고급스러운 느낌을 더했다. 이탈리아어인 '라테latte'는 '우유'라는 뜻이다. 따라서 카페라테는 '우유 커피'가 된다. 미국 사람들 역시 이전부터 커피에 우유를 타는 밀크커피를 마시고 있었다. 하지만 이름을 달리하면서 유럽의 고급 커피처럼 포장한 것이다. 작은 컵, 중간 컵, 큰 컵으로 통용되던 컵 사이즈에 '톨', '그란데', '벤티'라는 정체불명의 외국 이름을 붙인 것도 같은 전략이었다. 이와 같은 이미지 변신과 함께 스타벅스는 커피 값을 4달러대까지 끌어올리는 데 기여(?)했다.

대부분의 경제경영 관련 서적들은 스타벅스가 회사와 집이 아닌 '제3의 공간'과 '대화 공간'을 사람들에게 제공했다는 사실에 주목하여 스타벅스의 성공을 설명한다. 하지만 이런 공간을 만들어 낸 것이 정말 스타벅스가 처음이었을까?

제3의 공간과 대화 공간은 이미 존재했다. 스타벅스가 나오기 전부터 미국 사람들은 패스트푸드점이나 레스토랑에서 친구, 동료, 가족, 비즈니스 파트너와 함께 식사를 하면서 이야기를 나누었다. 이런 형태의 공간은 미국뿐만 아니라 한국에도 이미 존재했다. 지금은 대형 카페 체인에 자리를 내주었지만, 스타벅스가 출현하기 전부터 우리나라에서는 오로지 음료만 판매하는 찻집과 다방이 흔했다. 우리나라의 찻집과 다방은 '커피만 판매하는 대화 공간'이라는 개념에서 보자면 스타벅스의 조상에 해당한다.

스타벅스가 성공한 진짜 이유는 두 가지로 볼 수 있다.

첫 번째는 맛에 충실했다는 사실이다. 부족한 공급을 메우기

스타벅스는 관심을 배제함으로써 고객이 혼자만의 시간을 갖도록 배려한다.

위해 대형 커피 제조사들이 커피의 본질을 훼손하는 동안 스타벅스는 인류가 커피에 대해서 느꼈던 매력을 되찾아 주었다. 스타벅스가 커피 시장에 성공적으로 안착할 수 있었던 근본적인 이유는 기본을 지켰기 때문이었다.

두 번째 이유는 '무관심'을 팔았기 때문이다. 스타벅스를 찾는 사람들 중에는 1인 고객이 많다. 그들은 혼자 스타벅스에 와서는 노트북을 꺼내 자판을 두드리거나 스마트폰을 만지작거리거나 책을 읽거나 신문을 뒤적이다가 일어선다. 밥을 혼자 먹는 것은 창피해하면서도 커피를 혼자 마시는 것은 전혀 부끄러워하지 않는다. 매장의 직원이 돌아다니면서 "커피를 더 드시겠느냐"며 귀찮게 하지도 않는다. 스타벅스에서 고객들은 대화가 단절된 무관심의 공간에 머물다 간다(물론 요즘에는 스타벅스뿐만 아니라 대부분의 대형 커피점이 이런 고객들로 채워져 있다).

또한 스타벅스는 일터와 학교의 연장선에 있으면서도 압박을 주지 않는 공간으로서의 기능을 하고 있다. 이전보다 지식 노동자가 많아지고 노트북과 타블로이드, 스마트폰 등의 휴대용 기기가 발달했기 때문이다. 회사원들은 스타벅스에서 보고서를 작성하고, 작가는 작품을 쓰고, 블로거는 글을 올리며, 학생들은 리포트를 준비한다. 이들에게 스타벅스의 커피 값은 비싼 편이지만 휴게실이나 사무실 임대료와 비교하면 비용적인 측면에서 훨씬 효율적이다. 기꺼이 지갑을 여는 이유다.

CHAPTER • 3

경영의 모델이라고? 아니, 일단은 베끼고 따라 했어

: 사우스웨스트 항공의 시장 진입 전략

How to Lead

- 저가 항공 시대를 최초로 연 주역은 어떤 기업이며, 이들은 어떤 전략으로 시장을 장악했는가?
- 시장 진입에 어려움을 겪던 사우스웨스트 항공은 어디에서 해법을 찾았는가?
- 세계 1위 저가 항공사 사우스웨스트 항공이 지닌 최고의 경쟁력은 무엇인가?

세계의 항공 산업은 경제 호황, 오일쇼크, 해외여행 붐, 테러리즘 등의 라이프 스타일 변화와 국제 정세의 흐름 속에서 부침을 거듭해 왔다. 대형 항공사들은 위기가 닥칠 때마다 경쟁사끼리 합병하여 더욱 덩치를 키우는 생존 방식을 선택해 왔다. '공룡'들의 틈바구니 속에서 사우스웨스트 항공은 효율과 경제성을 무기로 '저가 항공'의 시대를 열었다. 비행은 사치나 호사가 아니라 이동 수단일 뿐이라는 이들의 단순명쾌한 콘셉트가 소비자를 끌어들였다. 이제는 세계 모든 항공사와 기업의 표본이 된 사우스웨스트 항공. 하지만 이들의 첫 걸음은 '철저하게 따라 하기'로부터 시작되었다.

미국의 사우스웨스트 항공은 세계적으로 성공한 기업을 거론할 때면 거의 빠지지 않고 등장한다. 그리고 이 기업에 대해서 이야기할 때면 하나같이 비용 절감과 펀 경영, 화합을 중시하는 조직 문화가 이 회사의 성공 신화를 이루는 밑거름이 되었다는 평가를 내린다. 물론 사우스웨스트 항공이 세계적인 기업으로 자리매김한 데는 이러한 여러 가지 요소가 결합하여 화학

작용을 일으켰기 때문이다. 하지만 서문에서도 밝혔듯이 성공 신화라는 것은 성공하고 난 뒤에 돋보이는 사실에 스포트라이트를 비춘 결과론적인 성격이 강하다. 성공에 따른 결과를 우리는 곧잘 성공의 원인으로 생각하는 경우가 많다는 뜻이다. 결과를 성공의 원인으로 해석하는 것은 오류다.

우리가 기업의 성공 사례를 통해서 배워야 할 중요한 사항들은 대부분 현재가 아니라 과거에 숨어 있다. 어떤 기업이 현재 위치에 오르기까지의 역사를 되짚어 보는 이유는 그들의 시행착오와 도전을 통해 지금 우리가 나아갈 방향을 가늠할 수 있기 때문이다.

역사의 무대 위에서 사라져 버린 미국 항공사들

미국의 항공사 가운데 1위는 아메리칸 항공American Airline, Inc.이다. 매일 50여 개 나라 244개 도시로 운항하며, 연간 1억 300만 명의 승객을 수송한다.

아메리칸 항공은 1929년 82개의 소규모 항공사들이 하나로 합쳐져서 만들어졌다. 이들 소규모 항공사 가운데 로버츤 에어크래프트Robertson Aircraft Corporation가 핵심 회사였다. 이 회사는 1926년에 시카고를 중심으로 미국 여러 지역에 우편을 배달하는 일을 시작하면서 문을 열었다. 이 회사의 수석 조종사가 세계 최초로 대서양

을 비행기로 횡단한 찰스 린드버그Charles Lindbergh다.[20]

찰스 린드버그

아메리칸 항공은 1970년대부터 1990년대까지 항공 산업의 수요가 급증하면서 크게 성장했다. 2010년에는 《포춘Fortune》이 선정한 세계 500대 기업에서 120위에 이름을 올리기도 했다. 하지만 사실상 아메리칸 항공은 2008년(서브프라임 모기지론 사태가 이때 일어났다) 이후 매년 약 20억 달러의 적자를 기록하는 극심한 경영난에 시달리고 있었다. 그러다가 결국 2011년에 파산 신청을 하는 지경에 이르렀다.

아메리칸 항공이 파산 신청을 하는 상황으로 내몰린 이유는 2000년 이후의 호황기에 몸집을 불렸다가 글로벌 금융 위기가 닥치면서 연료비 상승, 가격 경쟁, 고정비 증가 등의 악재를 감당하지 못했기 때문이다. 비단 아메리칸 항공뿐만이 아니었다. 다른 '공룡' 항공사들도 생존을 위해 인수 합병M&A, Merges & Acquisitions에 나섰다. 그 시작은 미국 3위의 항공 회사인 델타 항공Delta Air Lines, Inc.과 5위인 노스웨스트 항공Northwest Airlines Corporation의 합병이었다. 2010년에는 유나이티드 항공United Air Lines, Inc.과 콘티넨털 항공Continental Airlines이 합병 작업을 마무리했다.

2014년에는 아메리칸 항공도 재기를 위해 합병을 추진했다. 상대는 US 에어웨이US Airway였다. US 에어웨이는 항공 우편 사업으로 항공업계에 발을 들여놓은 이후 미국의 항공 산업 발달과 함께 성장을 거듭했다. 1989년에는 세계 최초의 저가 항공사인 퍼시픽사우스웨스트PSA, Pacific Southwest Airlines를 인수하며 몸집을 키웠다. 하지만 US 에어웨이는 2001년 9.11 테러가 일어나고 저가 항공사 경쟁이 치열해지면서 20억 달러 이상의 적자를 기록한 뒤 2003년 법원에 파산보호 신청을 할 수밖에 없었다. 그리고 결국 2014년에 아메리칸 항공에 합병되었다. 이로써 아메리칸 항공은 세계 최대 항공사로 거듭났다.

여기서 기억해야 할 것은 세계 최초의 저가 항공사인 퍼시픽사우스웨스트 항공이다. 왜냐하면 우리가 이번 글에서 다룰 사우스웨스트 항공이 사업 초기에 거의 모든 비즈니스 모델을 퍼시픽사우스웨스트 항공으로부터 가져왔기 때문이다. 하지만 원조인 퍼시픽사우스웨스트 항공은 역사의 뒤안길로 사라졌고, 사우스웨스트 항공은 하늘을 훨훨 날고 있다.

골리앗을 능가하는 다윗, 사우스웨스트 항공

대형 항공사들이 경영 위기를 타개하고 살아남기 위해 합병을 함으로써 더욱 덩치를 키우는 상황에서 저가 항공사인 사우스웨스트 항공은 타의 추종을 불허하는 실적을 올리고 있다. 사우스웨스트 항공의 성적표를 보자. 운송 수를 따졌을 때, 아메리칸 항공과 델타 항공 다음으로 세계 3위다. 물론 저가 항공사로는 단연 세계 1위다. 수화물 처리 속도는 가장 빠르고, 정시 도착률 역시 1위다. 고객의 불평 접수 건수는 가장 적다. 그리고 1999년 이후부터 미국에서 가장 일하기 좋은 기업GWP, Great Work Place으로 매년 선정되고 있다. 창업 초기에 직원 3명을 해고한 이후로 직원 해고가 전무하다는 진기한 기록도 가지고 있다. 게다가 다우존스지수 30년 동안의 평균 주가 수익률에서도 1위의 성적을 기록하고 있다. 창업 이래 연속적으로 흑자 행진을 이어 가고 있다는 사실은 이미 널리 알려져 있다.

언론과 경제경영 전문가들은 사우스웨스트 항공의 성공 원인을 이렇게 분석한다. 먼저 가격 경쟁력이다. 사우스웨스트 항공은 경쟁사보다 저렴한 가격에 항공권을 판매하고 있다. 경쟁사보다 항공권 가격을 낮출 수 있었던 이유는 뛰어난 효율 때문이다.

사우스웨스트 항공은 단일 기종(보잉 737)을 고집하고 있다. 한 기종만 운영할 경우, 정비 비용을 절감할 수 있고 항공기 조종 매뉴얼을 단순화할 수 있다는 장점을 누릴 수 있다. 이러한 장점은 비용 절감으로 이어진다. 환승 없이 도시를 연결하는 직항 시스템도 대표적인 비용 절감 사례다. 사우스웨스트 항공은 좌석 예약제를 도입하지 않았고, 기내식 서비스도 제공하지 않는다. 간단한 음료와 땅콩 같은 주전부리만 제공한다. 남들 다 하는 서비스를 포기

한 대신 이들은 고객에게 즐거움을 선사한다. 기내에서 쇼라도 하는 걸까? 그게 아니다. 친화력 강한 승무원들이 기내 분위기를 그렇게 만들고 있을 뿐이다.

사우스웨스트 항공은 스튜어디스를 뽑을 때 70퍼센트 가까이를 고등학교나 대학교에서 치어리더, 취주악대장, 응원단장 등을 경험했던 사람들로 선발한다. 학창 시절에 이런 활동을 한 사람이 매일 마주하는 낯선 고객들에게 보다 친근하게 다가가고 주변 분위기를 활달하게 이끌며 곁에 있는 사람을 재미있게 만들기 때문이다. 1980년대 초에 유니폼이 바뀌기 전까지 사우스웨스트 항공의 여성 승무원들은 반바지에 부츠를 신고 서비스를 했다. 정장 형태의 유니폼이 줄 수 있는 고객과의 단절감을 없애기 위해서였다.[21] 지금은 유니폼이 많이 어른스러워졌지만(?) 그래도 여전히 이 항공사의 승무원들은 외향적이고 활달하다. 기내 방송 역시 장난스럽고 우스꽝스럽다. 이들의 기내 방송은 이렇게 시작한다. "우리는 오늘 기내 압력이 떨어지지 않기를 희망합니다만……." 심지어 이 유별난 기내 방송으로 인해 미국연방항공청으로부터 제재를 당하기까지 했다.

직원이 즐거워야 고객도 즐겁다는 사우스웨스트 항공의 경영

관은 '펀fun 경영'이라는 신조어를 만들어 냈다. 그렇다고 해서 사우스웨스트 항공의 승무원들이 무조건 재기발랄한 것만은 아니다. 승무원들이 보여 주는 일사불란한 움직임과 팀워크는 이들이 고도의 훈련과 수련을 거쳤음을 증명한다. 일 처리 속도와 정시 도착률 세계 1위라는 영예는 그저 얻은 것이 아니다.

사우스웨스트 항공의 시작은 어떠했을까?

사우스웨스트 항공은 지금은 저가 항공사의 교과서라고 불리지만, 회사를 처음 설립했을 때는 텍사스 지역의 경쟁 항공사로부터 잇단 소송을 당하고 대형 항공사들의 숫한 견제에 시달려야 했다.

사우스웨스트 항공이 탄생한 것은 1971년으로, 텍사스 주 댈러스에서였다. 사업 아이디어를 떠올린 사람은 텍사스 주 샌안토니오 출신의 사업가 롤린 킹Rollin King이었다. 텍사스 주는 미국의 50개 주 가운데 면적이 두 번째로 크다. 무려 69만 제곱킬로미터로 한반도 면적(약 22만 제곱킬로미터)의 세 배를 넘는다. 남한(약 10만 제곱킬로미터)만 놓고 따지면 일곱 배에 이른다. 롤린 킹은 이렇게 면적이 넓은 텍사스의 대도시인 댈러스, 휴스턴, 샌안토니오를 잇는 노선을 가진 새로운 항공사를 만들고 싶다는 바람을 갖고 자신의 아이디어를 실현해 줄 사람을 찾았다. 그러다 변호사 허브 켈러허Herb Kelleher를 만났다.

1967년 샌안토니오의 한 클럽에서 허브 켈러허를 만난 롤린 킹은 냅킨 뒷면에 그림을 그렸다. 삼각형을 하나 그려 넣고는 세 꼭짓점에 각각 샌안토니오, 휴스턴, 댈러스라고 적었다. 그러고 나서 롤린 킹이 말했다.

"공연히 여기저기 왔다 갔다 해 봐야 남는 것도 없는데 차라리 텍사스의 3대 도시만 왕래하면 어떨까요?"

당시만 해도 대형 항공사들은 대도시를 중심 허브로 삼아 항공기를 운행하고 있었다. 허브 도시에서 작은 도시, 다시 작은 도시에서 허브 도시로 승객과 화물을 실어 날랐다. 그런데 이런 방식의 운항은 승객에게 적지 않은 불편을 주었다. 허브 공항이 없는 도시의 사람은 허브 공항이 있는 도시로 차를 타고 가야 비행기에 탑승할 수 있었기 때문이다. 장거리 운항에 나선다면 충분히 감수할 수 있는 일이었지만, 비행기로 1~3시간 정도 걸리는 단거리 여행을 하는 사람으로서는 배보다 배꼽이 더 컸다. 때문에 롤린 킹은 직행 마을버스 같은 개념의 항로를 생각해 낸 것이었다. 켈러허는 롤린 킹이 그린 삼각형 그림을 보면서 좋은 아이디어라고 말했지만, 선뜻 나서지는 않았다. 하지만 결국 켈러허는 롤린 킹에게 설득당했고, 두 사람은 저가 항공사를 세우기로 의기투합했다. 하지만 두 사람의 뜻이 이루어지기까지, 그러니까 사우스웨스트 항공이 댈러스-휴스턴 항로에 첫 항공기를 띄우기까지는 4년이라는 시간이

범고래 문양으로 겉을 치장한 사우스웨스트 항공의 여객기

걸렸다. 자금을 모아야 했고, 항공 규제도 심했기 때문이다.

1971년 두 사람은 사우스웨스트 항공을 설립했다.[22] 이들은 장거리 운항에만 집중하는 대형 항공사와 경쟁하는 것을 피하기 위해 단거리 노선을 겨냥하고 논스톱 운항과 저렴한 요금에 초점을 맞추었다. 그러나 제대로 운항을 시작하기도 전에 곤경에 처했다. 이미 텍사스를 무대로 사업을 하던 몇몇 항공사들이 시장을 선점하고 있었는데 이들과 노선 분쟁을 일으키면서 법정 다툼이 벌어졌던 것이다. 뿐만 아니라 항공기 결항률이 6퍼센트에 이를 정도로 운항에 차질을 빚었다. 항공기로 도입한 B737-300 기종의 정비 부품이 제때 조달되지 않아 출항이 임박해서야 부랴부랴 정비를 끝내는 일이 되풀이되었다. 신생 항공사가 승객의 신뢰를 얻기는커녕 불신만 가득 쌓이고 있었다.

영업 부진에 막대한 소송 비용까지 감당하는 사이에 자본금은 바닥을 드러내고 있었다. 엎친 데 덮친 격으로 1973년에는 오일쇼크로 유가가 폭등하는 바람에 운항 비용이 큰 폭으로 올랐다. 회사 임원들이 자신의 개인 카드로 항공기 급유를 해야 할 정도로 자금난이 심각했다. 사우스웨스트 항공은 설립한 지 2년도 지나지 않아 문을 닫아야 하는 지경에 이르렀다.

미국 동부와 서부의 기업 문화

이 같은 위기 상황에서 허브 켈러허는 1973년에 태평양 연안의 샌디에이고로 향했다. 서부의 잘나가는 항공사를 벤치마킹하기 위해서였다. 그 회사가 바로 캘리포니아 주를 기반으로 사업을 하던 퍼시픽사우스웨스트 항공이었다. 세계 최초로 저가 항공 시장을 개척한 주역이기도 했다.

서부에 위치한 퍼시픽사우스웨스트 항공은 동부의 기업들과는 달리 자유로운 기업 문화가 특징이었다. 지금도 그렇지만 전통적으로 미국 서부와 동부는 사람들의 성향이 크게 다르고 기업 문화 역시 차이가 있다. 동부 지역의 기업들은 유럽과 교역하며 발전했기 때문에 보수적인 성향이 강하며 엄격한 규율에 의존했다. 반면에 서부 지역의 기업들은 개척 시대에 말을 타고 대지를 누비던 선조들의 영향 탓인지 비교적 자유롭고 느슨한 환경이 조성되어 있었다. 스티브 잡스는 서부의 애플과 동부의 IBM을 각각 '해적'과 '해군'으로 비유하기도 했다. 1982년 9월, 한창 매킨토시 개발을 진행하던 스티브 잡스는 자신을 '해적왕'으로, 직원들을 '해적'으로 자칭했고, 개발팀 직원 100여 명과 함께 가진 워크숍에서는 '해적이 되자Let' be Pirates!'는 캐치프레이즈를 내걸기도 했다.[23]

잡스가 말한 '해적'은 무엇을 의미할까? 그것은 서부의 반항적이고 자유로운 기질을 표상한 말이었다. 해적의 반대편에 놓인 해군은 하나부터 열까지 규율과 규칙을 따지기 때문에 창조적으로 일하지 못한다. 반면에 해적은 오히려 규칙과 전통을 파괴하면서 창의적으로 움직인다. 스티브 잡스가 꿈꾸었던 혁신에 알맞은 사고 방식이다. 또한 해군은 지키는 데 급급하다. 그러나 해적은 대양을 마음대로 누비며 아무 곳에나 치고 들어간다. 스티브 잡스는 통제하고 지배하는 형태의 시스템을 가진 IBM에 맞서 애플은 자유로운 도전정신으로 무장하겠다는 의지를 '해적'이라는 한 단어로 표현한 것이었다.

당시 PC 시장을 놓고 애플과 IBM이 치른 경쟁은 동부 기업과 서부 기업의 싸움이기도 했다. 이 싸움에서 휴렛팩커드Hewlett-Packard Company에 이어 애플이 크게 성장하면서 미국 경제의 주도권이 동부 지역에서 서부 지역으로 넘어가는 계기가 마련되었다.

허브 켈러허가 샌디에이고로 찾아갔을 때 퍼시픽사우스웨스트 항공의 임원들은 다소 의외라는 반응을 보였다. 왜냐하면 텍사스는 동부 지역에서도 보수적인 성향이 특히 강한 지역이었기 때문이다. 그런 지역의 기업가가 자기네를 찾아와 조언을 구한다는 사실 자체가 그들에게는 재미있는 사건이었다.

사우스웨스트 항공의 시작은 베끼기였다

퍼시픽사우스웨스트 항공의 임원들은 허브 켈러허를 환영했을 뿐만 아니라 자기네 회사의 경영 방식과 노하우를 상세히 전수하는 친절을 베풀었다. 당시는 주 경계를 넘어서는 것에 대한 항공 규제가 심했기 때문에 텍사스 주의 사우스웨스트 항공과 캘리포니아 주의 퍼시픽사우스웨스트 항공이 경쟁 관계에 놓이리라고는 꿈에도 몰랐기 때문이다.[24]

텍사스에서 샌디에이고로 날아간 사우스웨스트 항공사 관계자들은 퍼시픽사우스웨스트 항공의 크고 작은 노하우를 꼼꼼하게 익혔다. 그리고 그들은 퍼시픽사우스웨스트 항공의 운영 매뉴얼과 방대한 기록을 챙겨서 텍사스로 돌아갔다. 그러고는 펀 경영의 시초가 되는, 동부로서는 괴짜 같은 서부 스타일의 경영 방식을 하나부터 열까지 그대로 따라 했다. 운영 매뉴얼 역시 퍼시픽사우스웨스트의 것을 그대로 베낀 것이었다. 사우스웨스트 항공은 퍼시픽사우스웨스트 항공의 복사판이라고 해도 과언이 아니었다.[25]

퍼시픽사우스웨스트 항공의 스튜어디스

대표적인 것이 스튜어디스의 옷차림이었다. 퍼시픽사우스웨스트는 자유분방한 태평양 연안의 기업답게 스튜어디스를 섹시 코드로 특화했다. 몸에 착 달라붙는 원피스 형태의 유니폼을 입혀 몸매의 볼륨감과 머릿결의 풍성함이 드러나도록 했다. 반소매 상의, 허리를 감는 벨트, 핫팬츠, 고고부츠 등의 파격적인 의상도 마다하지 않았다. 당시 퍼시픽사우스웨스트 항공은 '긴 다리와 짧은 밤Long Legs and Short Nights'이라는 선정적인 슬로건을 내세우며 자사를 홍보하기도 했다.[26] 사우스웨스트 항공 역시 '섹시해야 좌석이 팔린다Sex sells seats'[27]를 사업 모토로 내걸고 스튜어디스의 섹시함을 드러내는 유니폼을 도입했다. 길고 늘씬한 다리를 가진 무용수와 고적대원, 치어리더 위주로 스튜어디스를 뽑았다. 심지어 미인을 선발하기 위해 《플레이보이》 창간자인 휴 헤프너의 자가용 비행기에서 근무하는 섹시 스튜어디스 채용 담당자를 면접관으로 고용하기도 했다. 게다가 신문에 육감적인 몸매의 여배우 라켈 웰치를 내세우고 '라켈 웰치

여성의 섹시함을 부각시킨 사우스웨스트 항공의 스튜어디스

정도면 스튜어디스가 될 수 있다'는 문구가 실린 채용 공고를 내기까지 했다. 40명을 선발하는 공개 채용에 2,000명이 지원했다. 이들은 면접 때부터 훈련을 수료할 때까지 핫팬츠를 입었다.[28]

사우스웨스트 항공이 스튜어디스의 섹시함을 부각시키는 전략을 택한 이유는 단 한 가지였다. 당시에는 대부분의 여객기 승객이 남성이었다. 아메리칸 항공이 여성 승객을 잡기 위해 '멋진 남자를 만나고 싶다면 비행기를 타라'라고 광고할 정도였다. 게다가 남성 승객은 출장을 목적으로 비행기에 오르는 비율이 아주 높았다. 비행기를 탈 때는 정장을 하고 넥타이를 매야 한다는 암묵적인 드레스 코드까지 있었다. 이처럼 다소 무거운 분위기의 기내를 돌아다니는 섹시한 미녀 스튜어디스를 상상해 보라. 사우스웨스트 항공은 남성 고객을 사로잡기 위해 선정성을 내세운 것이었다.

이렇듯 후발 주자인 사우스웨스트 항공은 남을 그대로 베끼는 것에서 출발했다. 벤치마킹한 서비스가 먹히고 경영이 안정권에 진입하자 이때부터는 자기만의 특화된 전략을 세울 수 있었다. 그 첫 번째가 비용 절감이었다.

아메리칸 항공은 어떻게 대처했나?

그 무렵 대형 항공사들이 느끼는 압박은 극에 달해 있었다. 수익성 악화가 첫 번째였고, 저가 항공사의 급부상이 두 번째였다.

그동안 미국의 항공 시장은 대형 항공사들이 저마다 일종의 영업 구역을 정해서 수익을 나누어 먹는 구조로 편성되어 있었다. 일종의 카르텔이었다. 시장 경쟁이 덜하니 공격적인 투자를 할 필요가 없었다. 하지만 이런 시장 구조 속에서도 대형 항공사들의 수익성은 나날이 악화되고 있었다. 그런데 저가 항공사가 등장하여 탑승권 가격을 낮추자 저가 항공사로 빠져나가는 고객이 빠른 속도로 늘어나면서 경영난이 가중되었다. 대형 항공사들로서는 이러한 상황을 돌파하기가 쉽지 않았다. 규모가 큰 대형 항공사들은 비용을 줄이기 힘들었기 때문이다. 항공권 가격을 내리자니 엄청난 구조 조정을 단행해야 했고, 가격을 그대로 두자니 고객이 떨어져 나갔다.

위기를 타개하기 위해 가장 먼저 팔을 걷어붙인 곳은 아메리칸 항공이었다.[29] 그들은 먼저 저가 항공사로 넘어간 고객들의 성향을 분석했다.

1980년대 이전까지만 해도 저가 항공의 최대 수요층은 비즈니스맨이었다. 하지만 비행기 여행이 보편화되면서 저가 항공의 수요층이 변하고 있었다. 레저나 여행을 목적으로 비행기를 이용하는 고객이 비약적으로 늘어난 것이었다. 오히려 한때 저가 항공의 주요 고객이었던 비즈니스맨은 대형 항공사로 편입되고 있었다. 이유는 간단했다. 레저나 여행을 목적으로 비행기를 타는 사람은 자기 돈을 내고, 사업 목적으로 비행기를 타는 사람은 회사가 돈을 내 주기 때문이었다. 회사 돈으로 비행기를 타는 사람은 굳이 저가 항공사의 저렴한 항공권을 이용하려고 하지 않았다. 비행기 이용이 보편화되면서 고객층이 세분화되기 시작한 것이다. 또 승객의 여성 비율 역시 빠른 속도로 커지고 있었다.

아메리칸 항공은 이런 현상을 눈여겨보았다. 그리고 가격 차별화 전략에서 해법을 찾았다. 일반 항공권과 할인 항공권으로 나누어 가격을 달리한 것이다. 같은 물건은 같은 가치를 지닌다는 경제학의 '1물 1가' 원칙이 깨지는 순간이었다. 일반 항공권은 가격이 비쌌지만 스케줄 변경을 자유롭게 할 수 있도록 했다. 미리 예약을 하는 항공권은 큰 폭으로 할인을 해 주지만 스케줄을 변경할 경우에는 위약금을 물렸다.

여기에 1981년에는 세계 최초로 마일리지 제도를 도입했다.[30] 승객이 비행기를 타고 운항한 거리에 비례하여 보너스를 제공하는 것이다. 이를 위해서는 승객 한 사람 한 사람의 탑승 기록을 전산처리하는 정보망을 갖추어야 했다. 세계 최대 규모의 아메리칸 항공이었기에 가능한 일이었는지도 모른다. 마일리지 제도를 처음으로 시행한 1981년 5월에는 가입자가 28만 명에 그쳤지만, 28년이 지난 2009년에는 5,000만 명을 넘어섰다. 일시적인 프로모션이었던 마일리지 제도는 고객의 호응을 얻으면서 경쟁 항공사로도 번져 나가 지금은 전 세계 모든 항공사의 표준 서비스로 자리 잡았다.

사우스웨스트 항공, 비용 절감으로 대처하다

1970년대 말부터 항공 산업은 큰 변화를 겪게 된다. 1970년대의 불경기에 대한 해법으로 미국 정부는 1978년에 항공 규제를 완화하는 법을 만들었다. 이 법은 경쟁을 부추김으로써 항공사들이 시장 점유율을 높이기 위한 총력전을 펼치도록 만들었다. 몇몇 항공사들은 가격 전쟁의 틈바구니에서 수익성이 더욱 악화되는 지경에 이르기도 했다. 여기에 1978년 말부터 중동에서 불어닥친 2차 오일쇼크로 항공 산업은 완전히 얼어붙고 말았다. 하지만 이러한 위기 상황 속에서도 사우스웨스트 항공은 비용 절감을 통해 가격 경쟁력을 높이기 위한 전략을 하나둘 진행해 나갔다.

먼저 사우스웨스트 항공은 '10분의 기적'을 일구어 냈다. 여객기가 공항에 착륙하여 승객을 내려 주고 나서 다시 이륙하는 데 걸리는 시간을 10분으로 단축시킨 것이다. 시간 효율을 극대화시킴으로써 항공기의 운항 편수를 늘렸고 이로 인해 발생한 비용 절

감 효과를 항공권 가격에 반영하여 요금을 낮추었다. 그리고 앞서 밝힌 것처럼 보잉 737이라는 단일 기종을 고집함으로써 항공기를 사들일 때 유리한 입장에서 가격 협상을 할 수 있었고, 정비 시스템을 단순화함에 따라 항공기의 유지비도 크게 낮추어 경쟁 업체보다 비용을 30퍼센트 정도 절감할 수 있었다. 이렇게 절감한 비용 역시 고스란히 항공권 가격에 반영했다.[31]

사우스웨스트 항공은 '미국에서 단거리를 자주 이용하는 고객'에 집중했다. 이를 위해 운항 노선의 대부분을 375마일(약 600킬로미터)을 넘지 않는 짧은 노선으로 편성했다. 운항 시간이 3시간 미만이기 때문에 한 대의 항공기로 하루에 6~7번을 운항할 수 있다. 운항 횟수가 늘어나는 만큼 승객을 더 유치할 수 있고, 항공기의 효율도 높일 수 있다. 사우스웨스트 항공이 기내식을 없애고 지정 좌석제를 폐지하는 등 다른 항공사에 비해 기내 서비스를 간소한화 이유는 단거리 승객에게 알맞은 맞춤형 서비스를 고안했기 때문이다. 또한 규모가 크고 복잡한 대도시의 공항을 이용하는 것도 가급적 피했다. 대도시의 공항은 이용료가 비싸고 드나드는 항공기의 수가 많아서 이착륙이 지연될 때가 많기 때문이다. 그리고 단거리 운항 전략을 쓰는 만큼 이들은 다른 항공사를 경쟁자로 삼은 것이 아니라 자동차를 경쟁자로 삼았다. 사우스웨스트 항공이 비용 절감을 통해 항공권 가격을 최대한 낮추고자 했던 것은 다른 항공사와의 가격 경쟁력에서 앞서기 위한 것도 이유였지만, 자동차를 경쟁자로 삼았던 이유가 더욱 컸다. 이러한 차별화 전략으로 인해 사우스웨스트 항공에는 자동차를 이용할 때보다 이동 비용이 훨씬 저렴한 노선을 상당수 갖출 수 있었다.

그동안의 운항 관행에 젖어 있던 다른 항공사들은 사우스웨스트 항공의 파격적이고도 공격적인 운영 방식을 도저히 따라 할 수 없었다. 사우스웨스트 항공은 시간이 지날수록 승객 유치에 탄력이 붙으면서 인기몰이를 시작했다. 그리고 어느 새 대형 항공사도 감히 넘보기 어려운 '일등 기업'이 되었다.

유럽이 흉내 내는 벤치마킹 모델이 되다

사우스웨스트 항공이 퍼시픽사우스웨스트 항공을 그대로 벤치마킹한 것처럼 이제는 다른 항공사들이 사우스웨스트 항공을 벤치마킹하고 있고 그들 역시 꽤 괜찮은 실적을 보여 주고 있다. 그중에서도 대표적인 회사를 꼽으라면 라이언에어Ryanair를 들 수 있다.

1985년 영국과 아일랜드를 연결하는 단일 노선에 취항하기 시작한 아일랜드의 항공사 라이언에어는 이후 10여 년 동안 유럽의 수많은 소형 항공사 중의 하나에 불과했다. 그러던 1994년, 괴짜 CEO 마이클 오리어리Michael O'Leary가 취임하면서 엄청난 변신을 했다.[32]

라이언에어의 여객기에 오르는 승객들. 마치 고속버스를 이용하는 것처럼 보인다.

마이클 오리어리는 라이언에어가 단일 기종(보잉 737-800)만을 운영하고, 소도시의 변두리 공항을 이용하도록 했다. 사우스웨스트 항공을 따라 한 것이었다. 사우스웨스트 항공이 그랬던 것처럼 당연히 항공기 구매 가격을 낮출 수 있었고, 항공기 유지와 정비 비용 역시 줄였다. 항공기의 회전율 역시 높였다.

항공권 없이 비행기에 탑승할 수 있는 시스템도 갖추었다. 승객이 집에서 프린트한 종이 한 장으로 곧바로 비행기에 오를 수 있도록 하면서 공항의 카운트 인력을 줄였다. 승객이 비행기에 짐을 실을 때는 무게에 따라 비용을 물려 짐을 최소화하도록 유도했다. 짐을 싣고 내리는 시간을 줄이기 위해서였다. 지정 좌석을 없애 승객들이 자리를 찾느라 엉키는 시간 역시 줄였다. 이 모든 것이 항공권의 가격을 낮추기 위한 전략이었다.

마이클 오리어리는 “우리의 경쟁 상대는 다른 항공사가 아니라, 버스 회사와 기차 회사다”라고 말했다. 이 역시 자동차를 경쟁자로 삼은 사우스웨스트 항공을 흉내 낸 것이었다.

사실 라이언에어의 형편없는 서비스는 비웃음을 샀다. 하지만 유럽인들은 외국으로 갈 때는 라이언에어를 이용했다. 단돈 몇만 원으로 국제선 여객기를 타고 해외여행을 떠나는 일이 라이언에어에서는 현실이 되었기 때문이다. 2003년 2,137만 명이었던 라이언에어의 승객 수는 2013년에 7,964만 명으로 10년 사이에 약 4배 뛰었다. 국제선 승객만을 기준으로 했을 때는 세계 1위다.

얼마 전에는 승무원을 모델로 비키니 달력을 만들어 화제가 되기도 했다.[33] 보수적이고 고상한 유럽 상류사회는 라이언에어를 ‘싸구려’라고 비웃지만, 지금 유럽의 수많은 항공사들이 라이언에어를 벤치마킹하고 있으며, 이들을 모델로 한 저가 항공사가 앞 다퉈 생겨나고 있다.

CHAPTER • 4

퍼스트 무버가 되라고? 아니, 라스트 무버가 더 낫다

: 테슬라, 미래를 향해 달리다

How to Lead

- 한때 자동차 시장을 장악했던 포드가 쇠락한 이유는 무엇인가?
- GM은 포드와 다른 노선을 택하면서 어떤 전략을 펼쳤는가?
- GM의 쇠락의 길을 걷게 된 가장 큰 이유는 무엇인가?
- 전기 자동차 시장을 확대하기 위해 테슬라는 어떤 선택을 했는가?

헨리 포드는 혁명적인 대량 생산 방식을 실현함으로써 자동차의 대중화를 이끌고 단일 품목 세계 최대의 시장이 형성되는 데 기여했다. 그로부터 100년 넘는 시간이 흐르는 동안 수많은 기업이 자동차 시장의 왕좌를 노리고 도전과 응전을 반복해 왔다. 그런데 자동차 대중화의 종주국을 자처하는 미국이 이 경쟁에서 조금씩 밀리는 모습을 보이는 동안 한때 미국으로부터 '삼류 집단'으로 분류되었던 일본의 자동차 기업들이 그 자리를 대신 차지했다. 하지만 이러한 자동차 시장의 판도를 완전히 뒤집을 새로운 강자가 출현했다. 전기 자동차를 생산하는 테슬라 모터스와 이 회사의 CEO 일론 머스크가 그 주인공이다.

전기 자동차를 만드는 테슬라Tesla Motors가 씽씽 달리고 있다. 이 회사의 이름은 토머스 에디슨Thomas Alva Edison과 함께 전기의 양대 산맥으로 기억되는 전기공학자 니콜라 테슬라Nikola Tesla에서 따왔다. 로고도 'T'를 쓴다.

테슬라의 주가는 2015년 현재 230달러 내외에 형성되어 있다. 2010년 나스닥에 상장할 당시 19달러였던 주가가 5년 사이에

테슬라 자동차의 CI

12배 넘게 올랐다. 시가 총액은 293억 달러(한화 약 33조 원)에 이른다. 2014년 한 해 동안 2만 2,477 대의 자동차를 판매했는데, 같은 기간에 473만 대의 자동차를 판매하여 세계 10위에 오른 자동차 회사인 현대자동차(시가 총액 38조 원)와 어깨를 겨루었다.

테슬라를 제대로 알기 위해서는 한때 자동차 시장의 흐름을 선도했던 포드와 제너럴모터스, 도요타Toyota Motor Corporation를 먼저 알아야 한다. 이들의 도전과 실패를 알아야만 테슬라의 오늘을 가늠해 볼 수 있다. 뿐만 아니라 애플과 같은 IT 기업에 대해서도 알아야 한다.

T형 포드의 탄생

디트로이트는 미국 북동부 오대호 연안에 자리 잡은 공업 도시다. 제너럴모터스, 포드, 크라이슬러 등 미국의 3대 자동차 회사(빅 3)의 주력 공장이 이 지역에 집결해 있다. 디트로이트의 옛 중앙역에서 20분 정도 북쪽으로 올라가면 하일랜드 파크Highland Park

공장이 나온다. 자동차 혁명의 발상지다. 미국 건축가 앨버트 칸이 설계해 1910년에 완공한 이 4층짜리 공장의 규모는 25헥타르(7만 평)에 이르렀다. 당시로서는 엄청난 규모였다. 석유 사업으로 세계 최고의 부자가 된 존 데이비슨 록펠러John Davison Rockefeller가 이 공장을 '시대의 기적'이라고 부를 정도였다. '자동차의 왕' 헨리 포드Henry Ford가 성공 신화를 처음 쓴 곳은 피켓 공장Piquette Plant이었지만 그의 신화를 풍성하게 만든 곳은 하일랜드 파크 공장이었다. 이곳에서 자동차의 대량 생산이 이루어졌기 때문이다.

1910년형 T형 포드

1908년 10월 1일, 헨리 포드는 이 세상에 완전히 새로운 자동차를 선보였다. 힘센 엔진을 장착한 이 차는 험한 길도 잘 달렸고 당대의 어떤 차보다도 빠른 속력을 낼 수 있었다. 바로 'T형 포드Ford Model T'였다. 10여 명의 기술자들이 힘을 모아 만들어 낸 작품이었다. 이들을 이끈 사람이 헨리 포드였다. T형 포드의 놀라운 점은 성능뿐만이 아니었다. 무엇보다도 가격이 쌌다. T형 포드의 최초 가격은 825달러였다.[34]

헨리 포드는 각 가정마다 차를 한 대씩은 가질 수 있도록 하고 싶어 했다. 그러기 위해서는 가격이 싸야 했다. 자동차의 값을 내리기 위해서는 단순해야 했다. 다루기 쉽고 특별한 기술이 없어도 손쉽게 수리하거나 부품을 교체할 수 있도록 설계하는 것이 중요했다. 이렇게 하면 차량 유지비도 줄일 수 있다.

1909년에 헨리 포드는 오로지 한 가지 모델의 차량만 생산할 것이라고 선언했다. 모든 차에 완전히 똑같은 차체와 부품을 사용하겠다는 것이었다. 그러면서 이런 말을 덧붙였다. "고객이 원하는 색을 차에 입혀 줄 수는 있습니다. 단, 그것이 검은색이기만 하다면."

T형 포드를 만든 헨리 포드의 전략은 한 가지에 집중되었다. 보통 사람을 위한 차를 대량으로 생산하면 수요가 증가할수록 자동차의 가격을 더 낮출 수 있을 것이라는 것이었다. 실제로 수요가 늘어나자 가격은 서서히 떨어졌고, 가격이 내려가자 수요가 폭발적으로 늘어났다. 수요가 증가하고 생산량이 늘어나면서 규모의 경제에 의해 생산 비용이 계속 떨어졌다. 이렇게 T형 포드는 지속적으로 가격이 내려갔다. 현대 자본주의의 선순환 현상이 이때 나타나기 시작한 것이다. 포드의 이러한 생각은 그가 살았던 시대뿐만 아니라 오늘날까지도 세계 여러 나라의 자동차 기업 경영을 지배하는 이념으로 자리 잡았다.

헨리 포드가 T형 포드를 생산하던 당시에 다른 회사의 자동차는 2,000달러에 가격이 형성되어 있었다. 반면에 포드는 T형 포드의 가격을 260달러까지 내렸다. 다른 자동차의 10분의 1 정도의 가격이었기에 많은 사람들이 이 자동차에 매료되었다. 자동차를 구입하는 것을 마치 정장 한 벌을 구입하는 것처럼 가볍게 여길 수 있도록 하려는 포드의 바람이 실현되고 있었던 것이다.

대량 생산의 포디즘이 만든 신세계

대량 생산과 규모의 경제 체제를 갖춘 포드의 하일랜드 파크 공장은 전 세계의 산업 현장에 큰 영향을 미쳤다. 규모 때문만은 아니었다. 포드는 이곳에서 소위 '3S'라 부르는 작업 공정의 표준화Standardization, 전문화Specialization, 단순화Simplification를 실현했다.[35] T형 포드에 들어가는 부품을 모두 일정하게 만들고(표준화), 한 사람이 자신에게 맡겨진 일만 하며(전문화), 여러 종류의 모델이 아니라 한 가지 자동차 모델을 만드는(단순화) 것이었다.

컨베이어벨트 시스템을 도입하기 전에 포드는 공장에서 일어나는 여러 가지 상황에 대해서 치밀하게 분석했다. 그가 목격한 공장의 풍경은 이러했다. 공장에서 노동자들은 실제 물건을 만드는 작업에 걸리는 시간보다 더 많은 시간을 재료와 도구를 가지러 가는 데 허비하고 있었다. 이렇게 시간을 허비하면서는 많은 물건을 만들 수 없으니 당연히 노동자들의 임금도 낮을 수밖에 없었다. 임금이 낮으니 노동자들의 회사에 대한 충성도가 떨어졌다. 때문에 노동자들의 잦은 이직과 태업으로 작업에 차질이 생기는 경우가 허다했다. 헨리 포드가 '포디즘Fordism'이라고 불리는 컨베이어벨트 시스템을 도입한 배경에는 이와 같은 비효율적인 상황이 도사리고 있었다.

1919년의 헨리 포드

앞서 살펴본 것처럼 대량 생산 체제를 갖춘 뒤 T형 포드의 가격은 점점 더 떨어졌다. 포드는 "자동차 가격을 1달러씩 낮출 때마다 1,000명의 새로운 고객이 생긴다."고 말했다. 첫 출시 가격이었던 825달러에서 260달러까지 가격을 낮추는 데 걸린 시간은 만 19년이었다. 무려 65.8퍼센트나 내린 것이었다. 이 기간 동안 80퍼센트 정도 오른 물가를 감안하면 실제 가격 인하율은 81.4퍼센트에 이른다.

1924년 무렵에 미국에서는 1,000만 대의 T형 포드가 굴러다녔다. "T형 포드는 추월할 수 없다"는 말까지 생겨났다. 앞에 달리는 차를 아무리 앞지르고 또 앞질러도 도로 위에서는 계속해서 T형 포드가 나타났기 때문이다.

포드는 현대 자본주의의 원형인 소품종 대량 생산 체제를 구축함으로써 '멋진 신세계'를 만들었다. 그런데 아이러니컬하게도 자본주의 진영의 프레데릭 테일러Frederick Winslow Taylor(노동을 최소 단위로 분리하는 과학적 노동 관리법을 주창했다)가 고안하고 헨리 포드가 실현한 이 소품종 대량 생산 시스템을 가장 열광적으로 도입한 나라는 소련이었다.

악덕 자본가를 넘어 선한 사장님으로

포드가 컨베이어벨트 시스템을 도입하는 데 그쳤다면 그는 후세 사람들로부터 노동자를 생산 공정의 부품으로 전락시킨 원흉이라는 비판을 면치 못했을 것이다. 그러나 헨리 포드는 노동 현장과 노동자의 삶에 일대 혁명을 가져왔다. '악덕 자본가'에서 '선한 사장'으로 변신한 것이다.

헨리 포드는 1914년 1월 1일 아침 임원회의를 소집한 뒤 중대 발표를 했다.

"근무 시간은 하루 8시간, 하루 일당도 5달러로 올리도록 하겠습니다."

그의 발표에 임원들은 입을 다물지 못했다. 그럴 수밖에 없는 것이 노동자의 최저 임금을 기존의 2배 가까이 올렸기 때문이다. 동시에 하루 9시간씩 2부제로 돌리던 근무 시간도 하루 8시간씩 3부제로 바꾸었다. 노동자들의 근무 조건이 파격적으로 개선된 것이었다. 언론은 이 사실을 대서특필했다. '노동자의 임금을 두 배로!', '노동은 하루 8시간', '일하는 천국!'이라는 제목을 단 기사들이 전국으로 퍼져 나갔다.

경쟁사들은 포드가 자동차업계의 기준을 엉망으로 만든다며 강하게 비난했다. 되도록 적은 임금을 주는 암묵적인 관행을 어겼다는 것이 이유였다. 그들은 포드가 무리한 고임금 정책을 내놓아 결국에는 경쟁력이 떨어질 것이라고 비웃기도 했다. 이에 포드는 "고임금은 미래를 위한 투자다. 저임금을 원칙으로 하면 사업은 항상 불안정할 수밖에 없다"고 맞섰다.

시간이 지나자 포드의 생각이 옳았음이 밝혀졌다. 경쟁사들의 예상은 보기 좋게 빗나갔다. 노동자들이 포드 자동차의 공장으로 몰려들었다. 하루 일당 5달러를 발표했을 당시 포드 자동차의 직원 수는 1만 4,000명이었다. 당시에는 저임금 기조가 만연해 있었기 때문에 노동자들의 이직률이 상상을 초월했다. 이직자를 고려해 직원을 같은 수준으로 유지하려면 1년에 5만 3,000명을 새로 뽑아야 했다. 그러나 일당을 5달러로 올린 뒤에는 이듬해에 6,508명만 새로 고용했다. 이직률이 떨어지자 생산성이 올라갔다. 기술과 경험이 축적된 숙련 노동자의 비율이 높아졌기 때문이다.

헨리 포드는 여기서 한 발 더 나아갔다. 교도소에서 왔선 하버드 대학교에서 왔건 포드에서는 똑같이 대우한다고 발표했다. 직원을 뽑을 때 어떤 학교를 졸업했는지는 아예 묻지도 않았다. 헨리 포드는 "입사 희망자에게 던지는 유일한 질문은 일할 의지가 있느냐는 것뿐이다"라고 말했다. 현장에서 몸으로 부딪치며 일을 배우고 성공한 헨리 포드는 기계를 잘 알지도 못하는 인텔리 계층에

게 특혜를 베풀 마음이 없었다.[36]

모건의 지원을 받는 라이벌, 슬론이 등장하다

시장 점유율 70퍼센트를 자랑하던 포드의 아성이 무너졌다. 포드를 2위로 밀어낸 주인공은 '제너럴모터스GM의 전설'로 통하는 앨프리드 슬론Alfred Sloan이었다. 미국 동부의 명문 대학교인 MIT 경영대학원의 이름이 슬론 스쿨Sloan School이다. 슬론의 이름에서 따왔다. 그는 MIT에서 전기공학을 전공한 뒤 포드 자동차에 베어링을 납품하는 하얏트 롤러 베어링Hyatt Roller Bearing이라는 회사를 운영했다. 이 회사가 GM에 합병되면서 슬론도 GM으로 자리를 옮겨 부품과 액세서리 조달을 맡았다.

GM은 'General Motors'라는 이름에서도 드러나듯이 여러 개의 자동차 회사를 인수 합병하여 성장한 기업이다. 디트로이트에서 마차 공장을 운영하던 윌리엄 듀런트William C. Durant는 1904년에 자동차 회사 뷰익Buick을 인수하고 4년 뒤에 회사 이름을 GM으로 바꾸었다. 이후 쉐보레Chevrolet, 올즈모빌Oldsmobile 등 39개 회사를 인수하면서 덩치를 키웠다. 그러나 설립자인 듀런트는 새로운 차의 판매 부진과 무리한 확장으로 인한 경영 악화가 겹치면서 1920년에 주주들에 의해 쫓겨났다.

월리엄 듀런트를 물러나게 하는 데 가장 큰 역할을 한 이가 존 피어폰트 모건John Pierpont Morgan이었다. 'JP 모건'이라는 이름으로 더 잘 알려져 있다. 모건은 금융제국을 만들었다. 금융뿐만 아니라 철도, 철강, 통신, 영화 등 미국의 핵심 기간산업 부문에서 독점적인 지위를 누린 실물경제의 막후 실세였다. 제너럴일렉트릭GE, General Electric Company, 듀폰DuPont, A&T 등 미국의 거대 기업 설립을 주도했다. "하나님은 세상을 창조하고 모건이 세상을 재창조했다"는 말이 나올 정도로 막강한 실력을 행사한 그는 미국 백악관은 물론 영국 왕실에도 막대한 영향력을 미치고 있었다.[37]

앨프리드 슬론

J. P. 모건의 지원을 등에 업은 앨프리드 슬론이 GM의 회장에 취임했다. 당시에 GM의 매출은 포드 자동차의 5분의 1 수준에 불과했지만, 슬론이 취임한 지 6년 만에 GM은 자동차 업계 1위로 올라섰다. 그 비결은 경영 혁신이었다. 슬론은 차종을 다양화하는 전략을 꾀했다. '고객의 호주머니 사정과 목적에 언제든 부합할 수 있는 차'라는 기치 아래 저렴한 쉐보레부터 최고급 캐딜락까지 5개의 모델을 만들었다. 단일 차종을 대량 생산함으로써 자동차의 가격을 낮춘 포드의 경영 방식과는 정반대였다.

GM의 경영 방식을 간단하게 말하면 '세분화 전략'이라고 할 수 있다. 고객을 세분화해 다양한 가격대, 다양한 용도의 자동차를 만들어 판매했다.

1929년형 캐딜락

GM의 제품군은 이러했다. 보통 사람을 위한 쉐보레, 가난하지만 자존심이 강한 사람을 위한 폰티악Pontiac, 경제적 여유가 있지만 신중한 사람을 위한 올즈모빌, 야망을 가진 정치인을 위한 뷰익, 부유층을 위한 캐딜락이 그것이다.

슬론은 고객의 다양한 욕구를 충족시키기 위해 조직에도 변화를 가했다. 한 회사 안에 여러 회사가 존재하는 시스템인 독립사업부 제도를 도입한 것이다. 결과는 성공적이었다. 이후 미국의 대기업 거의 대부분이 GM의 뒤를 따랐다.

GM은 정기적으로 새로운 모델을 내놓았고 같은 차종을 여러 가지 색상으로 출시했다. 포드 자동차가 20년 동안 검정색을 고집했다는 점과 차이를 보였다. 포드는 고객에게 실용적이고 믿을 수 있는 자동차로 다가간 반면, GM은 다양한 모델의 자동차를 선보여 고객이 그중 하나를 선택할 수 있도록 했다. 승리는 GM의 것이었다.

변하지 않는 자동차로 2등 기업에 추월당하다

T형 포드가 완벽하다는 생각에 사로잡혀 있었던 포드는 1908년 이후 어떤 형태로든 자동차의 디자인에 손대는 것을 거부했다. 오직 자동차를 저렴하게 만드는 데에만 골몰했다. 포드는 헨리 포드의 이념대로 한 가지 차종만 고집함으로써 가격을 낮출 수 있었던 반면 경쟁사들은 매년 새로운 모델을 내놓았다. 새로운 자동차를 만들 때마다 새로운 장비와 기계를 들여오고 설계비를 지출하면서 경쟁사들은 어려움을 겪었지만 포드 자동차는 그럴 필요가 없었다. 1923년에 T형 포드의 생산량은 201만 대에 육박했다. 10초에 한 대 꼴로 자동차를 생산해 낸 셈이다. T형 포드에 이어 두 번째로 많이 팔린 GM의 쉐보레보다 4.5배나 많았다.

하지만 시대가 바뀌었다. 1925년부터 포드 자동차의 판매가 떨어지기 시작했다. 하지만 헨리 포드는 이러한 변화를 외면했다. 그는 자동차를 훌륭한 이동 수단으로만 생각했다. 반면에 GM은 자동차는 이동 수단 그 이상, 사람의 정체성을 드러내는 옷차림처럼 자신과 상대방을 비교하고 판단하는 기준이라고 생각했다. 정확한 분석이었다. 젊은이들은 단순한 모델을 외면했다. 1908년에 설계된 뒤 거의 변하지 않은 포드 자동차는 겉모양에서도 시대에 뒤떨어진 느낌을 주었다. 젊은이들은 자신을 드러내 보이고 싶어 했고, 새로운 모델에 빠져들었다.

쉐보레 로드스터(Roadster)

헨리 포드는 자신이 개발한 T형 포드에 대한 고객의 반응이 영원하리라 믿었다. 1922년 말, 포드의 세일즈맨 전국대회가 열렸을 때 세일즈맨들은 헨리 포드에게 새로운 모델을 만들어 줄 것을 요구했다. 하지만 그는 냉담하게 말했다. "여러분, 내가 아는 한 포드가 만든 자동차에 유일한 문제가 있다면, 그것은 소비자가 원하는 속도만큼 빨리 만들지 못한다는 것뿐입니다." 문제는 소비자가 더 이상 포드 자동차를 원하지 않는다는 것이었지만, 헨리 포드는 끝내 현실을 받아들이지 않았다. 결국 저렴한 가격에 중점을 둔 전략은 포드 자동차에 부메랑이 되어 돌아왔다. T형 포드의 시대였던 20년 동안 가격 최저화에만 몰입하면서 다른 선택을 할 여지를 스스로 막아 버린 결과였다.

T형 포드의 종말

포드 자동차는 오직 기계적 단순함이라는 남성적 스타일만 강조했다. 포드가 차량의 색깔을 검은색으로 선택한 것은 다른 색보다 빨리 마르기 때문에 비용을 줄일 수 있다는 이유였다. 포드가 이렇게 한 가지 차종, 한 가지 색깔에 매달리는 동안 GM은 다양한 디자인과 색상의 자동차를 쏟아냈다. 자동차의 디자인도 포드에 비해 훨씬 세련되었다. 포드는 투박한 느낌을 주어 여성들로부터 외면당했다.

이외에도 GM은 자동차 비즈니스에서 혁신적인 개념을 선보였다. 포드 자동차는 저렴한 대신 할부 구매가 불가능하기 때문에 목돈이 없는 사람은 구입할 수 없었지만, GM은 할부 금융 회사를 만들어 차를 구매하는 고객을 위한 대출 서비스를 제공했다. 또 매년 차의 모델을 변경함으로써 연식Model Year 개념도 만들어 냈다. GM의 이 모든 전략이 제대로 먹히면서 포드 자동차 판매는 급격히 떨어졌다.

특히 GM의 쉐보레가 빠른 속도로 젊은 세대의 호응을 얻기 시작했다. 젊은이들은 쉐보레 자동차를 '세비'라는 애칭으로 불렀다. 포드 자동차가 생산량에만 매달리는 동안 쉐보레가 포드를 앞지르기 시작했다. 1925년 47만 대였던 쉐보레 판매량은 1926년에 73만 대로 늘어났다. 자동차 가격을 501달러에서 525달러로 올렸음에도 판매량이 오히려 늘어난 것이었다. 포드로서는 도저히 어찌해 볼 수 없는 상황으로 접어들고 있었다. 헨리 포드의 인생 절정기에 태어난 T형 포드는 그가 노년에 접어듦에 따라 수명을 다하고 있었다.

1926년에 T형 포드의 생산량은 50만 대까지 떨어졌다. 헨리 포드는 비로소 자신이 만든 차의 조종을 울려야 함을 깨달았다. 1927년 5월 31일, 1,500만 7,033번째로 만들어진 T형 포드가 리버루지River Roosi 공장의 조립 라인을 떠났다. 마지막 T형 포드였다.

1928년부터 1930년까지 생산된 A형 포드(Model A Ford)

그리고 결국 포드 자동차는 GM에게 추월당한다. 1929년의 일이었다.

포드의 쇄락은 미국이 도시화되고 가계 소득이 높아짐에 따라 다양화된 고객의 니즈를 파악하지 못하고 한 가지 자동차를 고집했기 때문이었다. GM은 T형 포드가 가진 가격 우위와 경쟁하기보다는 새로운 분야에서 경쟁을 벌였다. 고객의 소득과 욕구에 맞는 차별화 전략을 쓴 것이다. 포드 자동차는 뒤늦게 차종 다양화를 꾀했으나 과거의 영광을 되찾을 수는 없었다.[38]

GM을 따라잡은 일본 자동차

1960~70년대 GM은 미국 시장에서 줄곧 1위를 지켰다. 아무리 비싼 제품을 내놓아도 고객들의 호응은 여전했다. 하지만

이러한 시장 구조가 지속되자 GM의 차량 생산비는 계속해서 올라갔고 높아진 생산비는 소비자에게 전가되었다. 원가를 통제하려는 노력은 거의 보이지 않았다.

그러던 중 1970년대로 접어들자 상황이 급변했다. 석유 파동이 계기였다. 이 무렵 미국에 진출한 일본의 자동차 기업 도요타는 전 세계가 석유 파동으로 불황을 겪는 중에도 유일하게 흑자를 내고 있었다. 이전까지 GM은 도요타를 값싼 노동력으로 조잡한 차를 만드는 삼류라고 얕보았다. 하지만 오일쇼크로 유가가 폭등하자 미국 소비자들은 기름 먹는 하마인 미국 자동차를 외면하기 시작했다. 대신 잔고장이 거의 없고 기름을 적게 먹는 일본 자동차를 선택했다. 그때까지 국적 개념이 강했던 자동차 시장은 이 일을 계기로 일대 변화를 맞게 된다.

그런데도 GM은 달라진 환경을 외면한 채 여전히 연료 효율이 매우 낮은 대형 자동차를 계속 생산했다. 이로 인해 소비자가 등을 돌리자 이들은 엉뚱하게도 무역 문제를 걸고 넘어졌다. 1980년대 들어 미국 자동차 시장이 극심한 불황에 시달리자 GM을 위시한 미국 자동차 회사들은 일본 자동차를 수입하면서 미국 자동차 산업이 큰 타격을 받고 있다며 일본에 강한 제재를 가해 줄 것을 미국 정부와 정치권에 로비했다. 미국 최대 자동차 노조인 전미자동차노조UAW, United Auto Workers도 거들고 나섰다. 그들은 일본 자동차의 미국 수출 물량을 줄여야 한다는 탄원서를 정부에 제출했다. 그리고 일본 자동차 회사들이 미국 회사들과 공정한 경쟁을 벌여야 하며, 이를 위해서는 일본에서 차를 만들어 미국 시장으로 들여올 것이 아니라 미국에 공장을 지어 동일한 생산 환경에서 차를 만들어야 한다고 주장했다. 이들이 이렇게 요구한 데에는 나름 계산이 있었다. 미국인들은 일본 자동차 회사가 노동자를 낮은 임금으로 혹사시키면서 생산비를 낮추고 있다고 생각하고 있었고, 일본 자동차 회사가 미국에서 공장을 운영하면 미국 자동차 회사들처럼 품질 문제와 노사 갈등을 겪게 될 것이라고 내다보았던 것이다. 게다가 일본 자동차 회사들이 미국에 공장을 지으면 미국인 노동자들의 일자리도 방어할 수 있을 것이라고 생각했다. 열렬한 자유무역주의자였던 레이건 대통령은 자동차 회사와 노조의 요구를 받아들였다. 미국 정부는 일본 정부에 자동차 수출 물량을 자발적으로 제한하는 수입 할당제를 강요했다.[39]

일본 자동차 업계는 즉각 반발했다. 특히 도요타 경영진은 일본의 수석 무역협상관을 '외국에서 구걸하는 매춘부', '레이건의 첩'이라고 비난하는 기사가 실리도록 언론 플레이까지 펼쳤다. 하지만 일본 정부는 결국 무릎을 꿇을 수밖에 없었다. 1981년 5월 1일, 일본 자동차 업계가 3년 동안 수출을 억제하고 협정 발표 첫 1년 동안 수출 물량을 168만 대로 제한한다는 협정에 사인했다.

미국의 자동차 회사들은 잠깐 동안의 승리감에 도취되어 샴페인을 터뜨렸다. 하지만 오래지 않아 미국 정부가 강요한 수입 할당제는 완전한 실패작이었음이 드러났고 이로 인해 미국 자동차 회사들은 엄청난 후폭풍을 맞게 된다. 수출에 엄격한 제한을 받은 일본 자동차 회사들이 미국 시장을 공략할 다른 방법을 찾은 것이었다. 그들은 "고 이스트Go east!"를 외치며 미국 시장 안으로 직접 들어갔다. 미국 오하이오와 켄터키의 광활한 옥수수 밭이 파헤쳐지고 그 자리에는 일장기를 단 일본 자동차 공장이 들어섰다.

뿐만 아니라 일본 자동차 회사들은 판매량이 줄어들더라도 더 높은 수익을 올릴 수 있는 방법을 찾으면서 '부가 가치'를 새로운 화두로 삼았다. 자기네의 핵심 상품이었던 소형 자동차에만 만족하지 않고 미국 자동차가 선점하고 있는 중대형 자동차 시장까지 넘보기 시작한 것이었다.

결국 수입 할당제는 일본 자동차 회사들이 생산 기지를 일본 밖으로 이전하도록 만든 계기가 되었을 뿐만 아니라 수익성이 높은 고급 자동차 시장으로 진출하도록 만드는 기회를 제공했다. 렉서스의 시나리오를 미국 자동차 회사들이 만들어 준 셈이다.

수입 할당제가 효력을 발휘하는 동안 미국의 빅 3 자동차 회사는 그 어떤 구조 조정 노력도 하지 않았다. 그리고 몇 년 뒤 미국 시장에 들어온 일본 자동차들과의 경쟁에서 빅 3는 내리 밀릴 수밖에 없었다.

한편 일본 정부는 자동차 수출을 규제할 수밖에 없는 상황에서 일본의 자동차 기업인 도요타가 잠재적인 독점금지법을 위반하는 행위에 대해서 눈을 감아 주었다. 이로 인해 1980년대에 도요타가 일본 내수 시장에서 급성장할 수 있었다. 결국 미국 보호무역주의의 최후 승자는 도요타였던 것이다.

GM과 도요타,
적과의 동침

도요타의 미국 시장 진출은 GM과의 동침으로 시작되었다. 티격태격 싸웠던 남녀가 같은 침대에서 이불을 덮고 자는 격이었다. 하지만 두 회사는 같은 침대에서 서로 다른 꿈을 꾸었다.

수출 규제로 미국 수출에 발목이 잡힌 일본 자동차 회사들은 직접 미국으로 날아가 공장을 짓게 된다. 1982년에 혼다Honda Motor Co., Ltd.가, 1983년에는 닛산Nissan Motor Co., Ltd.이 각각 북미 현지 생산을 결정했다. 혼다와 닛산은 미국 자동차 산업의 심장부인 디트로이트 근처에 자리를 잡았다.

도요타는 달랐다. 디트로이트에서 멀리 떨어진 캘리포니아에, 그것도 단독 투자가 아닌 GM과의 합작을 선택했다. GM과 도요타가 합작에 합의하기까지는 꼬박 2년이 걸렸다. 도요타가 현금 1억 달러(한화 약 1,160억 원)를 투자하고 GM은 이에 상응하는 자산을 내놓기로 했다.

GM과 손을 잡은 도요타는 캘리포니아 주의 프레몬트Fremont 공장에서 첫 걸음을 내딛었다. 넓이가 200에이커에 이르는 프레몬트 공장은 1960년에 GM이 지은 뒤로 1982년, GM의 과잉 투자와 노사 갈등, 품질 불량 등의 문제가 불거져 구조 조정을 단행하면서 문을 닫았다가 그로부터 2년 뒤 도요타와 합작을 하면서 다시 문

GM과 도요타 합작 모델의 기본형인 도요타 코롤라(Corolla)의 2009년형

을 열었다. 공장의 정확한 명칭은 '뉴 유나이티드 모터 매뉴팩처링 New United Motor Manufacturing'으로 줄여서 누미 NUMMI라고 부르기도 한다.

합작 회사의 임원은 도요타와 GM에서 각각 50퍼센트씩 임명했다. 사장 및 대표이사는 도요타에서 내기로 최종 합의하고 도요타의 코롤라 모델을 기본형으로 하는 소형 자동차를 생산해서 GM이 쉐보레 노바 Nova라는 이름으로 판매하기로 했다.

당시 GM은 캘리포니아에서 일본 자동차에 밀리며 고전을 면치 못하고 있었다. 자동차를 처음 구입하는 캘리포니아 주민들은 대부분 일본 자동차를 선택했다. GM은 이들에게 자사의 존재감을 알려야 했다. GM은 프레몬트 공장에서 생산된 품질 좋은 자동차가 쉐보레 브랜드를 달고 출시되면 GM의 브랜드 가치가 높아질 것이라고 기대했다.

그러나 미국의 자동차 업계는 도요타와 GM의 합작을 두고

'적과의 동침'이라며 크게 반발했다. 미국 소형 자동차 개발을 일본인들에게 넘겨 버렸다는 비판도 들끓었다. 이에 GM은 프레몬트 공장을 통해 일본의 기술과 노하우를 배운 뒤에 훗날 이를 반영해 궁극적으로 일본을 이기려는 것이 자사의 전략이라고 응수했다. 실제로 GM은 내심 프레몬트 공장을 통해 도요타의 생산 비법을 알아내고자 했다. 당시 GM의 소형 자동차 1대당 생산 단가는 도요타보다 2,578달러나 높았다. GM은 생산비를 낮추는 비법을 도요타로부터 얻어 내고자 했던 것이다.

도요타 역시 속내는 따로 있었다. GM과의 합작을 택한 것은 일본에서 성공한 도요타 생산 방식이 미국에서도 성공할 수 있는지를 큰 부담 없이 알아볼 수 있기 때문이었다. 본격적인 단독 진출에 앞서 미국을 공부할 필요가 있었다. 부품 기업, 노동조합과의 관계를 미리 경험함으로써 미국 시장 진출에 따르는 공포감과 시행착오를 줄일 수 있다고 여겼던 것이다. 프레몬트 공장은 GM에게는 도요타 생산 방식을 배우는 학습의 장이었고, 도요타에게는 미국 현지 시장 진출을 위한 실험의 장이었다. GM은 프레몬트 공장으로 파견하는 직원들에게 "배울 수 있는 것이라면 모조리 배워라"고 주문했고, 도요타는 직원들에게 "다른 나라에서 사업을 할 수 있도록 허락을 받았으므로 우리는 더욱 겸손해야 한다"며 신중한 자세를 취할 것을 요구했다.

하지만 막상 뚜껑을 연 프레몬트 공장의 상태는 심각했다. 미국 자동차 공장 노동자들의 잦은 결근은 악명이 높았다. 월요일이나 금요일에는 노동자들의 열의가 바닥으로 떨어져 '월요병', '금요병'이라는 말이 나돌 정도였다. 볼트 조이는 것조차 잊어버리는 실수가 되풀이되면서 품질 역시 엉망이었다. 이런 상황에서 도요타는 일본 직원들에게 하는 것처럼 "일 중독자가 되어라"고 요구하며 충성심을 강요하는 것이 힘들다는 사실을 알았다. 대신 도요타는 자신들이 일본에서 그랬던 것처럼 직원들에게 자율권을 부여하기로 했다. 작업 과정에서 직원들의 의견을 적극적으로 수용하고 누구든지 문제가 발생하면 생산 라인을 멈출 수 있도록 했다.

도요타의 이러한 인력 활용법은 현장 노동자를 기계 설비와 같은 생산 도구로 여기는 미국식 운영과는 근본적으로 다른 접근 방법이었다. 미국식 경영에서는 생산 라인을 멈추거나 작업 표준을 정하는 것은 관리 책임자의 고유 권한으로 하급 직원이 개입할 수 있는 사안이 아니었다.

GM에서는 공장에서 행하는 업무를 자질구레한 것까지 모두 포함하여 183개로 분류해 놓고 있었다. 이런 시스템이 있어야 직원들을 통제하고 관리할 수 있다고 생각했다. 직원들의 자율성을 믿지 않았던 것이다. 반면에 도요타는 프레몬트 공장의 업무를 단 4개로 줄였다. 큰 틀만 정하고 나머지는 직원들에게 맡긴 것이다. 직원들의 자율성이 높아진 것은 당연한 일이었다. 프레몬트 공장에서 팀장은 상관이라기보다는 조언자에 가까웠다.

또 도요타는 자동차에 부품을 장착하는 생산 라인의 직원들이 천장에서 내려온 그네처럼 생긴 의자에 걸터앉아 일하도록 만들었다. 미국인은 무릎을 꿇는 습관에 익숙하지 않고 엉거주춤한 상태에서 작업하는 것을 불편해 했기 때문이다. 관리자 전용 주차장도 없애 버렸다. 식당에서는 전 사원이 똑같이 줄을 서서 배식을 기다렸다. 사소한 일에 불과했지만, 그동안 관리자들이 자기들에 비해 많은 특권을 누린다고 불만을 품었던 직원들은 회사가 자신들을 배려한다고 생각하기에 이르렀다. 자율성이 부과되면서 과거 GM 시절보다 일이 늘어나고 신경 쓸 일이 많아졌음에도 직원들의 업무 만족도가 크게 올라갔다. 고질적인 병폐이던 지각과 결근이 사라지고 이직률 역시 거의 제로에 가까워졌다.

이와 같은 변화는 생산성 향상으로 나타났다. 두 회사가 합작한 지 2년 만에 노동생산성이 50퍼센트나 향상된 것이다. 공장의 하드웨어(시설과 인력)는 그대로 둔 채 소프트웨어(경영과 관리)만 바꾸었을 뿐인데 이런 결과가 나타난 것이다. 미국 산업계가 일제히 프레몬트 공장을 주목한 것은 그리 놀라운 일이 아니었다. 미국 언론들은 가장 숙련도가 낮았던 GM 노동자들을 바꾸어 놓은 기적의 공장이라며 앞 다투어 프레몬트 공장을 띄웠다.

프레몬트에 파견되었던 GM 직원들은 디트로이트 본사로 돌아가서 도요타에서 배운 시스템을 도입할 수 있을 것으로 기대했다. 하지만 그들에게는 어떠한 기회도 주어지지 않았다. 권한도 없었고 따라 주는 사람도 없었다. GM은 프레몬트에서 배운 교훈을 모조리 폐기해 버렸다. 그 교훈이란 제품의 품질은 직원의 자질이 아니라 경영진의 마인드에 의해 좌우된다는 사실이었다. 하지만

GM의 경영진은 이를 받아들이지 않았다. 반면에 도요타는 미국에 대해서 하나둘 알아 나갔다. 그리고 소형 자동차뿐만 아니라 중대형 자동차 부문에서도 미국 자동차와 싸워 볼 만하다는 자신감을 얻게 되었다. 렉서스가 잉태되는 순간이었다.

도요타와 GM의 결별과 프레몬트 공장 폐쇄

하지만 2010년 4월 1일, 미국 캘리포니아 주의 유일한 자동차 공장인 프레몬트는 문을 닫았다. 이날 오전 9시 40분, 이곳에서 마지막으로 출고된 차량은 도요타의 빨간색 코롤라 세단이었다. 프레몬트 공장의 간부들과 직원들은 모두 마지막 차량이 생산되는 현장을 지켜보았다. 이때 만들어진 빨간색 도요타 코롤라는 일본의 박물관으로 보내졌다. 도대체 프레몬트에서 그 사이에 무슨 일이 있었던 걸까?

글로벌 금융 위기의 여파로 경영 역화에 시달리던 GM이 2009년 6월 말에 파산보호 신청을 하는 것과 동시에 프레몬트 공장 운영에서 손을 뗀 것이 이유였다. 혼자 프레몬트 공장을 짊어지게 된 도요타로서는 엄청난 부담이 아닐 수 없었다. 한동안 도요타는 독자적인 운영과 사업 청산을 놓고 고민했다. 단 한 번도 공장 문을 닫은 적이 없었던 도요타는 공장 폐쇄가 가져올 부정적인 영향을 우려했지만 결국에는 현실을 택했다. 그리고 2010년 4월 1일, 드디어 프레몬트 공장이 문을 닫은 것이었다.

프레몬트 공장이 폐쇄되어 공장 직원 4,700명이 당장 실업자로 내몰리고 도요타 자동차에 대한 리콜 사태가 불거지면서 대표 자동차 기업의 합작을 통해 밀월 관계를 유지해 오던 미국과 일본은 외교적인 마찰을 빚기 시작했다. 《월스트리트저널Wall Street Journal》을 비롯한 미국의 언론은 도요타 사태의 배후에 일본 정부가 있다고 비판했고, 일본 언론은 도요타 리콜 사태를 일본 자동차 산업에 대한 미국의 선전포고라고 해석하는 등 양국의 감정싸움은 악화일로로 치달았다. 도요타는 "프레몬트 공장 폐쇄는 GM의 요청에 따른 것이고, 미시시피의 도요타 공장을 계속 가동하려면 폐쇄가 불가피했다"고 해명했지만 미국의 시선은 여전히 따가웠다. 캘리포니아 주의 하원 의원들이 "도요타를 규제하는 법안을 만들자"고 발의할 정도였다. 이에 더해 《뉴욕타임즈New York Times》는 도요타가 공장 폐쇄를 단행한 것은 이 공장에 노동조합이 설립되었기 때문이라는 의혹을 제기했다. 실제로 도요타의 미국과 캐나다 현지 공장 여섯 곳 가운데 노동조합이 만들어진 곳은 프레몬트 공장뿐이었는데, 《뉴욕타임즈》는 도요타가 경제 위기를 악용해 노동조합을 분쇄하려고 한다고 주장한 것이었다. 이러한 보도에 대해 도요타의 니이미 아쓰시 부사장은 "캘리포니아 공장의 폐쇄는 부품업체와 거리가 멀어 조달 비용 등이 높았기 때문이며 다른 공장에 비해 임금도 높았기 때문"이라며 의혹을 부인했다. 그럼에도 논란은 좀처럼 가라앉지 않았다. 전미자동차노조는 미국 의회에 도요타에 보다 강경한 입장을 취해 달라고 요구했다. 노조원들은 공장 폐쇄에 반대하며 일본 대사관 앞에서 시위를 벌이기도 했다. 또 리콜 사태와 관련하여 도요타가 수년 동안 결함 문제를 은폐해 왔다는 성명을 냈다.[40]

사실 도요타로서도 공장 폐쇄는 자존심 상하는 일이었다. 1950년 이래로 도요타가 주력 차량의 조립 공장을 폐쇄하기는 처음이었기 때문이다. 정규 직원을 해고하는 일도 좀처럼 없었다. 하지만 프레몬트 공장을 폐쇄함으로써 도요타는 60년 동안 지켜 온 전통과 전례에 흠집을 내고 말았다.

테슬라, 프레몬트 공장의 새로운 주인이 되다

GM과 도요타가 떠난 프레몬트 공장의 새로운 주인 역시 자동차를 만드는 회사였다. 하지만 이들은 이전의 자동차 회사들과는 전혀 다른 자동차를 만들었다. 바로 전기 자동차를 만드는 테슬라였다.

테슬라는 2010년에 전기 자동차 로드스터Roadster를 내놓았다. 창업 5년 만에 선보인 2인승 스포츠카였다. 영국 자동차 회사 로터스Lotus의 스포츠카 모델을 기초로 한 이 자동차는 부품 전량을 아

테슬라가 만든 일렉트릭 슈퍼카 로드스터

웃소싱으로 제작했으며, 테슬라가 최종적으로 조립을 하는 방식으로 생산했다. 가격이 1억 원대에 이르는 고가였지만, 할리우드의 유명 연예인들이 타고 다니면서 유명세를 타기 시작해 예상 밖의 인기를 끌었다.

테슬라가 로드스터에 이어 준비한 후속 작품은 메르세데스-벤츠나 BMW 같은 명품 자동차였다. 테슬라는 이 차종에 '모델 S Model S'라는 이름을 붙였다. 하지만 모델 S를 생산하기 위해서는 대규모 공간과 설비가 필요했다. 슈퍼카인 로드스터는 부품을 일일이 조립하는 수제 방식으로 생산했지만 세단 sedan(지붕이 있고 도어가 네 개인 일반적인 형태의 승용차)인 모델 S는 양산 체제를 갖추어야 했기 때문이다. 하지만 당시 테슬라는 차량을 대량 생산할 공장이 없었고 그럴 만한 자금도 없었다. 로드스터의 성공으로 기술력을 인정받고 자신감도 얻었지만 미국을 휩쓴 글로벌 금융 위기로 투자자들이 몸을 사렸다. 이처럼 어려운 상황에서 테슬라의 CEO 일론 머스크Elon Musk는 천금 같은 기회를 얻는다.

일론 머스크는 도요타로부터 뜻밖의 전화를 받았다. 그를 공장으로 초대하고 싶다는 내용이었다. 도요타는 테슬라가 프레몬트 공장에 관심이 있는지 확인하고 싶어 했다. 도요타 리콜 사태로 한 달 내에 공장의 생산 라인을 정지할 계획이었기 때문이다. 물론 일론 머스크는 프레몬트 공장을 인수하고 싶어 했다. 하지만 그것은 실현 불가능한 욕심이었다. 공장의 가격이 10억 달러에 이르렀지만 그가 최대한 조달할 수 있는 자금은 10억 달러의 20분의 1에도 미치지 못하는 4,200만 달러에 불과했다. 그러나 첫 미팅을 가진 한 달 뒤 도요타는 일론 머스크에게 공장의 소유권을 넘겼다. 대규모 리콜 사태로 그렇지 않아도 어려움을 겪고 있던 중에 일본에 대지진이 발생하여 고통이 가중되었기 때문이다. 도요타로서는 하루라도 빨리 프레몬트 공장이라는 엄청난 짐을 덜고 싶어 했다.[41]

얼떨결에 프레몬트 공장의 주인이 된 일론 머스크는 처음에는 이 넓은 공장을 어떻게 활용해야 할지 몰랐나. 하지만 현재 이 공장은 포화 상태다. 모델 S가 인기를 모으면서 생산 라인이 부족해 근처의 땅 31에이커를 더 사들였다.

테슬라의 공장은 일반적인 공장 이미지와는 사뭇 다르다. 공간이 탁 트여 있고 생산 라인의 형태도 특이하다. 부품 운반과 조립은 대부분 로봇이 수행하고 있고, 바닥은 티끌 하나 없을 것처럼 깨끗하다. 영화에나 나올 법한 '미래 공장'을 떠올리게 한다.

테슬라의 전기 자동차 생산은 자동차 제조 공정보다는 가전 제품이나 IT 제품에 더 가까운 제조 공정으로 운영된다. 컨베이어 벨트를 걷어내고 자석을 이용해 자기력으로 부품을 운반한다. 공장 바닥에 설치된 자석은 생산 라인을 쉽게 변형할 수 있도록 해주기 때문에 주문 상황에 따라 얼마든지 공장 설비를 유연하게 조정할 수 있다. 회사에는 자동차 전문가보다 소프트웨어 엔지니어가 더 많다. 이곳에서 테슬라는 미래 자동차의 이상형을 실현해 나가고 있다.[42]

기존 자동차 산업의 전략을 파괴하는 테슬라

헨리 포드가 T형 포드를 세상에 내놓으면서 자동차의 역사를 바꾸었듯이 테슬라의 일론 머스크는 모델 S 시리즈를 내놓으면서 미래 자동차의 역사를 새롭게 만들어 가고 있다.

테슬라 이전에도 전기 자동차는 있었다. 하지만 테슬라는 스마트 기기와 융합한 새로운 차원의 전기 자동차를 내놓았다. 운전석에 앉으면 여러 개의 화면이 눈에 들어온다. 가운데에 제일 큰 17인치 화면이 있다. 일종의 태블릿 PC다. 이를 통해 운전 이외에 내비게이션, 오디오, 에어컨, 좌석 조정 등을 할 수 있다. 가솔린 엔

테슬라가 명품 자동차 시장을 겨냥해 개발한 모델 S

진을 장착한 일반 차량과 달리 소음이 거의 없기 때문에 오디오 재생 면에서는 최적의 환경을 자랑한다.

테슬라는 '최고의 전기 자동차'를 추구하지 않는다. '최고의 자동차'를 추구한다. 모델 S는 전기 자동차가 갖고 있던 태생적 단점을 많이 극복했다. 먼저 스피드. 최대 302마력으로 웬만한 포르쉐Porsche 스포츠카에 견주어 손색이 없다. 정지 상태에서 시속 100km에 이르기까지 걸리는 시간(제로백)은 6초다. 한 번 충전하면 426km를 달린다.[43]

이와 같은 성능 개선은 배터리 기술력을 끌어올림으로써 이루어졌다. 그동안 GM, 도요타 등의 자동차 회사는 가솔린 엔진을 전기 동력이 보조하는 하이브리드 자동차를 주로 만들었다. 전기 자동차를 만들어도 경차나 소형차였다. 배터리 무게 때문이다. 무게가 많이 나가는 배터리를 개선하기보다는 배터리의 무게를 인정하고 차를 생산했다. 그러다 보니 소형 자동차를 만들 수밖에 없었던 것이다.

테슬라는 달랐다. 모델 S에 장착한 배터리는 리튬 이온전지다. 배터리 7,000개를 연결한 배터리팩이 차체 아래쪽에 위치해 있다. 이 전지는 1970년대에 개발되어 노트북에 흔히 쓰인다. 테슬라가 아주 새로운 배터리를 개발한 것이 아니었다. 기존 자동차 회사들은 이 배터리가 무겁고 발열이 심하다는 이유로 리튬폴리머나 니켈수소 전지를 전기 자동차에 이용했다. 리튬 이온 배터리로 전기 자동차를 만들 때는 아무리 차체를 가볍게 해도 2톤이 넘는다.

그런데도 테슬라는 이 무거운 배터리를 선택했다. 배터리 원가를 낮추기 위해서다. 가격이 싸지만 안정성 논란이 있는 이 배터리를 사용하기 위해 테슬라는 배터리팩 내부에 환기 장치와 열 차단 시스템을 설계해 문제를 해결했다. 테슬라가 갖고 있는 특허 160여 개 중에 70퍼센트가 배터리 관련 기술이고, 과열 방지 특허만 44건을 갖고 있다.

2014년 미국의《컨슈머리포트》는 모델 S의 평점을 99점으로 매겼다. 기존 명품 자동차와 비교해서 품질과 성능이 떨어지지 않는다는 평가를 받자 곧바로 고객들이 반응을 보였다. 현재 모델 S는 생산되는 즉시 판매될 정도로 예약이 차 있다. 테슬라는 2015년에 3만 5,000대를 생산하고 판매한다는 계획을 세웠다.

모델 S의 판매가는 6만 3,570달러(한화 약 7,150만 원)다. 여기에 연방정부 세액 공제 7,500달러, 주정부 세액 공제 7,500달러를 적용하면 실질적인 구매 가격은 4만 8,750달러(한화 약 5,500만 원) 정도로 BMW 528i(4만 7,800달러)와 비슷한 수준이다.

자동차 산업에 디지털 마인드를 장착하다

테슬라는 돌다리도 두드리고 건넌다는 우리네 속담처럼 전기 자동차 시장에 매우 신중하게 접근했다. 원래 일론 머스크의 관심은 벤츠와 BMW, 렉서스와 같은 고급 자동차 시장에 있었다. 하지만 진입 장벽이 높은 시장에 섣불리 도전하기보다는 스스로의 기술력과 소비자의 반응을 실험해 보는 방법을 택했다. 틈새시장을 먼저 겨냥한 것이다. 바로 전기 스포츠카 시장이었다. 테슬라가 로드스터를 먼저 만든 이유다. 로드스터는 부품 전체의 생산을 아웃소싱으로 진행했고 수제 차량을 만드는 것처럼 일일이 조립했다. 차량 한 대를 만드는 시간은 오래 걸렸지만 대규모 생산 라인을 갖출 필요가 없었기에 초기 투자 비용을 줄일 수 있었다. 테슬라는 로드스터를 2,500대만 판매했다. 1억 원대의 고가였던 점을 감안하면 결코 적은 숫자가 아니다.

테슬라는 로드스터를 만든 기술을 바탕으로 보다 저렴하고 대중적인 전기 자동차 모델 S의 연구 개발에 들어갔다. 테슬라의 이 단계적 시장 접근법은 결국 적중했다.

테슬라의 부품은 모두 외부에서 공급되지만 이를 결합해 새로운 제품으로 통합하는 디자인 기술은 테슬라만이 가지고 있다. 이는 아이폰도 마찬가지다. 아이폰에 들어가는 부품은 대부분 아웃소싱으로 공급받는다. 하지만 이렇게 조달한 부품으로 아이폰이라는 하나의 제품으로 묶는 것은 애플이 직접 한다. 그래야만 애플만의 가치를 구현할 수 있기 때문이다.

또한 테슬라는 친환경 이미지로 포지셔닝하면서 기존 자동차 회사와 차별화했다. 미국 서부 젊은 부유층의 지적 우월감을 충족시켜 주고 사회적인 의무에도 충실하다는 인상을 심어 주기에 테슬라의 전기 자동차는 안성맞춤이었다. 이러한 이미지 덕분에 할리우드 연예인들의 구입이 이어져 테슬라는 브랜드 가치를 높일 수 있었다. 대표적인 케이스로는 도요타의 하이브리드 자동차 프리우스Prius를 처분하고 10만 9,000달러짜리 로드스터를 선택한 영화배우 레오나르도 디카프리오를 들 수 있다.

일론 머스크와 함께 페이팔PayPal을 공동으로 창업한 피터 틸Peter Thiel은 자신의 저서 《제로 투 원Zero to One》에서 이렇게 밝혔다.

> 누군가 따라와서 1위 자리를 빼앗는다면 퍼스트 무버First Mover가 되는 것은 아무 소용이 없다. 그럴 바에는 차라리 라스트 무버Last Mover가 되는 편이 낫다. 즉 특정 시장에서 마지막으로 훌륭한 발전을 이루어 내어 몇 년간 심지어 몇 십 년간 독점 이윤을 누리는 것이다. 그렇게 하는 방법은 작은 틈새시장을 장악한 다음, 거기서부터 규모를 확장하고 야심찬 장기 비전을 향해 나아가는 것이다.

피터 틸은 이런 점에서 비즈니스는 체스와 비슷하다고 말했다. 체스 선수 최고의 영예인 그랜드 마스터에 올랐던 호세 라울 카파블랑카Jose Raul Capablanca가 "다른 무엇보다 먼저 마지막 수를 연구하라"고 한 말과 일맥상통한다.

2014년 6월, 테슬라는 또 한 번의 혁명적인 일을 시도하여 세상을 깜짝 놀라게 만들었다. 전기 자동차와 관련한 자사의 특허를 누구나 마음대로 사용할 수 있도록 공개한 것이다. 기업의 핵심 기술을 공개하고 공유한 일은 대단히 파격적인 사건이라고 하지 않을 수 없다.

이런 결정을 내린 배경에는 테슬라의 디지털 마인드가 자리 잡고 있다. 테슬라의 기술을 활용하여 전기 자동차 회사가 늘어나면 그만큼 전기 자동차 생산 규모가 커지고, 이로 인해 자동차 산업의 흐름이 전기 자동차 시장에 집중됨으로써 전기 자동차를 위한 인프라 역시 더욱 확대될 것이라는 생각이다. 컴퓨터 산업이 커지면서 컴퓨터 가격이 떨어지고 인류의 생활환경이 컴퓨터 중심으로 재구성된 것과 같은 이치다. 테슬라는 전기 자동차 산업과 시장을 더욱 확대함으로써 테슬라의 입지도 더욱 넓히기 위해 특허 기술을 공개하는 결정을 내린 것이다. 특허 기술을 공개하겠다고 발표한 뒤 테슬라의 주가는 13퍼센트 올랐다.

그리고 테슬라는 미국 자동차 시장에서 100년 넘게 이어져 온 판매 시스템에도 일대 변혁을 일으켰다. 그동안 미국의 자동차 시장은 자동차 판매상인 딜러를 통해서 제품을 판매하는 시스템에 의존해 왔다. 테슬라는 이러한 전통을 버리고 직영 판매점을 오픈했다. 자체 매장을 연 이유는 고객들이 새로운 경험을 갖도록 하기 위해서다.[44]

테슬라는 고객이 언제 어디서나 쉽게 자사의 전기 자동차를 접할 수 있도록 했다. 대형 몰이나 상점이 집중된 거리에 매장을 열어 실생활 가까이에 전기 자동차가 있음을 알림으로써 고객과의

프랑스 파리의 한 주차장에 설치한 테슬라의 쇼룸

거리감을 좁히고자 한 것이다. 테슬라의 매장은 마치 애플 매장처럼 꾸며져 있다. 실구매자가 아니더라도 상관없다. 사람들은 매장에 있는 스페셜리스트로부터 설명을 듣고 궁금증을 해결하면서 직접 전기 자동차를 체험한다. 애플 매장에 제품 전문가인 지니어스가 있듯 테슬라 매장에는 스페셜리스트가 있는 것이다.

테슬라는 소프트웨어 기술로 말미암아 기존 자동차 회사와는 전혀 다른 차원의 서비스를 제공하고 있다. 2013년 모델 S의 배터리에서 불이 나는 사건이 발생하면서 안정성 논란이 일었다. 이때 테슬라는 리콜을 하는 것과는 완전히 다른 해결책을 내놓았다. 모델 S의 소비자는 애프터서비스센터에 갈 필요 없이 무선 인터넷을 활용하여 소프트웨어를 업그레이드하고 어댑터를 택배로 받았다. 이 때문에 테슬라는 자기네가 한 문제 해결 활동을 '리콜'이라고 부를 수 없다고 주장했다. 기존 자동차 업계의 물리적 리콜과는 완전히 다른 형태였기 때문이다.[45]

일론 머스크, 스티브 잡스를 뛰어넘다

테슬라가 창립 10여 년 만에 미국인들로부터 가장 신뢰받는 전기 자동차 브랜드로 성장한 데에는 CEO인 일론 머스크의 역할이 절대적이었다.

1971년 남아프리카공화국에서 태어난 일론 머스크는 열두 살에 비디오게임 '블랙 스타'를 만들어 500달러를 받고 게임 잡지에 팔았다. 열일곱 살이 되던 해 그는 캐나다 온타리오의 퀸스 대학교Queen's University에 진학했다. 이후 미국의 펜실베이니아 대학교에 편입해 물리학과 경영학을 공부했다. 펜실베이니아 대학교에서 학업을 마친 뒤 스탠퍼드 대학교 박사 과정에 들어갔지만 이틀 만에 때려치웠다.

어릴 때부터 엉뚱한 상상을 실행에 옮기는 데 천부적인 재능이 있었던 이 청년은 도전을 멈추지 않았다. 1995년에 그는 소프트웨어 회사 집투ZIP2를 설립하고 인터넷 도시 가이드 프로그램을

테슬라의 CEO 일론 머스크. 그는 IT와 전기 자동차, 우주 항공 산업 등 다양한 사업을 펼치면서 인간의 상상을 현실로 옮기고 있다.

개발했다. 4년 뒤인 1999년에 회사를 매각하고 받은 2,200만 달러를 자본으로 페이팔의 전신인 엑스닷컴X.com을 공동으로 창업했다. 엑스닷컴은 온라인 결제 서비스 프로그램을 개발했다. 그리고 2002년, 닷컴 버블이 꺼질 시점에 이베이eBay가 페이팔을 인수하는데, 이때 일론 머스크는 1억 6,500만 달러를 벌어들였고 미국 시민권을 획득한다. 현재 페이팔은 세계 1위의 전자 결제 서비스 회사가 되었다.

억만장자 반열에 올랐지만 일론 머스크의 도전은 계속 이어졌다. 2002년에 그는 로켓 엔지니어 톰 뮬러Tom Mueller와 함께 민간 우주 개발 회사인 스페이스 XSPACE X를 설립했다. 스페이스 X는 마치 해외여행처럼 우주여행을 대중화하겠다는 일론 머스크의 야심만만한 꿈을 실현하기 위한 회사였다.

스페이스 X와 테슬라 모터스에 전 재산을 투자했던 일론 머스크는 세 번이나 이어진 로켓 발사 실패와 금융 위기로 파산 직전까지 몰렸고 이혼을 하는 아픔도 겪었다. 하지만 위기 때마다 그는 미항공우주국NASA과의 거대 계약과 미국 정부의 친환경 정책에 힘입어 기사회생할 수 있었다. 2013년, 《타임TIME》은 일론 머스크를 세계 100대 인물 중 한 사람으로 뽑았고, 《포춘》은 '2013년 올해의 비즈니스 인물'로 선정했다.

혁신의 아이콘 스티브 잡스가 세상을 떠난 뒤 실리콘밸리의 관심은 누가 '제2의 잡스'가 될 것인가로 모아졌다. 2014년 10월, 비즈니스 전문지인 《쿼츠Quartz》는 '스티브 잡스가 숨지고 3년이 지난 지금, 그의 후계자가 마크 주커버그Mark Zuckerberg(페이스북 창업자), 잭 도시Jack Dorsey(트위터 창업자), 팀 쿡Tim Cook(현 애플 CEO)이 아니라 일론 머스크인 것만은 분명하다'고 밝혔다. 경제 전문 매체인 비즈니스 인사이더Business Insider는 스티브 잡스와 일론 머스크의 이력을 비교하며 '일론 머스크는 스티브 잡스의 후계자가 아니다. 그는 잡스를 능가한다'고 평가했다. 미국 언론의 이러한 평가에 미국인 특유의 과장법이 섞여 있다고 치더라도 일론 머스크가 새로운 시대의 제조업을 상징하는 아이콘이 될 것이라는 점에서는 전문가들 대부분이 공통된 평가를 내리고 있다.

CHAPTER • 5

불편함을 판다고? 아니, 새로운 질서를 만들었을 뿐

: 세계 1위 가구 매장 이케아 미스터리

How to Lead

- 이케아의 창업자는 왜 저렴한 가구를 만들겠다는 생각을 하게 되었는가?
- 사업 초기에 이케아가 택한 전략을 확인하고 '마진'과 '매출'의 관계를 생각해 보자.
- 고객 서비스와 가격 경쟁력 중 무엇을 택해야 하는가?
- 잉그바르 캄프라드의 경영 철학은 이케아에서 어떤 방식으로 실현되고 있는가?

어릴 때부터 사업가 기질이 다분했던 잉그바르 캄프라드는 가구 판매 사업을 시작한 이후 경제적으로 어려운 사람들이 고가의 스웨덴 가구를 비싼 이자를 물며 할부로 구입하는 것을 보고 저렴한 가구를 만들 것을 결심했다. 값이 싸면서도 질 좋은 가구를 만들어 내기 위해 그는 가구 공급자와 유통자의 관계부터 새롭게 정립했다. 이케아의 독특한 판매 방식은 이와 같이 제품 생산과 유통 시스템에 혁신을 가했던 이 시절에 잉태되었던 것이다. 이케아의 판매 방식을 들여다보면 기이한 현상을 접하게 된다. 소비자를 불편하게 만들면서도 지속적으로 사랑을 받는 이케아 미스터리다.

저가형 가구와 주방 용품, 실내 액세서리 등을 생산하고 판매하는 다국적 기업 이케아IKEA가 2014년 12월에 이케아 광명점을 오픈하면서 한국에 진출했다. 우려와 기대 속에 한국에 상륙한 이케아는 선풍적인 인기몰이를 하며 국내 시장에 안착했다는 평가를 받고 있다.

이케아가 매년 발행하는 상품 카탈로그 부수는 약 2억 권에 달한다. 발행 부수만 놓고 보면 성경보다 많다. 최고 인기 상품인 책꽂이는 전 세계에서 10초에 한 개 꼴로 팔려 나가고 있다. 이케아의 성공을 다룬 책들은 저렴한 제품 가격과 스칸디나비아 특유의 디자인, 조립과 배송 비용이 포함되지 않은 DIY do-it-yourself(가정용품 등의 조립과 장식 등을 소비자가 직접 하는 것) 제품을 다룬다는 사실에 초점을 맞춘다. 특히 소비자가 이케아 가구를 직접 조립하는 데에 큰 의미를 부여한다. 완성된 가구를 구입하는 것보다 직접 고생을 해서 조립한 가구에 소비자들이 더욱 애착을 느낀다는 것이다. 이를 두고 심리학에서는 '이케아 효과The IKEA effect'라는 말까지 만들어졌다. 행동경제학의 대가인 미국 듀크 대학교의 댄 애리얼리Dan Ariely 교수가 주장한 이케아 효과란, 사람들이 스스로 무언가를 만들면서 다른 사람에게 자신의 능력을 보여 주고 이를 통해 자신감을 갖게 되는 심리 현상을 말한다.

한 기업의 판매 방식과 소비자의 제품 활용 행태가 학술 용어로 등장하며 일종의 사회 현상을 만들어 내고 있다는 점에서 이케아는 센세이션의 주역임이 틀림없다. 그렇다면 이케아의 선풍적인 인기는 과연 어디에서 시작되었을까? 기업과 소비자의 관계를 파괴하면서 새로운 질서를 만들어 낸 파격적인 전략은 무엇에서 비롯되었을까? 이를 알기 위해서 먼저 스웨덴 남부의 작은 시골 마을로 시선을 옮겨 보자.

새로운 스타일의 쇼핑 문화를 만들다

잉그바르 캄프라드Ingvar Kamprad는 1926년, 스웨덴 아군나리드Agunnaryd의 엘름타리드Elmtaryd 농장에서 태어났다. 지금은 대부분의 사람들이 스웨덴을 세계에서 복지후생이 가장 뛰어난 국가로 인정하고 있지만 잉그바르 캄프라드가 태어난 당시의 스웨덴은 지독한 경제난과 일자리 부족으로 국민 대부분이 궁핍에서 벗어나지 못했다. 아군나리드는 '빈민국 스웨덴'에서도 가장 가난한 지역에 속했다.

가난과 궁핍이 어린 캄프라드를 강하게 단련시킨 것이었을까? 그는 어릴 때부터 탁월한 사업가 기질을 보였다. 겨우 다섯 살 때 고모의 도움으로 스톡홀름의 한 가게에서 구입한 성냥 100갑을 벽촌인 자신의 고향으로 가지고 가 마진을 남기면서 팔았다. 열두 살 때는 우유 배달 트럭을 얻어 타고 다니면서 펜과 사진틀, 지갑 등의 싸구려 물건을 팔았다(이케아 박물관에는 창업자의 첫 사업을 기리는 뜻에서 우유 상자 몇 개를 전시해 놓고 있다). 열네 살 때는 자전거를 타고 다니면서 직접 잡은 생선, 시계, 펜, 크리스마스카드 등을 팔면서 사업을 조금씩 확장했다. 어린 아이의 '장사꾼 놀이'라고? 놀라지 마시라. 잉그바르 캄프라드는 이렇게 한 푼 두 푼 모은 돈을 종잣돈으로 열일곱 살이던 1943년에 'IKEA'라는 작은 회사를 세웠

다. 이케아의 I는 잉그바르, K는 캄프라드, E는 가족 농장 이름인 엘름타리드, A는 고향인 아군나리드를 뜻한다.

처음에는 상품 카탈로그를 우편으로 각 가정에 보낸 뒤 주문을 받는 형태로 사업을 시작했다. 시계, 스타킹, 넥타이, 양말, 만년필, 액자, 보석 등 생활에 필요한 거의 모든 상품이 카탈로그 목록을 가득 채우고 있었다. 그러던 어느 날, 그는 자신과 마찬가지로 카탈로그를 만들어 주문을 받는 경쟁 업체가 가구까지 취급한다는 사실에 깜짝 놀랐다. 배송이 편하다는 이유로 부피가 작은 세품만 판매했던 그는 경쟁 업체의 운영 방식을 눈여겨보았다.

1948년부터는 잉그바르 캄프라드도 가구를 취급하기 시작했다. 지역에서 수공예로 만든 가구를 상품 목록에 포함시킨 것이다. 제2차 세계 대전이 끝난 지 오래지 않은 때여서 각 가정은 새로운 가구로 자신의 집을 채우길 원했고 당연히 수요가 많았다. 가구는 마진율이 꽤 높았다. 1951년, 스물다섯 살이 된 그는 가구 판매에만 전념하기 위해 다른 모든 상품은 카탈로그 목록에서 지웠다.

잉그바르 캄프라드는 카탈로그를 통해서 주문을 받는 방식의 한계를 느끼고 고객이 직접 제품을 경험할 수 있는 매장을 열기로 했다. 1953년, 스웨덴 수도인 스톡홀름에서 남쪽으로 차를 타고 5시간을 달리면 나오는 알름홀트Almhult라는 작은 마을에 상품 전시장을 열었다. 오래된 2층 건물의 1층에는 가구를 전시하고, 2층에서는 매장을 찾는 사람들에게 커피와 빵을 무료로 제공했다. 오늘날 이케아 매장의 전형적인 형태인 전시 매장showroom이 이때부터 그 틀을 잡았던 것이다. 당시에는 가구를 직접 확인하고 만져 본 뒤에 구매하는 쇼핑 방식이 자리를 잡기 전이었다. 전시장 개장일에 1,000명이 넘는 사람이 찾아왔다. 사람들은 이전에 경험하지 못한 새로운 쇼핑 스타일에 환호했다.

신혼부부가 살 수 있는 싼 가구를 만들자

가구를 판매한 지 오래지 않아 캄프라드는 자기 또래의 신혼부부들이 값비싼 스웨덴 가구를 구입하는 것에 어려움을 겪고 있다는 사실을 깨달았다. 당시 가구가 비쌌던 이유는 일단 스웨덴 가구의 원자재 품질이 뛰어났고, 경쟁이 치열하지 않은 탓에 가구

업체들이 마진을 높였기 때문이다. 이런 상황에서 스웨덴의 신혼 부부들은 높은 할부 이자를 물며 가구를 구입했다. 좋은 가구를 구입할 수 없는 이들은 품질이 떨어지고 값이 싼 수입 가구를 구입했는데, 이런 가구는 1년을 넘기기가 힘들었다.

캄프라드는 품질이 좋은 가구를 아주 싼 가격에 공급할 수 있는 방법을 연구했다. 저렴하게 공급하려면 원가를 낮추어야 했다. 그러기 위해서는 다른 기업과는 다른 접근 방식을 택해야 했다. 이렇게 해서 이케아의 근간이 만들어졌다.

우선 이케아는 매장을 도시 외곽에 세웠다. 임대비를 줄이기 위해서다. 그리고 가구를 생산하는 업체들과 접촉해 이케아만을 위한 중저가의 가구를 만들어 줄 것을 주문했다. 가구에 문양을 조각하는 등의 장식을 없애면 그만큼 원가를 낮출 수 있었다. 당시 스웨덴에서는 가구를 공급한 제조업자에게 판매자가 100일 뒤에 대금을 지불하는 것이 관행이었다. 이러한 업계의 관행을 깨고 캄프라드는 10일 안에 대금을 지불해 주었다. 이 역시 공급가를 낮추는 요인이 되었다. 이케아는 마진이 높지만 매출이 적은 전통적인 스웨덴 가구 업계의 수익 구조와는 반대로 마진을 낮추고 매출을 높이는 방식을 택했다. 이런 전략을 통해 이케아는 경쟁 업체들보다 약 20퍼센트 낮은 가격에 가구를 판매하면서도 많은 이익을 남길 수 있었다.

캄프라드는 훗날 이케아의 철학을 설명하면서 다음과 같이 말했다.

스웨덴 알름훌트의 이케아 매장. 이케아 최초의 전시 매장이 문을 열었던 지역이다.

"이케아는 대체로 돈이 없는 다수의 사람들에게 의지하기 때문에 그저 싸거나 조금 더 싼 게 아니라 아주 많이 싼 제품을 팔아야 합니다. 사람들이 상품을 보자마자 거의 헐값에 판매되고 있음을 바로 알 수 있어야 합니다."[46]

경쟁사의 방해가 더 저렴한 제품을 만드는 기회를 제공하다

이케아의 저렴한 가구가 고객에게 인기를 끌기 시작하

자, 위협을 느낀 경쟁 업체들은 이케아를 노골적으로 견제하기 시작했다. 스웨덴 가구연합회는 이케아에 납품을 하지 못하도록 제조업체들에게 압력을 가했다. 가구 박람회를 열 때도 이케아에게는 공간을 내 주지 않았다.

이케아는 가구 제조업자들과 거래를 계속하기 위해서 007 첩보 작전을 방불케 하는 방법까지 동원했다. 인적이 드문 곳에서 제조업자와 접선하고, 밤늦은 시각에 화물차로 가구를 실어 나르는 식이었다. 하지만 이런 방법으로는 이케아 제품을 찾는 고객들의 수요를 충족시킬 수가 없었다. 캄프라드는 문제를 근본적으로 해결할 수 있는 방법을 찾아야만 했다.

그러던 어느 날, 발트 해 건너편에 위치해 있는 폴란드의 공산 정권이 경제 발전을 갈망하고 있다는 사실을 알게 된 캄프라드는 폴란드를 방문했다. 소규모 가구 공장이 여러 개 있었지만 기계 장비와 설비가 매우 열악했다. 캄프라드는 스웨덴에서 상태가 좋은 중고 기계와 장비를 구입해 폴란드 가구 공장에 설치한 뒤 그곳에서 직접 가구를 만들도록 했다. 그러자 가구의 공급가가 스웨덴의 절반 수준으로 낮아졌다. 이케아는 이선보나 너욱 저렴한 가격에 가구를 판매할 수 있었다. 결국 스웨덴 경쟁 업체들의 불공정 행위가, 이케아가 더 낮은 가격에 제품을 판매할 수 있도록 도와준 셈이었다.

캄프라드는 이렇게 말했다.

"골치 아픈 문제가 새로운 기회를 만들어 주었습니다. 다른 업체는 쉽게 구입할 수 있는 가구를 우리는 구할 수 없게 되자 해결책을 찾아야 했습니다. 그것이 이케아의 스타일을 찾는 계기가 되었습니다."[47]

직접 조립하세요!
플랫 팩의 탄생

1955년부터 폴란드를 생산 거점으로 아웃소싱을 시작한 이케아는 같은 해에 또 다른 기회를 포착하게 된다. 바로 판판한 형태의 포장인 '플랫 팩Flat Pack'의 탄생이다.

당시 이케아에서 카탈로그를 제작하던 질리스 룬드그렌Gillis Lundgren은 작은 테이블 제품을 카메라로 촬영한 뒤 차에 실으려고 했다. 하지만 자칫 잘못하다가는 차로 이동하는 동안에 테이블의 가느다란 다리가 부러질 것 같았다. 질리스 룬드그렌은 고심 끝에 테이블 상판의 나사를 풀어 다리를 분리하고 차에 실었다. 이 일을 접한 캄프라드는 가구의 각 부분을 분리해서 포장하고 소비자가 직접 조립하도록 하는 오늘날의 플랫 팩을 고안하게 된다.

캄프라드가 플랫 팩을 선택한 이유는 제품의 가격을 낮추기 위해서였다. 가구를 납작한 상자에 담아서 보관하면 완성품을 보관할 때보다 창고의 공간 효율이 엄청나게 높아져서 물류비가 확 줄어든다. 게다가 가구를 조립하는 과정을 생략하면 역시 그만큼

플랫 팩이 가지런히 쌓여 있는 이케아의 물류 공간

인건비를 줄일 수 있고, 박스에 담긴 가구는 소비자가 직접 운반할 수 있으므로 배송에 드는 비용을 없앨 수도 있다. 이렇게 절감된 비용을 제품에 반영하면 가격은 그만큼 더 낮아진다.

전시 매장에서 완성품을 확인하고 가구의 필요한 부품을 집으로 가지고 가서 직접 조립하도록 하는 셀프 서비스 시스템은 이전까지는 존재하지 않은 혁명적인 판매 방식이었다. 엄밀히 말하면 고객 서비스를 포기한 것이나 다름없었다. 하지만 이케아가 포기한 서비스는 저렴한 가격이라는 형태로 소비자에게 되돌아갔다. 소비자는 일정 부분의 노동을 부담하고 이케아는 일정 부분의 마진을 포기하는 방식이다. 이후 고객이 가구를 직접 확인하고 체험할 수 있는 쇼룸 공간과 플랫 팩에 담긴 제품을 픽업할 수 있는 공간을 분리한 것은 이케아의 스토어 전략에서 가장 중요한 부분이 되었다.

1965년, 이케아는 스톡홀름 외곽에 매장을 지었다. 당시로서는 세계에서 가장 규모가 큰 가구 매장이었다. 이곳은 오늘날의 이케아와 동일한 방식으로 운영되었다. 전시장에서 먼저 제품을 구경한 뒤에 제품 번호가 적힌 티켓을 받아 창고에서 제품을 직접 찾는 방식이다. 이곳의 가구 전시장 역시 오늘날의 이케아 매장처럼 판매 직원을 전혀 배치하지 않았다. 그 이유는 고객들이 매장 안에서 영업 사원의 집요한 구매 강요를 받지 않고 편안하게 쇼핑을 즐길 수 있는 환경을 만들기 위해서였다. 스타벅스가 무관심을 판매한 것과 비슷한 이치다. 물론 인건비를 줄여 제품의 가격을 더 내리기 위한 목적도 있었다.

소비자가 많은 것을 직접 해결해야 하는 판매 방식으로 인해 이케아는 '안티anti 서비스 기업'이라고 불리기도 한다. 하지만 이와 같은 '반反 서비스적인' 경영으로 이케아는 세계 제일의 가구 브랜드가 되었다. 이케아의 안티 서비스 전략은 제품 가격을 낮추는 데 고심했던 이케아의 창업자 잉그바르 캄프라드의 철학을 실현하기 위한 선택이었다. 저렴한 이케아 가구에 소비자들이 호응을 보인 것은 당연했다. 이케아의 이 콘셉트는 조금도 바뀌지 않고 지금까지 이어져 오고 있다.

다른 기업과 다른 길을 걸어가다

이케아는 강력한 유명 브랜드가 존재하지 않는 산업 분야에서 독특한 문제해결 방식과 판매 디자인으로 브랜드 인지도를 스스로 만들어 냈다. 이를 위해 그들은 처음부터 다른 길을 택했다. 값비싼 고급 가구를 만드는 것은 어쩌면 그리 어려운 일이 아닐지도 모른다. 장인을 고용하고 돈을 들여서 만든 다음 그 비용을 고객에게 지불하도록 하면 된다. 하지만 저렴한 가격에 아름답고 오래가는 가구를 만드는 일은 쉽지 않다. 그렇게 하기 위해서는 다른 접근 방식을 택해야 한다. 모든 면에서 절약하고 줄이는 것이다.

이케아 가구는 아주 튼튼하다고 할 수는 없다. 이사를 하면서 버리고 가는 비율이 높다. 이케아는 한 해 동안에 5억 명 이상이 방문하는 세계에서 가장 인기 있는 가구 매장이지만, 사람들에게 이케아 가구를 왜 구입하는지 물어보면 나중에 제대로 된 가구를 갖추기 전까지 당분간 사용할 가구를 구입하기 위해서라고 대답한다. 실제로 많은 사람이 시간이 지나 경제적 여유가 생기면 이케아 가구를 '졸업'한다. 조금 더 엄밀히 말하면 이케아의 장점은 '저렴한 가격'이지 '뛰어난 품질'이 아니다.

이케아는 가구를 장기적인 투자 품목으로 보던 오랜 전통을 무너뜨렸고, 또한 가구를 일종의 패션으로 보게끔 소비자의 관점과 시각을 전환시켰다. 앞서 밝힌 것처럼 이케아 가구는 한 번 장만하면 평생 사용하거나 대를 이어 물려주는 물건이 아니다. 유행에 따라 쉽게 구입했다가 고장이 나거나 싫증이 나면 언제든지 교체할 수 있는 소모품이다. 이런 일이 가능한 것은 이케아 가구가 값이 싸기 때문이다.

물론 나이든 중장년의 사람들에게는 이케아 가구가 낯설다. 주로 20~30대 신혼부부나 실용성을 추구하는 젊은 층에게 먹힌다. 이케아는 이러한 고객을 위해 무료 탁아 서비스와 식당 서비스를 제공함으로써 가구 쇼핑을 주저하는 고객의 성향에 대응했다. 이 두 서비스 덕분에 고객들이 매장에서 보내는 시간이 늘었다. 이케아는 다방면에 걸쳐서 새로운 가치를 창출해 낸 것이다. 스웨덴 국기 색깔을 활용한 매장의 생동감 넘치는 컬러 역시 젊은 층을 겨

태국 방콕의 이케아 매장. 놀이방과 식당 공간이 넓게 마련되어 있다.

낭한 것이다. 가족과 함께 소파에 앉아 보고 컴퓨터를 이용해 자기 집 부엌을 직접 디자인해 보다가 식당에서 스웨덴 식 미트볼을 맛보는 것은 이케아를 찾는 또 하나의 재미다.

이케아는 화려한 장식을 지양하고 실용성과 단순함을 강조했다. 이 역시 원가를 줄이기 위한 전략이지만, 이를 스칸디나비아 디자인으로 잘 포장했다. 이러한 디자인 정책은 이케아 가구가 쉽게 고장 나는 싸구려 제품이라는 대중의 인식을 무장해제하는 데 큰 역할을 했다. 싼 티 나는 제품을 싸게 파는 것은 매력이 없지만, 싼 티가 나지 않는 물건을 저렴한 가격에 파는 것은 상당히 매력적이다. 아마도 이케아 디자인의 가장 훌륭한 업적은 이케아 가구를 실제보다 더 비싸 보이게 만든다는 점일 것이다.

지난 10년 동안 이케아는 1년에 평균 2~3퍼센트씩 제품의 가격을 낮추어 왔다. 지금도 이케아는 영업 활동을 할 때 항상 추가로 비용을 줄일 수 있는 부분이 없는지를 지속적으로 검토하고 살핀다.

이케아 가구에 관한 이야기 한 가지 더! 이케아 제품에는 모두 특정 지명이나 사람 이름이 붙어 있다. 소파, TV 벤치에는 스웨덴 지명인 '클리판Klippan', '노레보Norrebo'라는 이름이 붙어 있고, 침대와 옷장 이름은 노르웨이 지명을 따서 짓는 식이다. 책장에는 남자 이름을, 커튼에는 여자 이름을 붙인다. 이케아의 최고 인기 상품인 책장의 이름은 '빌리Billy'다.

이런 이색적인 작명 방식은 사실 잉그바르 캄프라드의 난독

증에서 비롯되었다. 제품 코드를 읽는 데 어려움이 있던 캄프라드는 장소나 사람 이름으로 제품명을 지어 보다 쉽게 상품을 분류하고자 했던 것이다.

이순신 장군의 전략과 이케아의 전략

임진왜란이 일어났을 때 왜적을 물리치는 데 가장 혁혁한 공을 세운 사람은 이순신 장군이다. 그런데 이순신 장군의 전쟁 지략과 이케아의 경영 전략에는 비슷한 점이 있다.

원균이 이끈 조선 수군이 철전량에서 대패한 뒤 이순신 장군은 다시 삼도수군통제사로 임명된다. 당시 조선 수군이 보유하고 있던 배는 달랑 13척에 불과했다. 재기 불능의 전력이었다. 임금 선조가 이순신 장군에게 수군은 희망이 없으니 권율 휘하의 육군으로 들어가 싸우라고 할 정도였다.

한 줌도 안 되는 희망을 안고 이순신 장군은 바다에서 왜군과 맞섰다. 이순신 장군은 왜 바다에서 싸웠을까? 육군과 수군 모두 열세에 있었지만 그나마 왜군과의 경쟁에서 수군이 우위에 있다고 여겼기 때문이다. 이순신 장군이 판단한 경쟁 우위의 이유는 전투가 벌어지는 필드[field]에 있었다. 조선의 바다 물길을 잘 알았기 때문이다. 그 물길을 활용해 명량에서 크게 이겼다.

스타트업 기업이었던 이케아 역시 이순신 장군처럼 강점을 발휘할 수 있는 곳을 필드로 정했다. 이미 일정한 인지도를 누리고 있던 가구점이 몰려 있는 대도시의 다운타운이 아니라, 그곳에서 멀리 떨어진 시 외곽에 자리를 잡고 가구 전쟁에 돌입한 것이다.

기존의 가구점들이 비싼 임대료를 지불하면서 다운타운 지역을 고집했던 것은 브랜드 인지도를 유지하기 위한 어쩔 수 없는 선택이었다. 임대료가 높다 보니 최대한 효율적으로 상품 전시를 해야 했다. 때문에 마진이 높은 고가의 가구를 전시할 수밖에 없었다. 고가의 고급 가구를 팔기 위해서는 매장을 찾아온 고객에게 상품을 권하고 상담을 하는 판매원을 두어야 했다. 가구의 마진을 더욱 높이면 판매원의 인건비를 상쇄할 수 있었다. 이런 상황은 매장의 위치에 판매와 배송이 종속되는 결과를 낳았다. 임대료를 보장받기 위해 고급 가구를 전시하고, 고가의 가구를 팔기 위해 판매원을 둠으로써 가구의 가격은 더욱 올라가게 된다. 이런 매장을 찾는 고객은 부유층이다. 직접 물건을 가져가라고 하면 고개를 절레절레 흔들 것이 빤하다. 가구 판매에 배송이 추가되면서 가구의 가격은 더욱 올라가게 된다. 물건 값이 비싸질 수밖에 없는 구조다.

이케아는 매장 위치부터 차별화하면서 다른 길을 걸었다. 땅값이나 임대료가 낮은 시 외곽의 넓은 부지에 매장을 세우고 주차 공간도 충분히 확보했다. 전시 공간이 넓어짐에 따라 마진이 높은 비싼 가구만 전시할 필요가 없었다. 일반 서민들이 직접 생활하는 거실과 침실을 그대로 전시 매장에 재현하는 사실적 전시가 가능했다. 다운타운의 가구점보다 훨씬 저렴한 가구를 취급하자 사람들이 몰렸다. 이렇게 많은 사람을 일일이 응대할 판매원을 두면 비용이 올라간다. 그래서 카탈로그를 잘 만들었다. 고객은 카탈로그를 통해 원하는 제품을 미리 고르고 매장에서 실물을 확인한 뒤 셀프 서비스 방식으로 구매했다.

잉그바르 캄프라드가 이케아를 세우고 자신들만의 독특한 판매 방식을 도입할 때 훗날 '이케아 효과'라는 현상이 일어날 것을 예견한 것은 아니었다. 좋은 물건을 보다 저렴한 가격에 보급하고자 했던 캄프라드와 이케아의 노력이 고객의 호응과 절묘하게 맞아떨어지면서 자생적으로 새로운 현상이 나타난 것이다.

고객을 불편하게 함으로써 오히려 세계 1등 기업으로 성장한 이케아 미스터리는 '고객은 왕', '이윤의 극대화'라는 장사의 전통적인 덕목을 뒤집으면서 시작되었다. 기존의 질서에 편입되기보다는 새로운 질서를 만들어 내는 것, 이것이 이케아 미스터리를 밝히는 단서다.

CHAPTER • 6

미디어를 재정의하라고? 아니, 고객의 귀차니즘부터 해결하라!

: 넷플릭스의 도전과 응전 그리고 승리

How to Lead

- 넷플릭스의 창업자 리드 해스팅스는 무엇에서 새로운 사업 아이템을 발견했는가?

- 온라인 기업이라도 오프라인 시스템을 포기해서는 안 되는 이유는 무엇인가?

- 같은 품목의 제품을 새로운 유통 방식으로 서비스했을 때 어떤 변화가 일어나는가?

- 기업의 경영 정책과 고객의 의사 결정 사이에서 기업은 어떤 선택을 해야 하는가?

넷플릭스가 성장해 가던 중 만만찮은 도전자들이 등장했다. 그 첫 번째 상대는 세계 최대의 유통 기업 월마트였다. 하지만 싸움은 싱겁게도 넷플릭스의 완승으로 끝났다. 두 번째 도전자는 세계 최대의 비디오 · DVD 유통 체인 블록버스터! 넷플릭스는 파산 직전까지 몰렸으나 끝내 이겨냈다. 넷플릭스의 승리를 어떻게 설명할 수 있을까? 그것은 의외로 간단하다. 공급자 중심의 미디어 시장 시스템을 자사에서만큼은 소비자 중심으로 재편하고 서비스를 이용하는 고객의 성향을 정확하게 파악했던 것이다. 넷플릭스는 고객 친향성과 세심함이 거대 자본을 이긴다는 아주 중요한 표본을 제시했다.

동영상 스트리밍 서비스 업체인 넷플릭스Netflix는 미디어 산업을 파괴하고 새롭게 창조하면서 미국 유료 방송 시장을 재편했다. 이전까지 시청자들은 방송사가 일방적으로 편성한 스케줄에 맞추어 일방적으로 내보내는 콘텐츠를 수동적으로 받아들여만 했다. 하지만 최근 들어 시청자들은 자신이 원하는 콘텐츠를 원하는 시간에 골라서 보는 주문형 스트리밍 형태로 소비 방

식을 바꾸고 있다. 이러한 변화의 중심에 넷플릭스가 있다. 넷플릭스는 미디어 시장의 공급과 소비 패턴에 커다란 변화를 가하면서 미디어를 새롭게 정의했다.

넷플릭스 전략의 핵심은 '고객이 원하는 것을 주어야 한다'는 것이다. 고객이 지불하는 대가에 상응하는 재화와 서비스를 제공해야 한다는 측면에서 이 말은 지극히 당연하다. 하지만 일방적인 공급과 수동적인 수용이라는 소비 패턴이 일반화된 미디어 시장에서 이 말은 진리일 수가 없었다.

비디오 대여점을 헬스클럽처럼 운영하면 어떨까?

1997년의 일이다. 일을 마치고 집으로 향하던 30대 후반 남성의 눈에 미국 최대의 비디오 대여점인 블록버스터Blockbuster 간판이 들어왔다. 그는 비디오 프로그램을 보면서 하루 동안 회사에서 쌓인 피로를 풀고 싶었다. 블록버스터에 들어서면서 딱히 어떤 영화를 보겠다고 결정을 하지는 않았다. 쇼핑을 하듯 천천히 프로그램을 고를 생각이었다. 하지만 그는 진열장에 놓여 있는 수많은 프로그램 중에 무엇을 선택해야 할지 쉽사리 결정하지 못했다. 마침 그날 낮에 회사 동료가 영화 〈아폴로 13호〉에 대해서 이야기한 것이 생각났다.

비디오 프로그램을 빌려 집으로 돌아와 보니 아내는 이미 잠들어 있었다. 남자는 소파에 몸을 비스듬히 누인 채 혼자 영화를 보다가 스르르 잠이 들었다. 다음 날 아침, 그는 잠에서 깨자마자 바삐 움직여야 했다. 출장을 떠나야 했기 때문이다. 40일 동안의 장기 출장이었다. 그는 서둘러 집을 빠져나왔다.

출장에서 돌아온 그는 아내와 함께 오랜만에 분위기 좋은 레스토랑에서 식사를 했다. 아내와 함께 디즈니랜드에 가자는 약속도 했다. 기분 좋게 집으로 돌아와 다음 날의 날씨를 확인하기 위해 TV를 켰다. 그런데 비디오 플레이어가 스르르 돌아가더니 출장을 떠나기 직전에 보았던 〈아폴로 13호〉가 화면에 나타났다.[48]

남자는 곧장 비디오테이프를 반납하기 위해 블록버스터로 향했다. 테이프를 건네자 직원은 컴퓨터로 조회를 하더니 "6주를 연체해서 연체료가 40달러 나왔다"고 퉁명스럽게 말했다. 그는 속으로 '이 빌어먹을 비디오를 사도 될 만큼의 금액이잖아'라고 생각했다. 자신의 부주의 때문이었지만 짜증이 확 밀려오는 것을 어쩔 수는 없었다.

연체료 때문에 짜증이 난 상태에서 평소 다니던 헬스클럽으로 발걸음을 옮겼다. 엉망이 된 기분을 바꾸고 싶어서였다. 헬스클럽으로 향하는 동안에도 자신의 부주의 때문에 연체료 40달러를 문 것에 대해 잔소리를 하는 아내의 모습이 눈앞에 어른거렸다. 간만에 기분 좋은 저녁을 보냈건만, 삽시간에 엉망이 되고 말았다. 그러다가 갑자기 이런 생각이 떠올랐다.

'왜 비디오 대여점은 헬스클럽처럼 운영하지 않는 거지? 헬스클럽은 가끔 이용하든 자주 이용하든 똑같은 금액을 내는데 말이야.'

그의 생각은 꼬리에 꼬리를 물며 계속 이어졌다.

'헬스클럽은 일정한 월 회비만 내면 내가 원하는 시간에 원하는 만큼 시설을 이용할 수 있는데, 왜 비디오 대여점은 제한된 시간밖에 이용할 수 없는 거야.'

문득 사업 아이템이 떠올랐다. '헬스클럽처럼 월 회비를 내고 회원으로 가입하면 원하는 만큼 비디오 프로그램을 볼 수 있는 사업을 해 보자!'

이 30대 후반의 남성이 넷플릭스를 창업한 리드 해스팅스Reed Hastings다. 넷플릭스는 '인터넷net'과 '영화flicks'를 합성한 이름이다.

소비자의 불만은 새로운 사업의 기회

영화 강국 미국의 오프라인 비디오 대여 시장은 블록버스트가 부동의 1위를 차지하고 있었다. 1985년에 설립된 블록버스터는 1990년대 초반만 해도 250개 매장을 운영했다. 그러다

미국 비디오 대여업계의 최강자였던 블록버스터 매장. '폐점(closing down)'이라는 문구가 보인다.

1990년대 중반으로 접어들면서 가정용 비디오 플레이어와 DVD 플레이어가 빠른 속도로 보급되면서 전환기를 맞이했다. 비디오 프로그램과 DVD를 빌려서 보는 문화가 미국 가정에 자리 잡기 시작했고 이에 발맞추어 블록버스터는 매년 급격한 성장세를 보였다. 최전성기였던 2004년, 블록버스터는 미국 전역의 9,000개에 이르는 매장에서 6만여 명의 직원이 일할 정도로 몸집이 커져 있었다. 블록버스터는 오랜 기간 경쟁자 없이 승승장구했다. 2002년에 시장 가치는 50억 달러(한화 약 5조 6,000억 원)에 이르렀다. 하지만 블록버스터의 영광은 오래가지 못했다.

블록버스터의 대여점은 주로 쇼핑몰이 있는 곳에 위치해 있었다. 쇼핑몰 매장은 임대료가 높기 때문에 사람들이 많이 찾는 신작 위주로 프로그램을 비치해야만 했다. 블록버스터의 수익 중에 신작 프로그램이 차지하는 비중이 70퍼센트나 되었다. 인기 있는 프로그램의 회전율을 높이기 위해서는 고객이 정확하게 반납을 해야 했고, 이를 위해서 연체료를 물렸다. 전체 수익에서 연체료가 차지하는 비율이 10퍼센트나 되었다. 상황이 이러니 연체료가 블록버스터의 핵심 비즈니스 모델 가운데 하나라는 소리까지 나왔다. 리드 해스팅스는 연체료 때문에 분통을 터뜨린 수많은 사람 중의 한 명이었다.

고객의 불만은 새로운 사업의 기회가 된다. 넷플릭스의 전략은 연체료를 없애는 것에서부터 시작했다. 대신 월 회비를 받았다. 넷플릭스의 초기 비즈니스 모델은 월 회비 40달러를 내면 무제한으로 영화 DVD를 빌려 볼 수 있었다. 넷플릭스의 웹사이트에서 회원으로 가입하고 나서 보고 싶은 영화를 골라 클릭하면 DVD를 우편으로 보내 준다. 반납할 때는 DVD를 받을 때 수령한 반송 봉투에 담아서 우체통에 넣기만 하면 된다. 더 이상 비디오 대여점까지 자동차를 몰고 갈 필요가 없어졌다. 회원은 기간에 상관없이 한 번에 최대 3개까지 빌릴 수 있다. 빌린 DVD를 반납하면 다른 DVD를 볼 수 있다. 회원은 연체료 부담 없이 DVD를 이용할 수 있고, DVD를 반납하면 다른 DVD를 볼 수 있기 때문에 빨리 반납할수록 이익이다. 이런 시스템이 잘 돌아가면 넷플릭스에게도 이익이다. 정액제이기 때문에 가입자가 많을수록 수익은 커진다. DVD가 늦게 들어오면 회원 한 사람에게 배송해야 할 DVD가 줄어들기 때문에 배송비 부담을 줄일 수 있다. 빨리 들어오면 배송비 부담은 커지지만 DVD 회전율은 높아진다. 넷플릭스의 사업 모델을 간단하게 정의하면 인터넷과 우편을 결합한 새로운 형태의 '비디오·DVD 대여 체인'이었다.[49]

온라인 기업에 중요했던 오프라인의 속도

해스팅스는 1997년에 캘리포니아 스콧츠 밸리Scotts Valley에 본사를 세우고 창고를 마련한 뒤 다양한 DVD를 구입해서 채웠다. 2001년이 되었을 때 넷플릭스의 회원은 50만 명 정도가 되었다. 당시 블록버스터의 1년 매출은 51억 달러, 넷플릭스의 매출은 7,600만 달러였다. 두 회사는 비교 대상이 안 되었다.

스콧츠 밸리는 샌프란시스코에서 남쪽으로 차를 타고 1시간쯤 달리면 나오는 작은 도시다. 그런데 회원 분석을 해 보니 샌프란시스코 지역의 가입률이 2.6퍼센트로 다른 지역보다 2배 정도 높게 나타났다. 미국 전역을 대상으로 인터넷을 통해 주문을 받고 우편으로 DVD를 보내 주기 때문에 샌프란시스코에서만 유독 회원 가입률이 높게 나타난 것은 뜻밖이었다. 다른 지역의 가입률을 샌프란시스코만큼 높이면 회원 수는 300만 명에 육박할 수 있었다. 넷플릭스는 왜 샌프란시스코의 회원 가입률이 뉴욕이나 시카고, 마이애미, 로스앤젤레스보다 높은지 분석을 시도했다. 이 분석에 넷플릭스의 존망이 걸려 있었다.[50]

첫 번째로는 샌프란시스코 근처에 벤처 기업이 많기 때문에 이 기업들의 종사자들이 인터넷에 쉽게 접근할 수 있어서 회원 가입률이 높다는 가설을 세웠다. 당시만 해도 아직 인터넷이 완전히 자리 잡기 전이었다. 하지만 이 가설에 대한 반대 의견이 나왔다. 만약 첨단 분야에 종사하는 사람들 때문이라면 샌프란시스코보다는 실리콘밸리나 새너제이가 훨씬 숫자가 많고 이 두 곳의 가입률이 더 높게 나타나야 한다. 하지만 그렇지 못했다. 이 가설은 폐기되었다.

두 번째로는 캘리포니아 주가 영화 산업의 본거지인데 샌프란시스코 역시 캘리포니아 주에 속해 있기 때문이라는 가설이 제기되었다. 그렇다면 할리우드나 로스앤젤레스의 가입률이 더 높아야 하지 않을까? 아쉽게도 그렇지 않았다. 두 번째 가설 역시 폐기되었다.

샌프란시스코 지역이 미국 내에서 상대적으로 부유층이 많이 살기 때문이라는 가설도 나왔다. 물론 샌프란시스코는 미국 내에서 소득 수준이 높은 지역에 속했다. 하지만 소득 수준이 이유라면 샌프란시스코보다 소득이 높은 뉴욕이나 보스턴, 시카고 같은 동부 지역의 가입률이 더 높아야 한다. 하지만 이들 지역은 샌프란시스코에 한참 못 미쳤다.

답을 찾지 못한 넷플릭스는 미국 전역의 회원을 대상으로 설문 조사를 실시했다. 그런데 그 결과가 상당히 놀라웠다. 넷플릭스가 온라인 기업이었기에 더욱 그랬다. 그들이 놓친 것이 있었다. 그것은 바로 오프라인에서의 '배송 속도'였다.[51]

이쯤 되면 이 책을 읽는 독자들께서도 눈치를 챘을 것이다. 넷플릭스의 본사와 창고가 있던 스콧츠 밸리는 샌프란시스코에서 자동차로 1시간 거리에 있다. 그러니 스콧츠 밸리에서 우편물을 발송하면 샌프란시스코에 가장 빨리 도착한다. 샌프란시스코 지역은 넷플릭스의 배송이 빨랐기 때문에 회원 가입률이 높았던 것이다. 샌프란시스코 지역에 사는 회원이 월요일 아침에 DVD를 반송 봉투에 담아 우체통에 넣으면 넷플릭스의 유통센터에는 화요일에 도착한다. 유통센터에서는 DVD 반납을 확인한 뒤에 곧바로 또 다른

DVD를 발송한다. 그러면 샌프란시스코의 그 고객은 수요일에 새로운 DVD를 받아 볼 수 있다. 샌프란시스코의 회원들은 DVD를 반납하고 오래지 않아 새로운 영화를 볼 수 있다는 기대감이 컸고, 넷플릭스의 배송 속도에 대해서도 칭찬을 아끼지 않았다.[52]

반면에 스콧츠 밸리에서 멀리 떨어진 지역의 회원들은 DVD를 반납한 뒤 4~5일, 길게는 일주일이 지나서야 새로운 DVD를 받아 볼 수 있다. 이렇게 시간 간격이 벌어지자 영화에 대한 관심도 희미해졌다. 당시만 해도 첨단 시스템이라고 할 수 있는 인터넷으로 무장한 기업의 해법이 오프라인에서의 배송 속도에 있다는 현실과 맞닥뜨린 넷플릭스의 충격은 매우 컸다.

자, 이제 해법을 찾았으니 실행을 하면 된다. 넷플릭스는 유통센터를 확장하는 데 역량을 집중했다. 샌프란시스코가 위치한 서부 연안 이외에 동부에도 유통센터가 세워졌다. 유통센터가 설치된 지역은 샌프란시스코와 마찬가지로 가입률이 상승했다. 48시간 안에 새로운 DVD를 받은 고객들의 만족도가 커지면서 자연스럽게 넷플릭스의 서비스가 입소문을 타기 시작했다. 이런 식으로 넷플릭스의 회원은 시간이 지날수록 기하급수적으로 늘어났다. 2010년 말을 기준으로 넷플릭스는 미국 전역에서 56개의 유통센터를 운영하고 있다.

개인의 이기적인 선택을 기업 이익과 고객 편의로

리드 해스팅스가 넷플릭스를 창업할 때 모든 것이 대단히 창의적이었던 것은 아니다. 어떤 부분은 실적이 뛰어난 기업의 방식을 그대로 가져왔다. 대표적인 일이 아마존 웹사이트를 모방한 것이다. 넷플릭스는 아마존 웹사이트의 메뉴, 검색창, 버튼의 위치, 고객 리뷰 등 대부분을 베꼈다.

새로운 사업을 시작할 때는 모든 것이 반드시 창의적이어야 할까? 그것은 불가능한 일이다. 연체료를 없애고 월 정액제 방식을 시도한 것만으로도 넷플릭스는 충분히 창의적이었다. 그 밖의 것들은 최초의 창의적인 아이템이 제대로 실현될 수 있도록 성공적인 사례를 모방했다. 그렇게 모방을 통해 힘을 키우면서 자기만의 독창적인 영역을 조금씩 확보해 나갔다. 넷플릭스가 힘을 키운 뒤에 개발한 독창적인 비즈니스 모델의 대표 사례로 영화 도우미 기능인 '시네매치Cine Match'를 들 수 있다.[53]

시네매치는 고객에게 영화를 추천하는 알고리즘이다. 리드 해스팅스는 비디오 대여점을 찾은 많은 사람들이 어떤 영화를 선택할지 몰라 통로를 서성거린다는 사실에 착안하여 영화를 추천하는 기능을 웹사이트에 탑재했다. 이 알고리즘은 멜로, 코미디, 액션 등의 장르별로 분류한 10만 편의 영화에 대해 고객이 평가한

넷플릭스는 고화질의 영상을 실시간으로 제공하는 스트리밍 사업을 주도했다.

2,000만 건의 고객 평점을 활용한다. 또 회원의 클릭 패턴과 검색창에 입력하는 단어 등의 행동 패턴, 실제 DVD 대여 횟수 등을 분석하고 DVD 재고 상황을 적용하여 회원의 취향에 맞는 영화를 추천한다. 개인의 취향을 모아 컴퓨터 영화 평론가를 만든 셈이다. 개인의 이기적인 선택을 기업의 이익과 고객의 편익으로 이어지게 만들었다는 점에서 시네매치는 훌륭한 비즈니스 모델로 평가받고 있다.

시네매치의 기능은 전통적인 비디오 대여 방식에 의존하는 블록버스터가 흉내 낼 수 없는 넷플릭스만의 강점이 되었다. 넷플릭스의 회원 80퍼센트가 시네매치가 추천한 영화를 대여할 정도로 높은 신뢰도를 보이고 있으며, 시네매치가 추천한 영화를 본 회원의 만족도는 90퍼센트에 이른다.

유통 공룡 월마트의 도전

넷플릭스가 나날이 성장해 오는 동안 경쟁자가 여럿 있었다. 그런데 그 첫 번째 도전자는 생뚱맞게도 미국 최대의 유통 체인인 월마트였다.

2003년 4월, 월마트는 온라인 DVD 대여 사업에 진출한다고 공식적으로 발표했다. 이미 월마트는 전국적인 체인 매장에서 비디오테이프와 DVD를 판매해 오고 있었는데 이를 대여 사업으로 전환한 것이었다. 세계에서 가장 큰 유통 기업이 DVD 대여 시장에 진출한다는 소식은 월스트리트를 깜짝 놀라게 만들었다. 그리고 월마트가 자신들만의 웹사이트를 기반으로 하는 DVD 대여 서비스를 출시하자 넷플릭스의 주가는 폭락했다. 넷플릭스로서는 융단폭격이 따로 없었다.[54]

월마트의 비즈니스 모델은 넷플릭스와 거의 비슷했다. 월 18.86달러의 회비를 내고 회원으로 가입하면 온라인으로 DVD를 주문해서 우편으로 받아 볼 수 있었다. 한 번에 3편까지 주문할 수 있으며 연체료나 우송료는 받지 않았다. 월스트리트의 애널리스트들은 "월마트가 뒤늦게 이 시장에 뛰어들었지만 거대 유통 업체로서의 이점을 살려 적극적인 공세를 펼칠 공산이 크기 때문에 넷플릭스로서는 상당한 어려움이 예상된다"고 분석했다.

넷플릭스와 월마트의 대결은 어떻게 되었을까? 월마트의 완패였다. 오프라인의 제왕 월마트의 영광은 온라인에서는 재현되지 않았다. 월마트의 가장 큰 패인은 고객의 성향이 달랐다는 점이다. 월마트의 고객은 가족과 함께 매장에 직접 가서 이것저것 물건 고르는 것을 좋아한다. 영화를 보더라도 DVD를 보기보다는 극장에서 보는 것을 즐기는 계층이다. 반면에 넷플릭스의 고객은 가족과 함께 쇼핑을 하기보다는 비용을 더 지불하더라도 온라인으로 물건을 구매하고 배달로 받는 것을 선호했다. 결국 월마트는 2005년에 몇 안 되는 회원들을 넷플릭스로 이관하면서 온라인 DVD 사업에서 철수한다고 선언했다.

넷플릭스의 고전이 예상되던 이 싸움은 뜻밖에도 싱겁게 끝나고 말았다. 하지만 월마트보다 훨씬 더 버거운 도전자가 링에 오르고 있었다. 오프라인 비디오 대여 체인 1위를 줄곧 지켜 온 블록버스터였다.

골리앗 블록버스터의 몰락

월마트가 DVD 대여 사업에서 철수한 2005년, 이번에는 블록버스터가 온라인 DVD 대여 사업에 뛰어들었다. 블록버스터는 넷플릭스보다 낮은 월 회비와 압도적인 영화 타이틀 보유고를 강점으로 내세웠다. 넷플릭스의 주가는 다시 급락했다. 오프라인의 최강자가 온라인으로 진출한 것은 초식 동물들이 한가로이 풀을 뜯고 있는 들판에 맹수가 뛰어든 것만큼이나 충격적이었다.

여기서 한 발 더 나아가 블록버스터는 2007년에 온라인 서비스와 오프라인 매장을 연결하는 통합회원제를 발표하면서 넷플릭스를 그로기 상태까지 몰고 갔다.[55] 다 본 영화 DVD를 아무 대여점에나 반납하면 영화 한 편을 공짜로 빌려주고 우편을 통해 다음에 볼 영화를 정기적으로 받아 볼 수 있도록 하는 통합 서비스를 내놓은 것이다. 그야말로 블록버스터급 서비스였다. 블록버스터는 이 서비스를 홍보하는 데만 5억 달러를 썼다. 넷플릭스는 회원이 급격히 줄어들면서 사업 철수 직전까지 내몰렸다.

전국의 대리점을 연결하는 오프라인 네트워크와 온라인을 통합한 블록버스터의 전략에 맞서서 넷플릭스는 실시간 동영상으로 승부수를 띄웠다. 마우스를 클릭하기만 하면 DVD 수준의 고화질 영상을 곧바로 감상할 수 있는 '실시간 스트리밍' 시스템을 구축하는 데 모든 사업 역량을 집중한 것이다.[56]

반면에 블록버스터의 통합 서비스는 오래지 않아 한계를 드러내고 말았다. 체인점들이 이 서비스에 참여하는 것을 반기지 않았기 때문이다. 체인점으로서는 너무 많은 공짜 영화를 제공하게 되어 오히려 회원이 늘어날 때마다 손해를 봐야 했다. 밑지고 장사하면서 물량으로 밀어붙인 블록버스터의 전략이 부메랑이 되어 스

넷플릭스가 만든 TV 시리즈 〈하우스 오브 카드〉에 출연한 영화배우 케빈 스페이시

스로의 목을 친 것이었다.

결국 블록버스터는 2010년에 재정 악화로 파산 신청을 했다. 당시에 1,500개의 대여점에서 1만 5,000명의 직원이 일하고 있었다. 미국 위성 TV 업체인 디시네트워크Dish Network Corporation가 블록버스터를 인수하면서 대여점과 직원 고용을 유지할 것이라고 밝혔지만, 수익이 더욱 악화되면서 대여점이 점점 줄어들었고 직원 해고도 줄을 이었다.

2013년 11월, 결국 블록버스터의 전 지점이 문을 닫기로 결정했다. 마지막까지 남아 있던 300여 개의 대여점이 폐쇄되고 2,800명의 직원이 일자리를 잃었다. 2010년에 재정 악화로 파산 신청을 한 지 3년 만의 일이었다. 세계 최대 규모를 자랑하던 DVD 대여 체인은 그렇게 역사의 뒤안길로 사라졌다.

《뉴욕타임즈》는 '인터넷이 비디오 가게를 죽였다Internet Killed the Video Store'는 제목의 기사를 내보냈고, 《월스트리트저널》은 "세상이 디지털 시대로 변화했지만 블록버스터는 전통적인 오프라인 가게를 뜻하는 '벽돌과 시멘트 반죽brick and mortar'을 고수했다"는 내용의 기사로 블록버스터에게 고별을 전했다.

그렇다면 넷플릭스는 어떻게 되었을까? 넷플릭스의 2014년 매출은 47억 4,000만 달러에 이르고, 순이익은 2억 6,000만 달러를 올렸다. 순이익은 1년 전과 비교해 2배 이상 늘었다. 회원 수는 2015년 1월을 기준으로 5,700만 명에 이른다. 넷플릭스는 북아메리카 인터넷 사용량의 35퍼센트를 차지하고 있는데, 이는 유튜브

YouTube의 2배나 되는 수치다.

이와 같은 성공을 발판으로 넷플릭스는 자체적인 콘텐츠를 만들기 시작했다. 2013년에 방영된 TV 시리즈 〈하우스 오브 카드 House of Cards〉는 에미상 3관왕에 오르면서 대중성과 작품성을 동시에 인정받았다.

넷플릭스가 성공한 진짜 이유

넷플릭스는 비디오 대여 시장의 최강자 블록버스터가 만들어 놓은 시장과는 다른 지점에서 사업을 추진했다. 매장을 만들지 않고 우편으로 DVD를 발송하면서 임대료와 인건비 지출을 최소화했다. 그리고 자동화된 추천 시스템을 통해 대여점의 직원보다 더 정확하게 고객이 원하는 영화를 추천해 주었다. 그리고 콘텐츠 시장의 변화를 감지하고 과감하게 온라인 스트리밍 사업을 시작함으로써 장기적으로 발전할 수 있는 비즈니스 모델을 구축했다. 최근에는 자체 콘텐츠를 제작하여 시청자의 호평을 끌어내는 등 끊임없는 혁신을 시도하고 있다.

반면에 블록버스터는 전통적인 프랜차이즈 방식에서 벗어나지 못했다. 뒤늦게 온라인 DVD 대여 사업에 뛰어들었지만, 이미 구축해 놓은 전국 수천 개의 대여점은 블록버스터 자신의 발목을 붙잡은 족쇄가 되었다. 블록버스터의 각 대여점은 비디오 프로그램을 구입해서 대여해 주기 때문에 하나의 비디오 프로그램을 최대한 많은 사람에게 빌려주는 것이 사업 성패의 핵심이었다. 하지만 어떤 지역에서는 남아도는 비디오 프로그램이 다른 지역에서는 물량이 달리는 일이 자주 일어났다. 이를 예방하기 위해 연체료 제도를 도입하는 것이 불가피했다. 이때 고객들 사이에 잠재적으로 형성되고 축적된 불만과 불평은 넷플릭스가 시도한 새로운 사업 모델에 불을 당기는 도화선이 되었다.

넷플릭스의 비즈니스 모델은 DVD를 반납하지 않더라도 연체료를 물리지 않았다. 대신 DVD를 더 빌려 볼 수 없도록 했다. 고객에게 기업 정책을 강요하기보다는 고객 스스로의 의사결정에 따라 인센티브를 받을 수 있도록 했다. '당신은 이렇게 해야 한다'는 강요가 아니라, '이렇게 하지 않으면 손해'라는 생각을 심어 준 것이 주효했다. 리드 해스팅스는 이렇게 말했다. "창업자는 반드시 반대를 보는 관점contrarian view을 가져야 한다."

대부분의 경영 분석가들은 넷플릭스의 성공 요인으로 '고객이 원하는 콘텐츠를 원하는 시간에 다양한 기기로 서비스한다'는 점을 내세운다. 그러면서 넷플릭스가 미국 방송 시장의 판도를 바꾸어 놓았다고 평가한다. 뿐만 아니라 2007년부터 미디어 콘텐츠를 인터넷으로 스트리밍해 주는 서비스를 제공하면서 미국을 넘어 세계 방송 미디어 시장에 지각변동을 일으켰다고 말한다.

하지만 이는 넷플릭스가 성공한 뒤의 이야기를 재구성한 것에 지나지 않는다. 사업 초기 넷플릭스가 어려움을 극복할 수 있었던 가장 큰 요인은 오프라인의 속도를 높였다는 점이었다.

또 다른 이유는 고객의 귀차니즘을 해결해 주었기 때문이다. 영화 한 편을 보기 위해 비디오 대여점을 찾았는데 최신 영화는 이미 누군가가 빌려가고 없다. 이틀 뒤에 반납이 들어온다는 이야기를 듣고 다시 찾아가지만 또 다른 누군가가 먼저 빌려갈 수도 있다. 넷플릭스는 이런 불편함을 해소함으로써 회원을 늘릴 수 있었다. 게다가 넷플릭스를 통하면 야한 영화를 보고 싶은데 대여점 직원 눈치를 보느라 엉뚱한 프로그램을 빌리는 헛수고를 하지 않아도 된다.

비디오 대여점의 진열대에 놓인 프로그램 중에 무엇을 볼까 하는 귀찮은 고민도 넷플릭스에서는 할 필요가 없다. 빅데이터를 통해 내가 좋아할 만한 영화를 골라서 추천해 주기 때문이다. 때로는 내 취향을 들킨 것 같아 흠칫 놀라기도 한다. 하지만 비디오 대여점에서 직원에게 야한 비디오테이프를 내밀 때와는 전혀 다른 느낌이다.

CHAPTER • 7

싸게만 판다고? 아니, 가격 · 이윤 · 고객을 제한하라

: 코스트코만의 독특한 판매 전략

How to Lead

- 코스트코는 어떻게 품질 좋은 제품을 저렴한 가격에 판매할 수 있는가?
- 코스트코가 판매하는 제품의 품목을 제한하는 이유는 무엇인가? 그리고 이를 통해 어떤 장점을 누리게 되었는가?
- 직원의 행복과 기업의 실적에는 어떤 연관성이 있는가?

코스트코는 곧잘 유통업의 공룡인 월마트와 비교되고는 한다. 물론 매출액이나 회사의 규모 면에서는 단연 월마트가 앞선다. 하지만 '크기'가 아니라 '질'로 평가할 때는 코스트코의 손을 들어 주는 비율이 더 높다. 왜냐하면 코스트코는 품질과 가격으로 고객과 강력한 신뢰를 형성하고 직원의 복리후생을 통해 효율과 경쟁력을 확보했기 때문이다. 코스트코의 성공은 경영 세계에서 일반화된 '이윤의 극대화'라는 논리를 배반하면서 시작되었다. 고객이 납득할 만한 적정 수준에서 최대한 마진을 남기는 것이 아니라 제조 업체와 유통 업체, 고객이 상생할 수 있는 합리적인 이익을 추구한 것이다.

코스트코Costco Wholesale Corporation는 월마트에 이어 미국에서 두 번째로 큰 대형 마트다. 회원제로 운영되는 마트 중에서는 코스트코의 규모가 가장 크다. 코스트코는 질 좋은 제품을 싸게 판매하는 전략을 펼친 덕분에 싸구려 물건만 취급한다는 비판을 받고 있는 월마트와 차별화하는 데 성공했다. 코스트코는 때때로 상당히 좋은 물건을 시중 가격에 훨씬 못 미치는 가격에 내

놓기도 하는데, 고객들은 이를 '보물 사냥The treasure hunts'이라고 부른다. 코스트코가 이렇게 할 수 있는 이유는 고급 브랜드 제품의 재고가 지나치게 많거나 생산이 중단될 때 싼 값에 대량으로 구매했다가 높은 할인율을 적용해서 판매하는 일이 더러 있기 때문이다.

코스트코는 창립한 지 6년이 채 안 되어 매출액 30억 달러를 달성했다. 2014년에는《포춘》이 선정한 500대 기업 가운데 19위를 차지했다. 도대체 코스트코의 성장 비결은 무엇일까? 놀랍게도 최대한 많은 제품을 높은 마진에 팔아 이윤을 극대화한다는 일반적인 비즈니스 상식을 뒤집는 데에 그 비결이 있다. 심지어 고객도 제한했다. 코스트코의 경쟁력은 우리가 알고 있는 상식을 하나하나 깨부수면서 만들어진 것이다.

친구의 아르바이트를 돕다가 마트 일을 시작하다

코스트코를 세운 사람은 '유통업계의 스티브 잡스'라고 불리는 짐 시네걸Jim Sinegal이다. 1936년, 짐 시네걸은 태어나자마자 부모와 떨어져야 했다. 아이를 양육할 형편이 안 되었던 그의 어머니가 그를 고아원에 맡겼기 때문이다. 열한 살이 되던 해에야 어머니가 그를 데리러 왔는데, 그때 그의 어머니는 재혼을 한 뒤였다. 새 아버지는 이탈리아에서 온 사람이었다. 원래 그의 성은 '라이트

Wright'였지만, 새 아버지의 성을 따라 '시네걸Sinegal'이 되었다.

1954년, 샌디에이고 커뮤니티 칼리지에 다니던 열여덟 살 짐 시네걸은 어느 날, 마을에 새로 생긴 할인점 페드마트Fed-Mart에서 아르바이트를 하는 친구를 도와 매트리스 나르는 일을 하게 되었다. 딱 하루만 친구 일을 돕겠다는 생각으로 시작한 이 일을 계기로 그는 평생 유통업계에 몸담게 된다.

페드마트는 생긴 지 한 달밖에 안 된 신생 마트였다. 회사를 설립한 사람은 솔 프라이스Sol Price다.[57] 그는 '백화점에서 판매하는 수준의 질 좋은 상품을 낮은 가격에 파는 창고형 마트'를 선보였다. 창고처럼 허름한 공간에서 물건을 팔았지만 많은 상품을 싸게 팔면서 소매업계의 빈틈을 공략했다. 이후 20년 동안 미국 남서부 지역에서 크게 성장한 페드마트는 1976년에 독일 사업자에게 매각되었다.

솔 프라이스는 페드마트를 매각한 뒤 1976년 샌디에이고에 '회원제로 운영하는 할인점'을 열었다. 프라이스클럽Price Club이었다. 시네걸을 비롯한 페드마트 직원 다수가 프라이스클럽으로 자리를 옮겼다. 1950년~60년대 페드마트에서 상자를 나르고 카트를 밀던 청년들이 1970년대에 프라이스클럽으로 옮겨 관리자 업무를 맡게 된 것이었다.

프라이스클럽이 문을 연 곳은 샌디에이고 모레나의 비행기 격납고였다. 이곳을 창고형 매장으로 개조했다. 처음에는 일반인이 아니라 소규모 회사만을 상대로 영업을 했다. 그 뒤 서서히 일반인을 회원으로 모집하여 영업을 했다. 매출이 계속 올라갔다. 1978년에 시네걸은 프라이스클럽의 부사장까지 오르게 된다.

짐 시네걸은 '유통업계의 스티브 잡스'라는 별명처럼 고인이 된 스티브 잡스와 비교되기도 하는데, 그 이유는 자신의 일을 무척이나 사랑한다는 공통점 때문이다. 그는 "세상을 떠나기 직전까지 일을 했던 잡스처럼 나 역시 죽기 전까지 열정적으로 일하고 싶다"는 말을 자주 했다.

짐 시네걸은 1983년 47살의 나이에 투자가인 제프리 브로트먼Jeffrey Brotman과 함께 750만 달러를 자본금으로 코스트코를 창업했다. 첫 매장은 워싱턴 주 시애틀 부근의 커클랜드에 열었는데, 역시 창고형 매장이었다. 코스트코는 이후 6년 만에 매출이 30억 달러에 이를 만큼 빠른 속도로 성장했다. 그리고 창업 10년 만인 1993년에 짐 시네걸은 자신이 부사장으로 일했던 프라이스클럽을 인수했으며, 이로써 회사 규모는 두 배 이상 커졌고 206개 매장에서 연 160억 달러의 매출을 달성했다.

코스트코의 제품 가격이 싼 이유

코스트코를 상징하는 특징 가운데 하나는 저렴한 가격이다. 하지만 물건의 가격이 싸다고 해서 그렇게 많은 사람들이 몰릴까? 코스트코에 사람들의 발길이 끊이지 않는 것은 가격이 저렴할 뿐만 아니라 질 높은 제품을 판매하기 때문이다. 그렇다면 코스트코는 어떻게 저렴한 가격과 괜찮은 품질이라는 두 마리 토끼를 잡을 수 있었을까?

첫 번째는 판매하는 물건을 제한하기 때문이다. 경쟁사인 월마트가 한 매장에서 판매하는 물건 품목은 14만 개에 이른다. 반면에 코스트코는 4,000개 정도의 품목만 판매한다. 판매하는 제품의 수량을 제한하는 이러한 정책 때문에 항상 제품을 그렇게 조금만 들여 놓으면 필요한 것을 구입하지 못한 고객들이 발길을 돌리지 않느냐는 질문이 뒤따른다. 하지만 그렇지 않다. 선택과 집중에서 큰 효과를 보기 때문이다. 무슨 말인가 하면, 코스트코의 고객은 다품종 소량을 구매하는 부류가 아니라 소품종을 다량으로 구매하는 부류라는 뜻이다. 물건 가짓수를 필요 이상으로 여러 가지 구비해 놓고 고객으로 하여금 선택하도록 하는 것이 아니라, 정확하게 고객이 필요로 하는 물건만 확보하고 이 물건을 노리는 고객에게 다량으로 판매하는 것이다. 코스트코가 회원제로 운영하는 것도 바로 이러한 이유다.[58]

잘 팔리는 제품만을 판매할 경우, 그 제품을 다량으로 구매하면서 구매 단가를 크게 낮출 수 있다. 게다가 잘 팔리는 제품이 가격마저 저렴하면 판매 회전율이 높아져서 재고 부담을 줄일 수 있다. 여러 제품을 들여 놓고 판매하다 보면 다 팔지 못하는 경우가 생긴다. 이럴 때 재고로 곤욕을 치르게 된다. 재고를 남기지 않고

코스트코는 소품종을 다량으로 판매하는 방식을 선택했다.

모두 팔아치우는 것이 장사하는 입장에서는 비용을 줄이는 가장 좋은 방법이다.

그리고 제품의 회전율을 높이려면 대용량 제품 위주로 판매해야 한다. 보통 가정에서는 대용량 제품을 한꺼번에 구입하기가 힘들다. 하지만 고객은 가정집에만 있는 것이 아니다. 자영업을 하는 고객도 있다. 자영업에 필요한 좋은 제품을 저렴한 가격에 다량으로 구입해 두면 그들에게도 이익이다. 코스트코 고객 가운데 자영업자가 유독 많은 것이 바로 이러한 이유 때문이다.

저렴한 가격에 대한 코스트코의 집착은 유별나다. 가격을 놓고 스타벅스와 맞붙은 사례가 대표적이다. 몇 해 전 코스트코는 스타벅스 커피 가격이 너무 비싸다는 이유로 스타벅스 제품을 구매하지 않겠다고 으름장을 놓았다. 커피 시장에서 1위를 지키고 있는 스타벅스는 품질에 대한 평가 없이 제품을 가격만으로 판단할 수 없다며 이에 맞섰다. 몇 개월 동안 두 회사의 냉전이 지속되었다. 백기를 든 쪽은 스타벅스였다. 짐 시네걸과 하워드 슐츠의 대결에서 짐 시네걸이 이긴 것이다.[59]

대개의 회사들은 잘 팔리는 제품의 가격을 올린다. 가격을 높게 매겨도 인기 있는 물건은 소비자가 구입하기 때문이다. 하지만 코스트코는 물건이 잘 팔릴수록 가격을 내린다. 가격을 낮출 수 있는 데까지 낮추면서 판매 규모를 키우는 것이다. 이런 정책은 코스트코의 판매를 확대하는 결과를 낳았다. 코스트코에서 물건이 잘 팔리다 보니 코스트코 매장에 물건을 들여 놓고 싶어 하는 제조 업체도 늘어나고 있다. 하지만 코스트코가 취급하는 제품의 가짓수가 많지 않기 때문에 치열한 경쟁을 벌여야 한다. 경쟁률이 500대 1에서 1,000대 1까지 상상을 초월할 정도로 높다.

사실 코스트코의 고객은 좋은 물건을 싸게 사기 위해서 약간의 불편함을 감수해야 한다. 일단 매장에 가면 넓은 매장 공간에 비해 제품의 종류가 적어서 고개를 갸웃거리게 된다. 예를 들어 일반 대형 마트에서는 코카콜라와 펩시 둘 다 팔고 있지만 코스트코에는 펩시콜라 한 종류만 산더미처럼 쌓여 있다. 코스트코로서는 코카콜라 10개와 펩시 10개를 공급받는 것보다 펩시 20개를 공급받는 것이 단가를 더 낮출 수 있기 때문이다. 게다가 상품을 진열하고 관리하는 비용도 적게 든다.

선택 폭이 줄어드는 불편을 감수하면서도 고객이 코스트코를 찾는 것은 판매하는 물건의 품질이 좋기 때문이다. 코스트코는 '저급한 상품을 취급하지 않는다'는 원칙을 철저하게 지키고 있다.

코스트코에서 하나의 신용카드만을 쓸 수 있도록 한 것 역시 가격을 내리기 위해서다. 세계 여러 나라의 코스트코 매장에서는 코스트코와 계약을 맺은 한 회사의 신용카드만을 쓸 수 있다. '1국가 1카드' 원칙이다. 미국과 캐나다에서는 아메리칸 익스프레스만 사용할 수 있다. 이런 원칙에 대해 코스트코는 카드 회사 한 곳하고만 거래해야 수수료 부담을 줄일 수 있고, 결국 이는 제품 가격을 낮추는 요인이 된다고 설명한다.

코스트코가 직접 만든 브랜드인 커클랜드 시그니처Kirkland Signature 역시 가격이 저렴하기로 유명하다.[60] 이 브랜드는 1996년에 탄생했다. 주스, 쿠키, 커피, 견과류, 가정용품, 여행용 가방, 가정용 기기, 의류, 세제 등 가정에서 필요한 거의 전 품목에 걸쳐 커클랜드 시그니처 제품이 만들어지고 있다. 이 제품들은 브라질과 멕시코 등에서 생산되어 전 세계 코스트코 매장에서 판매된다. 커클랜드 시그니처는 가격과 품질 모두에서 고객을 사로잡았다는 평가를 받고 있다. 다른 브랜드보다 가격이 10~20퍼센트 싼데도 품질 면에서 전혀 뒤처지지 않는다.

커클랜드 시그니처의 브랜드 가치는 약 7조 3,000억 원으로 추산되는데 이는 코스트코의 브랜드 가치인 10조 5,000억 원에 비해 큰 차이가 없다. PB 상품private brand goods(백화점, 대형 슈퍼마켓 등이 독자적으로 생산한 브랜드)의 성공적인 예다.

커클랜드 시그니처 브랜드의 감자 칩

그들이 마진율 15퍼센트를 고수하는 이유

코스트코가 제품을 저렴하게 판매할 수 있는 가장 큰 이유는 마진을 많이 남기지 않기 때문이다. 일반 상품의 마진율은 14퍼센트, 자체 상표인 커클랜드 시그니처는 15퍼센트를 원칙으로 한다. 일반적으로 유통 업체의 마진율은 백화점의 경우 50퍼센트, 월마트와 같은 대형 마트는 20~25퍼센트에 이른다. 하지만 짐 시네걸은 "마진율 15퍼센트가 우리도 돈을 벌고 고객도 만족할 수 있는 적당한 기준이며, 마진율을 16퍼센트나 18퍼센트로 올리는 순간 가격과 비용을 최소화하려 했던 코스트코의 모든 노력이 물거품이 될 것"이라고 말했다. 또 그는 "그 이상을 남기면 기업의 규율이 사라지고 탐욕을 추구하게 돼 결국 고객이 떠나고 기업은 낙오하게 된다"고 강조했다. 적정한 마진을 통해 소비자를 사로잡고 공급 업체와 이익을 공유하는 상생 관계를 만들 수 있다. 이는 궁극적으로 제품의 품질을 더욱 높이고 가격을 낮추는 긍정적 요인으로 작용한다.[61]

몇 년 전 백화점에서 50달러에 파는 유명 브랜드 청바지를 코스트코에서 29.99달러에 팔아 화제가 된 적이 있다. 백화점과 달리 수백만 벌을 한꺼번에 주문함으로써 공급가를 낮출 수 있었다. 다른 곳에서 사는 것보다 20달러나 값이 싼 청바지는 불티나게 팔렸다. 코스트코에서는 여기서 더 나아가 청바지 가격을 22.99달러로 더 내렸다. 마진을 더 낮게 잡음으로써 가격을 더 내릴 수 있었다. 하지만 회사의 수익은 올랐다. 코스트코 방식이다.

코스트코는 왜 고객을 제한하나

코스트코는 고객을 제한한다. 사람을 최대한 많이 끌어들이려는 다른 유통 업체와는 달리 일정한 고객만이 매장에서 물건을 구입할 수 있도록 회원제로 운영하고 있다. 회원권은 전 세계 코스트코 매장 어디서나 사용할 수 있다. 2012년 5월 24일 기준으로 전 세계의 회원 수는 6,740만 명에 이른다.

코스트코의 고객 충성도는 상당히 높은 편이다. 연 회비가 적지 않지만 매년 회원 갱신율이 85퍼센트에 이른다. 연 회비는 코스트코의 지점 개설에 들어가는 자본 조달 부담을 덜어 주는 효과가 있다. 이렇게 고객 충성도가 높은 이유는 물론 다른 마트보다 훨씬 저렴한 가격에 질 좋은 물건을 살 수 있기 때문이다.

미끼 상품을 내놓고 고객의 눈길을 끈 뒤에 나머지 상품에서 마진을 남기는 경쟁 회사와 달리 코스트코가 판매하는 상품 대부분이 최저가다. 괜찮은 상품을 아주 싸게 파는 코스트코의 전략이 '무엇이든지 코스트코에서 사면 다른 곳에서 사는 것보다 이익이다'라는 고객 신뢰를 형성했고 이 신뢰를 바탕으로 코스트코는 순항하고 있다. 가격을 꼼꼼히 비교하고 최저가에 민감하게 반응하는 사람은 유통 업체로서는 다루기 힘든 고객이지만, 코스트는 이들의 까다로움을 역이용하여 충성도 높은 고객을 만들어 냈다. 만약 코스트코가 생기기 전 어떤 사람이 모든 물건을 최저가에 판매하는 사업 모델을 제시했다면 대부분의 사람이 고개를 가로 저었을 것이다. 하지만 코스트코는 해냈다.

코스트코의 회원 고객들이 연 회비를 아까워하지 않는 또 하나의 이유는 환불 정책 때문이다. 회원이 상품을 구입한 뒤 제품이 마음에 들지 않으면 언제든 100퍼센트 환불할 수 있다. 컴퓨터(환불기간 6개월)만 아니면 환불 기간에 제한이 없다. 이런 이유 때문에 고객들은 적지 않은 회원비에도 코스트코로 발길을 향한다.

코스트코의 비즈니스 모델은 기존 경영 방식이나 업무 프로세스를 개선해서 나온 것이 아니다. 고객이 가장 원하는 '최저가에 대한 믿음'을 목표로 정해 놓고 모든 경영 철학과 업무 역량을 그 목표를 뒷받침할 수 있는 방식으로 원점에서 시작했다. 가장 중요한 목표를 이루기 위해 덜 중요한 것은 희생한 것이다.

일하기 좋은 회사가 실적도 좋다

코스트코는 일하기 좋은 기업으로 손꼽힌다. 계산대의 직원 대부분이 정규직이다. 이들의 연봉은 5만 달러 안팎으로, 꽤 높게 형성되어 있다. 또 정년이 없기 때문에 매장에서는 60~70살의 노년층이 일하는 모습을 어렵지 않게 발견할 수 있다.

2015년 1월 기준, 미국의 최저 임금은 시간당 7.25달러다. 하지만 코스트코 매장 계산대의 신입 직원은 시간당 12달러를 받는다. 선임 직원은 시간당 16달러가 넘고 일부 관리자급 직원은 시간당 임금이 22달러다. 이들 전체 직원의 평균을 내면 시급이 15.2달러다. 경쟁사인 월마트의 자회사 샘스클럽Sam's Club의 9.4달러와 타깃Target Corporation의 8.2달러보다 훨씬 높다. 이 때문에 미국의 버락 오바마 대통령은 "코스트코처럼 수익성 있는 회사는 고임금을 생산성 향상의 수단으로 삼는다"고 칭찬했다.[62]

코스트코가 높은 평가를 받는 중요한 이유 중의 하나로 의료 혜택을 빼놓을 수 없다. 미국은 우리나라의 의료보험제도와 달리 개인 스스로 민간 의료보험에 가입해야 한다. 하지만 의료보험료가 비싼 편이라서 대부분 회사가 제공하는 의료보험을 이용한다. 이 때문에 미국에서 직장을 평가하는 기준 가운데 의료 혜택은 매우 중요한 사항이다. 코스트코는 직원의 88퍼센트가 회사가 제공하는 의료보험 혜택을 받고 있다. 경쟁 유통 기업인 월마트의 직원들은 연봉의 25퍼센트를 건강보험료 같은 의료 비용으로 지출하지만, 코스트코 직원은 연봉의 8퍼센트만 낸다. 차액은 회사에서 전액 지원하고 있다.

코스트코의 직원들이 회사에 만족하는 정도는 이직률을 통해서도 알 수 있다. 월마트 직원의 연간 이직률은 44퍼센트나 되는 반면 코스트코 직원의 이직률은 6퍼센트에 그친다.

코스트코가 일하기 좋은 회사가 된 것은 구성원을 중시하는 창업주의 경영 철학이 바탕에 깔려 있기 때문이다. 짐 시네걸은 언제나 "주주보다 직원이 우선"이라고 강조한다. 그는 여러 인터뷰에서 "직원에게 더 많이 투자하는 것이 기업에 이득이라고 믿는다"고 말했다. 이런 경영 철학은 짐 시네걸의 인생 경험과 떼어내서 생각할 수 없다. 그는 사회생활을 마트에서 시작했으며, 대형 마트가 만들어지고 융성했던 시기에 현장에서 일했다. 누구보다도 현장 직원들의 고충을 잘 알고 있는 것이다.

짐 시네걸은 회사를 설립할 때 가장 중요한 원칙을 이렇게 정했다.

'돈은 매장에서 벌기에 경영진은 매장 직원과 고객을 왕처럼 대접해야 한다.'

사무실 벽에 '매장에서 연락이 오면 모든 일을 멈추고 매장 일에 집중하라'는 문구를 써 붙여 두었을 정도다.

캐나다 해밀턴의 코스트코 매장

월스트리트가 싫어하는 기업

미국뿐만 아니라 전 세계가 경제난에 시달렸던 2008년 금융 위기 때는 코스트코 역시 어려움을 겪었다. 매출이 마이너스로 뚝 떨어지자, 월스트리트에서는 인력을 줄이고 마진을 높이라는 압박을 가했다. 하지만 코스트코는 월스트리트의 충고를 따르지 않았다. 경제가 어렵다고 가격을 높이면 유통 기업 이미지가 훼손된다고 여겼기 때문이다.

오히려 코스트코는 제품 공급 업체에 부탁해 가격을 더 내렸다. 경제가 어려우면 고객의 주머니 사정도 좋지 않을 것이라고 생각했기 때문이다. 이러한 가격 정책으로 인해 코스트코의 평판은 더욱 좋아졌다. 경제가 어렵고 수익 구조가 악화된다고 해서 제품 가격을 올림으로써 손실분을 만회하려 하는 대부분의 기업과는 다른 회사라는 이미지를 강하게 심어 준 것이다.

코스트코의 이러한 경영 방식을 두고 월스트리트는 못마땅해했다. '직원 복리후생 제도가 지나치게 방만하다'거나 '직원의 주머니를 채우기 위해 투자자의 돈을 훔치고 있다'는 비판을 서슴지 않았다. 하지만 짐 시네걸은 월스트리트의 강도 높은 비판에도 흔들리지 않았다. 글로벌 금융 위기로 경기 침체가 극심했던 2009년에도 시급을 1.5달러 올렸다. 반면에 자신의 연봉은 단 한 푼도 올리지 않았다.

짐 시네걸이 코스트코의 CEO에서 은퇴하던 2011년 그의 연봉은 32만 5,000달러(한화 약 3억 6,000만 원)로, 경쟁사 CEO들의 4분의 1 수준이었다. 그는 "CEO가 현장 직원보다 수백 배 많은 연봉을 챙기는 것은 잘못된 일"이라고 꼬집었다.[63] 코스트코는 경쟁 회사와 비교했을 때 직원들에게 높은 연봉을 주고 있지만, 정작 임원들은 다른 기업보다 훨씬 적은 연봉을 받아 간다. 짐 시네걸의 연봉은 코스트코 매출의 절반에 불과한 코카콜라 CEO의 연봉(1,447만 달러)과 비교해서 47배나 적다.

월스트리트는 코스트코의 직원 복지가 과하다고 지적하지만,

코스트코 직원 1인당 생산성은 업계 최고 수준이다. 직원 이직률이 낮아서 직원 채용과 훈련에 드는 시간과 비용이 상대적으로 적기 때문이다. 짐 시네걸은 “직원이 계속 새로운 직장을 찾아 떠난다면 관리자들은 새 사람을 뽑는 데 시간을 허비하느라 정작 비즈니스에 신경을 쓰지 못하게 될 것”이라고 말했다.

코스트코는 직원을 채용할 때 회계, 마케팅, 구매 등의 업무 분야를 나누지 않는다. 처음에는 무조건 매장에서 근무를 시작하고 이후에 본사에 배치될 때 업무 분야가 정해진다. 본사 구성원 대부분이 코스트코 매장의 계산대에서 업무를 시작했다. ‘전문성의 시작은 매장에서’라는 철학을 가진 코스트코의, 현장을 중시하는 기업 문화를 알 수 있다.

CHAPTER · 8

유행을 창조하라? 아니, 대중의 기호를 따르라

: 아디다스, 나이키, 리복, 언더아머의 장외 전쟁

How to Lead

- 기업이 지켜 온 경영 철학과 시대와 사회 환경의 변화가 맞부딪칠 때, 기업은 어떤 선택을 해야 하는가?

- 어떤 제품의 주요 고객층이 변화함에 따른 대처 방법은 무엇인가?

- 제품이나 서비스의 성능과 고객의 호응은 반드시 비례하는가? 이 두 가지를 일치시키는 방법은 무엇인가?

이 세계에 스포츠 용품 시장이 태동한 것은 1890년대의 일이다. 하지만 유럽 각 지역에서 미미하게 이어지던 이 시장은 1949년에 독일의 아디다스가 출현하면서 일대 전환기를 맞는다. 제품의 뛰어난 품질과 기능으로 세계 시장을 석권한 아디다스는 한마디로 스포츠 용품 시장의 '고전'이 되었다. 하지만 아디다스는 전통적인 강자라는 고전적 이미지의 족쇄에서 스스로 벗어나지 못한 채 미국의 나이키에게 '1위' 자리를 내주고 만다. 이후 세계 스포츠 용품 시장은 급격한 시대의 변화와 사회 환경의 전환기 속에서 각 브랜드가 엎치락뒤치락하며 치열한 다툼을 벌여 왔다. 과연 이 거대 시장의 새로운 주인은 누가 될 것인가?

세계의 스포츠 브랜드 시장에서 나이키Nike, Inc.와 아디다스Adidas는 라이벌 구도를 형성하고 있다. 때문에 많은 사람들이 나이키의 역사가 아디다스만큼이나 오래되었거나, 나이키가 아디다스보다 더 일찍 자리를 잡았을 것이라고 생각한다.

아디다스의 역사는 1924년으로 거슬러 올라간다. 나이키는 1964년에야 설립되었다. 40년의 시간차가 있다. 그럼에도 나이키는 아디다스를 뛰어넘었다. 그렇다고 나이키가 굳건하게 1위를 지킨 것은 아니다. 한때 리복Reebok International Ltd.에 뒤지기도 했고, 지금은 언더아머Under Armour, Inc.의 강력한 도전을 받고 있다.

많은 경제경영서는 나이키의 성공 요인을 그들만의 새로운 카테고리를 만들어 낸 것에서 찾는다. 카테고리는 '영역'이라고 해석하는데, 기존의 2~3위 업체가 새로운 분야를 개척해 그 분야의 최초가 됨으로써 1위를 차지하는 것을 일컫는다. 실제로 나이키는 새로운 스포츠화를 만들어 내고 최고의 선수와 스폰서십을 맺으면서 아이디스의 아성을 무너뜨렸다. 하지만 이런 분석이 전적으로 맞는다고 할 수는 없다. 나이키가 카테고리를 개척한 것은 어느 정도 성공을 이룬 뒤 농구화를 생산하면서 이루어진 일이었고, 최고의 선수에게 스폰서십을 제안한 것 역시 세계적인 기업이 되고 난 뒤의 일이었다.

그렇다면 나이키는 어떻게 성공 신화를 써 내려갔을까? 스타트업 기업이 선두 주자를 앞지르려면 어떻게 해야 할까? 이를 알기 위해서는 먼저 아디다스의 성공과 좌절을 살펴보아야 한다.

아디다스의 성공 시대

독일 바이에른 주에 본사를 두고 있는 아디다스는 1948

년 아돌프 다슬러Adolf Dassler가 만든 회사다. 그의 아버지는 신발 공장의 봉제 기술자였고 어머니는 세탁소를 운영했다. 어릴 적부터 다슬러는 자연스럽게 섬유 가공과 신발 세탁, 제단 등의 기술을 익혔다. 스무 살 때부터는 어머니의 세탁실에서 혼자 운동화를 만들고는 했다.

아돌프 다슬러는 제1차 세계 대전에 참전한 뒤 집으로 돌아온 형 루돌프와 함께 1924년에 '다슬러 형제 신발 공장Dassler Brothers Shoe Factory'을 세웠다.[64] 아돌프는 조용하고 꼼꼼한 신발 개발자였고, 루돌프는 외향적인 세일즈맨 스타일이었다. 아디다스의 전신이 된 이 회사는 가족을 포함해 직원 12명이 매일 50켤레의 운동화를 만들었다.

아마추어 운동선수이기도 했던 아돌프는 좀 더 가벼운 운동화를 만들기 위해 저울을 들고 다니며 원단을 찾았다. 선수와 트레이너를 직접 만나 운동화의 성능을 테스트하기도 했다. 이런 노력 끝에 그는 딱딱한 가죽 대신 부드럽고 가벼운 고무 원단으로 운동화를 만들게 되었다. 이 고무 운동화가 아디다스 스포츠화의 시작이었다.

회사를 세운 지 1년 뒤인 1925년, 아돌프는 스파이크를 박은 운동화를 선보였다. 이 운동화가 사람들에게 널리 알려진 것은 1928년 암스테르담 올림픽에서였다. 독일 여성 선수 리나 라드케Lina Radke가 이 운동화를 신고 여자 800미터 달리기에 나섰다. '육상은 아주 격렬한 운동이라 여성에게 알맞지 않다'는 생각이 팽배해

암스테르담 올림픽에서의 리나 라드케

있던 시절, 그녀는 편견에 맞서 이 운동화를 신고 세계 최고 기록을 세우며 금메달을 목에 걸었다.

그로부터 8년 뒤인 1936년 베를린 올림픽을 통해서 아돌프의 스파이크 운동화는 세계적인 명성을 얻게 된다. 당시 최고의 육상 스타였던 미국의 제시 오웬스Jesse Owens가 이 운동화를 신고 달렸기 때문이다. 아돌프는 제시 오웬스에게 자신의 운동화를 보여 주기 위해 바이에른에서 베를린에 있는 선수촌까지 직접 차를 몰고 찾아갔다. 결국 제시 오웬스는 아돌프의 스파이크 운동화를 신고 100미터, 200미터, 400미터 계주와 멀리뛰기 종목에서 4개의 금메달을 차지하며 베를린 올림픽 최고의 스타가 되었다. 그 뒤 세계 각국의 선수들이 다슬러 형제의 운동화를 신기를 원했다. 제2차 세계 대전이 일어났던 1939년까지 다슬러 형제는 매년 20만 켤레 이상의 운동화를 팔았다.

승승장구하던 다슬러 형제는 제2차 세계 대전 이후 갈등을 겪었다. 결국 1947년, 다슬러 형제는 각자의 길을 가게 된다. 형 루돌프는 1948년에 자신의 이름을 내건 '푸마Puma'라는 신발 회사를 세웠고, 동생 아돌프는 1949년에 직원 50여 명과 함께 회사를 설립하고 자신의 애칭인 아디Adi와 성 다슬러Dassler를 합쳐서 아디다스Adidas라고 이름을 지었다.[65]

이후에도 아디다스는 세계적인 스포츠 브랜드로서의 자리를 굳건히 지켰다. 1960년 로마 올림픽에서는 당시 열여덟 살이던 무하마드 알리Muhammad Ali가 아디다스의 세 줄이 선명한 복싱화를 신고 라이트헤비급에서 금메달을 목에 걸었다. 전체 육상 경기 참가 선수의 75퍼센트가 아디다스를 신었다. 아디다스를 신지 않으면 일류 선수가 아니라는 이야기가 이상하지 않을 정도였다.

이렇게 아디다스는 올림픽을 통해 브랜드를 부각시키며 스포츠 용품 시장을 키워 나갔고 1970년까지 세계 시장 점유율 50퍼센트 이상을 차지하며 글로벌 최강자로 군림했다.

나이키의 도전

스포츠 용품 시장에 지각변동이 일어난 것은 1970년대에 미국의 나이키가 급부상하면서부터다. 나이키는 설립된 지 불과 10년 사이에 스포츠 용품 시장의 절대 강자인 '아디다스 제국'을 위협하는 최강의 적으로 성장했다. 중저가 조깅화를 만들어 유행을 선도하는가 하면, 생산 거점을 한국과 대만 등지로 옮기며 가격 경쟁력에서 우위를 점하기도 했다.

나이키가 처음 세워졌을 당시에는 일본 운동화를 수입해서 파는 소매상에 불과했다. 오리건 대학교 육상선수 출신인 필 나이트Phil Knight는 스탠퍼드 대학교 경영대학원에서 MBA 학위를 딴 뒤 1962년에 세계 여행을 떠났다가 일본에 머무는 동안 고베에서 값싼 기능성 운동화를 보게 된다. 그는 이 신발을 미국에 들여가 판매하면 꽤 호응이 좋을 것이라는 생각을 했다. 필 나이트는 신발을 생산하고 있던 오니츠카 타이거Onitsuka Tiger(현재의 아식스[Asics])와 접촉하여 미국 내 독점 판매권을 확보했다.[66]

필 나이트는 샘플 신발을 갖고 미국으로 돌아가 육상 운동화에 관심이 많았던 오리건 대학교의 육상 코치 빌 바우어만Bill Bowerman에게 자신의 아이디어를 이야기했다. 두 사람은 1964년에 블루리본 스포츠BRS, Blue Ribbon Sports라는 회사를 만들었다. 그리고 각각 500달러씩 투자하여 오니츠카 타이거 운동화 200켤레를 수입했다.

블루리본 스포츠는 회사 이름만 있을 뿐 실상은 차 트렁크에 신발을 잔뜩 싣고 다니며 운동장에 부려 놓는 '보따리상'에 가까웠다. 필 나이트는 운동화를 싣고 전국의 육상 트랙으로 찾아가 선수들에게 판매했다. 빌 바우어만은 오니츠카 타이거 운동화를 분해

해서 분석하며 제품 개발에 주력했다.

블루리본 스포츠는 설립 첫 해에 8,000달러의 매출을 올렸다. 이듬해에 필 나이트는 스탠퍼드 대학원 동기이자 육상 선수였던 제프 존슨을 고용해 회사의 관리 업무를 맡겼다. 2년 뒤 블루리본 스포츠는 캘리포니아 산타모니카에 첫 번째 매장을 열고 직영 판매를 시작했다. 1967년에는 두 번째 매장을 열었다.

1970년, 빌 바우어만은 와플 굽는 기계에서 아이디어를 얻어 미끄럼 방지 패턴이 들어간 운동화 밑창의 고무 스파이크를 개발했다. 빌 바우어만은 아내가 사용하는 와플 굽는 틀을 바라보다가 틀 속에 약간의 고무를 집어넣고 고무 와플을 만들었다. 그런 다음 그것을 잘라 신발 밑창에 접착제로 고정했다. 자기 팀의 선수들에게 신발을 나누어 주고 뛰어 보게 했는데, 반응이 좋았다. 기존 운동화보다 가벼우면서도 지면과의 마찰력이 강한 것이 특징이었다. 이 신발로 블루리본 스포츠는 큰 성공을 거두었다.

1972년부터 블루리본 스포츠가 독자적으로 제품을 생산하면서 오니츠카 타이거와의 관계가 악화되었다. 결국 블루리본 스포츠는 오니츠카 타이거와의 협력 관계를 청산하고 독자적인 브랜드를 만들기로 결정한다. 바로 나이키다. 필 나이트와 빌 바우어만은 승리의 여신 니케에서 독자적인 브랜드를 착안하고 이에 어울리는 로고를 만들기로 했다. 그러던 중 포틀랜드 주립대학교에 다니던 여대생 캐롤린 데이비슨에게 디자인을 의뢰했다. 그녀는 여신의 날개에서 영감을 얻어 '승리의 V'를 부드럽게 뉘어 놓은 현재의 나

승리의 여신 니케의 조각상

이키 로고를 만들었다. 그런데 당시 필 나이트는 이 디자인을 마음에 들어 하지 않았다. 하지만 멕시코의 공장에서 회사 로고가 결정되지 않아 신발 생산에 차질을 빚고 있었기에 마지못해 이 디자인을 선택했다고 한다. 로고를 디자인한 대가로 당시에 캐롤린 데이비슨이 받은 돈은 35달러였다. 현재 이 로고의 가치는 100조 원에 이른다.[67]

나이키의 성장과 아디다스의 추락

나이키는 1970년대 들어 빠른 속도로 성장하기 시작했다. 이 무렵 미국 사회에 불어닥친 조깅 열풍 때문이었다. 1960년대까지만 해도 미국인은 달리는 것에 관심이 없었다. 1970년 뉴욕 마라톤 참가자는 200명도 되지 않았다. 마라톤을 비롯한 육상에 대한 관심이 폭발적으로 일어난 것은 1970년대 이후의 일이었다.

1970년대로 접어들면서 미국은 경제가 위축되고 불황이 이어지면서 노동자들의 노동 시간이 크게 늘어났다. 중산층이 무너지고 실업자가 증가하던 시기에 조깅이 빠른 속도로 전파되었다. 미국에서는 1960년대부터 사회운동이 쇠퇴하면서 내 문제는 나 스스로 책임져야 한다는 개인주의가 급속도로 퍼졌다. 조깅은 친구나 파트너 없이도 할 수 있는 운동이다. 시간을 맞출 필요가 없고 트랙이나 길만 있으면 어디에서나 할 수 있다. 그런데 조깅을 하는 사람들 대부분은 중산층이었다. 그들은 오후에 공원을 달리면서 자신들은 밤늦게까지 일할 필요가 없다는 점을 다른 사람들에게 내보이고 싶어 했다. 또 조깅은 자신의 몸매를 과시하는 수단이기도 했다. 조깅을 하는 사람들 대부분이 살을 뺄 필요가 없었다. 조깅은 불황과 지루한 일상을 참고 견디는 인내와 몰입의 시간이자 동시에 자신을 과시하고자 하는 욕구를 발산하는 통로였다. 이 시기에 나이키는 미국의 조깅 열풍에 편승하여 운동화 시장의 점유율을 차츰차츰 넓혀 갔다.

1970년대까지만 해도 아디다스는 세계 스포츠 용품 시장을 호령하는 독보적인 존재였다. 하지만 이후 쇠락을 거듭하던 아디다스는 1990년대 들어 자기네의 라이벌이라고 생각지도 않았던 나이키에게 1위 자리를 내주고 만다. 나이키가 미국의 조깅 열풍을 타고 빠른 속도로 성장한 것이 한 가지 이유였지만, 그보다 더 큰 원인은 아디다스 스스로에게 있었다.

1970년대 말 미국 시장에서 선두를 차지했던 아디다스의 시장 점유율은 1992년에 이르러 3퍼센트로 추락해 있었다. 아디다스는 안방에서도 나이키의 거센 공격을 받았다. 40퍼센트를 웃돌았던 아디다스의 독일 시장 점유율은 1992년에 34퍼센트까지 떨어졌고, 같은 기간에 나이키의 독일 시장 점유율은 14퍼센트에서 18퍼센트로 치솟았다. 아디다스는 1992년 한 해 동안에 1억 5,000만 마르크(한화 약 970억 원)의 적자를 내면서 사실상 파산 직전까지 내몰렸다.

아디다스가 이처럼 급속도로 기울어진 것은 고객의 기호와 유행을 외면한 채 고전적인 올림픽 스타일에 집착했기 때문이다. 아디다스의 운동화 모델과 마케팅 방식은 1970년대에 머물러 있었다. 젊은이들 사이에서 아디다스는 여전히 전통 있고 기능적으로 뛰어난 브랜드로 인정받고 있었지만 시대에 뒤처져 있다는 인상을 지울 수가 없었다. 아디다스는 조깅 열풍도 뒤늦게 알아차렸고, 이어진 에어로빅 붐도 제때에 감지하지 못했다. 뒤늦게 조깅과 에어로빅 붐에 대응하려 했지만 아디다스 브랜드는 이미 매력을 상실한 뒤였다.

리복의 급습

리복은 1890년대에 영국의 육상선수 출신인 조셉 윌리엄 포스터Joseph William Foster가 수제 운동화를 만드는 회사를 만들면서 출발했다. 포스터는 스파이크가 박힌 운동화를 만들었는데, 영화 〈불의 전차Chariots of Fire〉의 실제 인물인 영국의 올림픽 대표 육상 선수 해럴드 에이브러햄스Harold Abrahams와 에릭 린델Eric Lindell이 그의 스파이크 운동화를 신고 1924년 파리 올림픽에서 우수한 성적을 거두기도 했다. 리복이라는 회사 이름은 아프리카 대륙에서 가장 빠른 동물로 알려진 리복Rhebok에서 따온 것이다.

영국 회사인 리복이 미국 시장에서 두각을 나타내기 시작한 것은 1980년대 들어서였다. 스포츠 용품 유통업자인 폴 파이어만Paul Fireman은 1979년에 리복의 북미 판매권을 손에 넣고 리복의 운동화를 세상에 알렸다. 5년 뒤인 1984년, 폴 파이어만은 영국 본사를 인수하고 1985년에 회사를 '리복 인터내셔널'이라는 이름으로 뉴욕 증권가에 상장했다.

리복은 나이키, 아디다스와는 차별화하면서 성장했다. 나이키와 아디다스가 육상, 축구 등 전통적으로 인기 있는 스포츠 종목을 중시할 때 리복은 에어로빅, 요가, 댄스와 같은 새로운 시장을 개척했던 것이다.

1970년대 후반부터 1980년대 초반 사이에 미국에서는 에어로빅 열풍이 불었다.[68] 에어로빅의 전도사는 영화배우 제인 폰다Jane Fonda였다. 그녀는 샌프란시스코에 스튜디오를 마련해 자신의 에어로빅 영상물을 비디오테이프로 제작해 출시했을 뿐만 아니라 자신의 운동 비법을 담은 《아이 필 굿I Feel Good》이라는 책을 내기도 했다. 리복을 신고 출연한 제인 폰다의 에어로빅 비디오테이프는 무려 3,500만 달러의 매출을 기록했다.

에어로빅에 심취한 여성들은 보다 가벼운 스포츠화를 원했다. 하지만 나이키와 아디다스는 남성 중심의 제품에 초점을 맞추었기 때문에 이러한 트렌드에 무심했다. 반면에 리복은 가볍고 활동성이 뛰어난 여성 전용 스포츠화를 지속적으로 출시해 오며 여성 소비자를 주목하던 중 1982년에 여성 전용 에어로빅 운동화 '프리스타일Free style'을 선보였다. 이 제품을 내놓으면서 리복은 나이키와 아디다스를 단숨에 따라잡았다. 뿐만 아니라 리복은 패션모델 신디 크로포드Cindy Crawford, 가수 폴라 압둘Paula Abdul, 영화배우 시빌 셰퍼드Cybill Shepherd 등 육감적인 몸매를 자랑하는 연예인들을 모델로 기용하면서 여성 레저 스포츠 시장을 더욱 확대했다. 특히 시빌 셰퍼드는 이브닝드레스에 밝은 오렌지색 리복 운동화를 신고 에미상 시상식에 모습을 드러내기도 했다. 리복은 운동화에 기능성을 갖춘 신발이라는 인식 외에 패션 도구라는 개념까지 덧붙인 것이었다. 부드럽고 유연한 가죽과 대담하고 다양한 색깔의 편안한 운동화를 지속적으로 출시한 리복은 스타일에 민감한 여성 소비자를 완전히 사로잡았다.

리복의 1983년 매출은 1,280만 달러였다. 그런데 4년 뒤인 1987년에는 매출이 14억 달러로 늘어났다. 이로써 나이키, 아디다스를 제치고 세계 1위 스포츠 브랜드로 자리매김했다. 1980년대 말부터 리복은 글로벌 브랜드로서의 입지를 다지며 170여 개 국가로 수출 범위를 확산했다. 이러한 흐름은 1990년대까지 이어졌다.

1970년대에 아디다스가 조깅 열풍을 감지하지 못하고 나이키에 밀렸던 것처럼, 이번에는 나이키가 에어로빅 열풍과 여성 소비자의 니즈를 파악하지 못한 채 리복에게 1위 자리를 내주었다. 나이키는 스포츠 용품 시장의 새로운 수요층인 여성 소비자를 간과하는 실수를 저질렀던 것이다.[69]

나이키의 반격

고전하던 나이키는 1990년대 들어 '스타플레이어 마케팅'으로 시장 1위 자리를 되찾았다. NBA의 스타 마이클 조던Michael Jordan을 모델로 활용한 신상품 '에어 조던' 시리즈가 마이클 조던의 경이적인 경기력과 함께 전 세계적으로 대히트를 친 것이다. 나이키는 이어서 골프의 타이거 우즈Tiger Woods, 테니스의 마리아 샤라포바Maria Sharapova, 미식축구의 제리 라이스Jerry Rice 등을 내세운 공격적인 마케팅으로 결국 리복을 침몰시켰다.

나이키가 광고와 마케팅에 막대한 자금을 투입하고 마이클 조던을 비롯한 초일류 운동선수들을 후원하며 브랜드 이미지를 높이는 동안 리복은 이에 제대로 대응하지 못했다. 뒤늦게 리복 역시 농구선수 샤킬 오닐Shaquille O'neal을 전면에 내세워 샤크 어택을 내놓았지만, 10대를 겨냥한 제품임에도 130달러에 달하는 높은 가격과

마이클 조던. 뒤편에 에어 조던 시리즈의 로고가 보인다.

당시 유행하던 검정색 대신 제품을 흰색으로 만들면서 소비자들로부터 외면을 당했다. 리복이 후원한 선수들의 성적이 나이키가 후원한 선수들에 미치지 못한 것도 매출 부진의 요인이었다. 결국 리복은 2006년, 아디다스에 35억 달러에 매각되는 굴욕을 겪는다.[70]

앞서 밝힌 대로 나이키가 시장을 장악할 수 있도록 결정적인 도움을 준 스타는 역사상 가장 위대한 농구선수로 꼽히는 마이클 조던이다. 조던이 시카고 불스Chicago Bulls에서 뛰는 동안 1980년대 내내 득점왕을 차지하고 1990년대 초반과 중반 두 차례에 걸쳐 리그 3연패를 달성하며 전설로 자리매김하는 동안 조던의 시그니처 운동화 에어 조던을 앞세운 나이키도 눈부시게 성장했다.

1985년 처음 선보인 에어 조던 시리즈는 신제품이 나올 때마다 전 세계적인 인기몰이를 했다. 인기 스타의 이름을 붙인 상품 자체가 생소하던 시절에 다른 농구화에 비해 2~3배 높은 가격을 매긴 에어 조던 시리즈가 날개 돋친 듯 팔려 나가는 것을 지켜본 경쟁 업체들은 큰 충격에 휩싸였다.

농구화는 당연히 하얀색이라는 당시의 편견을 깨고 검은색, 빨간색을 활용하여 과감하게 디자인한 것도 에어 조던의 인기에 일조했다. NBA는 다른 선수들과 색깔이 다른 농구화를 신고 경기에 나서지 못한다는 규정을 두고 있었다. 하지만 천문학적인 금액을 벌어들이는 스타였던 조던은 시합 때마다 벌금을 내 가며 에어 조던 농구화를 신고 출전했다. 전 세계로 중계된 그의 경기를 통해 나이키가 얻은 광고 효과는 조던이 낸 벌금과 비교할 수 없을 정도

나이키의 에어 조던 운동화

로 컸음은 두말하면 잔소리다.

스타플레이어 마케팅과 함께 나이키의 반격에 큰 역할을 한 것은 광고 카피였다. 우리말로 번역하자면 '그냥 해 봐'라는 뜻인 '저스트 두 잇Just Do It'은 나이키라는 브랜드를 떠올릴 때 자연스럽게 연상되는 광고 문구이자 나이키 정신을 상징하는 슬로건이다.[71]

'Just Do It'은 1988년에 처음 선보였다. 당시 나이키는 에어 조던 시리즈를 출시하면서 어느 정도 시장 점유율을 높여 가고 있었지만 여전히 리복에 밀리고 있었다. 이 무렵 광고대행사 위든 플러스 케네디Wieden+Kennedy의 설립자 댄 위든Dan Wieden은 엉뚱하게도 악명 높은 살인마 게리 길모어가 처형당하기 직전에 남긴 마지막 말 "렛츠 두 잇Let's Do It"에서 영감을 받아 나이키에 이 슬로건을 제안했다. 나이키는 제품을 조명하는 대신 제품을 사용하는 사람들을 보여 준 뒤 'Just Do It'이라는 문구를 내보내어 도전정신을 고취하는 광고를 제작했다.[72] 광고의 말미에 검은 화면에 강렬한 하얀색 글자로 나타난 이 문구는 큰 반향을 불러일으켰다. Just Do It은 광고 전문지 《애드버타이징 에이지Advertising Age》가 선정한 20세기 최고의 광고 슬로건 톱 5에 뽑히기도 했다.

아디다스의 부활

나이키와 리복의 연이은 급성장 속에 고전을 면치 못했던 아디다스는 2000년대 들어 반격에 나섰다. 사실 기능과 실용성 면에서 아디다스 제품은 경쟁사에 결코 뒤지지 않았다. 오히려 트렌드를 외면한 채 기능과 실용성만을 추구해 온 아디다스의 오랜 고집이 족쇄가 되었던 것이다.

아디다스는 'Forever Sports'를 광고 카피로 내세워 왔다. '스포츠는 영원하다'는 의미의 이 카피는 스포츠 경기에서 성적 향상을 꾀하는 의지와 기능성을 중시하는 아디다스의 철학을 드러낸다. 그런데 아디다스는 오랫동안 자사의 정체성을 드러내 온 이 광고 문구를 폐기하고 2004년부터 '불가능, 그것은 아무것도 아니다 Impossible is nothing'라는 문구를 내세우기 시작했다.[73] 그리고 같은 해에 무하마드 알리와 그의 딸 라일라 알리 Laila Ali가 시간을 초월하여 같은 링에서 복싱 대결을 벌이는 광고를 내보냈다. 무하마드 알리의 전성기 때 경기 장면과 라일라 알리의 복싱 장면을 합성한 이 광고는 큰 화제가 되었고 시청자들 사이에 큰 울림을 일으켰다.

> 불가능은 사실이 아니다. 의견일 뿐이다. 사람들은 '여자는 복싱을 할 수 없다'고 말했다. 나는 그들의 말을 믿지 않았고 해냈다.

나는 링에 섰다. 내 아버지 알리의 목소리가 들린다. 싸워라, 내 딸! 넌 할 수 있다.

불가능, 그것은 아무것도 아니다.

아버지와 딸이 수십 년의 시간차를 넘어 같은 링 위에서 뛰는, 불가능하다고 생각했던 일이 광고 속에서 이루어지는 것을 보며 시청자들은 아디다스의 메시지에 고개를 끄덕였다. 이 캠페인성 광고는 오랜 시간 제품의 기능성에만 매달렸던 아디다스의 변신을 보여 주는 신호탄이었다. 그리고 이 광고를 내보낸 뒤 아디다스는 마치 퇴물 복서가 재기에 성공하듯 스포츠 용품 시장에서 기적적으로 부활했다.

2006년에 아디다스는 리복을 인수했다. 기능성에 강점을 지닌 아디다스와 트렌드 중심의 제품 개발에 강점을 지닌 리복의 결합은 기술과 디자인 역량을 공유함으로써 나이키와 겨루기 위한 전략적인 합병이었다. 이후 아디다스는 스포츠 용품과 패션 아이템을 결합하는 혁신에 성공함으로써 시장 점유율을 회복하며 나이키와 세계 시장을 양분하게 되었다.

일단 시작하라고 자극하고 불가능은 없다며 용기를 북돋우는 나이키와 아디다스의 슬로건은 스포츠계의 수많은 전설적인 에피소드, 스타와 어우러져 지구촌 소비자에게 꿈과 희망을 심어 주는 데 성공했다. 이러한 일이 기업 이미지를 드높이고, 또 두 회사는 다시 소비자를 감동시키는 이벤트와 스토리를 선사하는 선순환이 이어지고 있다. 그것은 단순한 운동화를 도전과 열정의 아이콘으로 상징화하는 것에 성공한 데 따른 보상이기도 하다.

나이키에 맞서는 언더아머

2014년 7월 미국의 한 컨퍼런스에 참가한 이재용 삼성전자 부회장이 언더아머 로고가 박힌 셔츠를 입고 등장하여 화제가 된 적이 있다. 당시 이 부회장은 언더아마의 CEO 케빈 플랭크Kevin Plank를 만나 사업 협력을 논의한 것으로 알려졌다.[74]

언더아머는 주로 대학이나 프로 구단의 선수들이 유니폼으로 입는 스포츠웨어다. 나일론 느낌의 윤기 나는 재질의 옷감이 특징이다. 언더아머는 현재 연간 매출이 우리 돈으로 2,000억 원 정도로, 나이키나 아디다스와는 비교할 수 없지만 미국 시장의 점유율을 높여 가며 빠른 속도로 성장하고 있다. 지난 5년 동안 주가가 1,025퍼센트나 올라 현재 시가 총액은 약 140억 달러에 이른다.

언더아머는 1996년 메릴랜드 대학교의 미식축구팀 출신인 케빈 플랭크가 기능성 셔츠를 만들기 위해 설립했다. 케빈 플랭크는 고교 시절 낙제생이자 싸움꾼이었다. 유복한 집안에서 태어나 명문 사립학교인 조지타운 고등학교에 진학했지만 2학년 때 큰 말썽을 일으켜 퇴학을 당했다. 그 뒤 학교를 옮겨 미식축구 선수로 활약하며 겨우 학업을 마쳤다. 메릴랜드 대학교에 진학해 선수 생활을 이어 갔지만 성적은 신통치 않았다. 그는 오히려 사업에서 두각을 나타냈다. 대학 시절에 '큐피드의 발렌타인'이란 이름의 장미를 팔아 1만 7,000달러를 벌었는데, 이것이 언더아머의 창업 자금이 되었다.

케빈 플랭크가 회사를 세운 데에는 미식축구 선수 시절의 경험이 바탕이 되었다. 선수 시절, 그는 하루 동안의 연습 시간에 셔츠를 세 번이나 갈아입었다고 한다. 이때 그는 땀에 흠뻑 젖은 셔츠가 경기력 저하의 원인이 된다는 사실을 깨닫게 되었다. 면 재질의 운동복은 착용감이 좋고 친환경적이었지만 섬유 조직이 땀을 많이 머금어 무거워지고 거추장스러워지는 단점이 있었다. 나일론, 폴리에스테르 등의 합성 섬유는 땀을 흡수하는 기능이 너무 떨어져서 문제였다.[75]

케빈 플랭크는 선수 시절의 경험을 바탕으로 땀에 젖지 않는 의류 소재를 연구하기 시작했다. 땀을 잘 배출하는 새로운 기능을 가진 운동복을 만들고 싶었던 것이다. 그는 각고의 노력 끝에 현미경으로 들여다보아야 볼 수 있는 미세한 홈을 합성 섬유의 표면에 만드는 것에 성공했다. 그리고 이 홈의 모양에 따라 제각각 다른 이름을 가진 기능성 섬유를 만들었다. 케빈 플랭크의 기능성 섬유는 표면의 홈에만 땀이 맺히기 때문에 쉽게 마르고 통기성도 뛰어났다. '기능성 의류'라는 블루오션을 개척한 것이다.

사업 초기에는 홍보와 판로 부족으로 애를 먹었다. 부도 위기

언더아머 의류를 입고 인터뷰를 하는 테니스 스타 앤디 머레이

에 처하기도 했다. 케빈 플랭크는 직접 대학을 찾아다니며 조금씩 판로를 개척해 나갔다.

언더아머의 가장 큰 특징은 기술력을 바탕으로 고품질을 추구한다는 점이다. 언더아머의 초기 제품 카테고리는 운동화나 스포츠 의류가 아니라 운동복 속에 입는 기능성 의류였다. 나이키와 경쟁사들이 마케팅을 통해 브랜드 이미지를 부각시키는 광고 전쟁을 벌이는 동안 언더아머는 '땀 흡수'라는 구체적인 기능을 제시하며 제품의 차별화를 시도했다.

언더아머의 또 다른 특징은 하키와 미식축구 등 몸싸움이 격렬한 경기 종목과 관련한 제품을 선보임으로써 강한 이미지를 형성했다는 점이다. 군인들이 군복 속에 입는 의류라는 소문이 퍼지면서 이러한 이미지는 더욱 강해졌고, '갑옷armour'이라는 뜻의 브랜드명도 한몫했다.

나이키는 스포츠 브랜드의 골리앗이다. 언더아머의 연 매출은 2,000억 원으로 나이키의 연 매출 13조 원과는 비교가 되지 않는다. 하지만 나이키는 언더아머를 경쟁자로 인식하고 있는 듯하다. '드라이 핏Dri Fit'이라는 기능성 소재를 개발한 사실과 그동안 스피드 스포츠의 경기복에만 활용하던 기술력을 언더웨어에 적용하기 시작한 것을 보면 나이키가 언더아머의 성공에 주목하고 있다는 사실을 알 수 있다.

기능적인 우수함에 강렬한 남성성을 더한 무기를 내세워 나이키에 도전하는 언더아머의 행보가 어디까지 이어질지는 아직 알 수 없다. 하지만 스포츠 의류를 넘어 더욱 다양한 스포츠 용품으로 범위를 확대한다면 나이키와 아디다스는 강력한 신생 라이벌과의 일전을 준비해야 할 것이다.

CHAPTER • 9

명품을 향한 노력? 아니, 레몬을 레몬레이드로!

: 렉서스의 미국 시장 상륙 작전

How to Lead

- 도요타 렉서스가 취한 전략을 미국 자동차 회사들이 쇠락한 이유와 비교하면서 살펴보라.
- 도요타는 미국인들이 자사에 대해서 가진 선입견을 어떻게 극복했는가?
- 고객으로 하여금 제품의 품질과 성능을 제대로 알게 하는 방법은 무엇인가?
- 기업의 실적이 뛰어날 때 찾아오는 함정은 무엇인가?
- 기업의 윤리와 기업의 영속성은 어떤 관계가 있는가?

1970년대까지만 해도 미국 시장에서 '싸구려' 이미지가 강했던 일본 자동차는 오일쇼크 동안에 기름을 덜 먹는 소형 자동차를 중심으로 약진을 거듭했다. 그러던 중 일본의 자동차 기업 도요타는 명품 고급 승용차로 미국 시장, 나아가 전 세계 시장을 공략하겠다는 야심찬 계획을 세운다. 렉서스의 성공 신화는 이렇게 시작되었다. 미국 자동차 회사들이 방만한 경영에서 헤어나지 못할 때, 독일이 기술력과 품질의 자만에 빠져 있을 때, 일본의 다른 자동차 회사들이 타깃을 설정하지 못한 채 헤매는 동안 렉서스는 소비자와 고객이 원하는 것을 정확하게 파악하고 사소한 부분까지도 만족감을 주는 자동차를 기술력과 서비스로 실현해 냈다. 렉서스의 승리, 그것은 고객을 중심에 둔 기술과 서비스의 승리였다.

벤츠, BMW, 샤넬, 버버리, 할리 데이비슨, 루이비통…… 명품을 대표하는 브랜드들이다. 명품 브랜드는 시장에 나온 다른 브랜드와는 다르고different, 품질이나 디자인이 뛰어나며better 특별하다special. 이런 명품은 쉽게 만들어지지 않는다. 하나의 브랜드가 명품이 되기 위해서는 시간과 역사가 필요하다. 대부분의 명품 브랜드가 100년의 역사를 갖고 있다.

그런데 1980년대에 한 일본 회사가 명품 자동차를 만들겠다고 선언했다. 1960년대까지만 해도 일본에서 만드는 제품은 싸구려 이미지가 강했다. 이 일본 회사는 한때 미국에 자동차를 수출하기도 했지만, 결국에는 판매 부진으로 철수해야만 했다.

이 회사가 도요타다. 그리고 이들이 만든 명품 브랜드가 렉서스Lexus다. 렉서스는 현재 미국 자동차 시장에서 가장 핫한 이슈가 되었다. 이들은 어떻게 명품 브랜드를 만들어 냈을까? 비슷한 고급 차종을 생산하던 벤츠와 BMW는 당시에 어떻게 대응했을까?

도요타, 미스 저팬을 태우고 미국 시장에 진출하다

도요타는 제2차 세계 대전 동안 일본 군부로부터 군용 트럭을 주문받아 만들면서 성장했다. 도요타가 승용차에 눈을 돌리게 된 것은 일본이 패전하면서부터다. 1950년 도요타는 부도를 맞기도 했지만 한국전쟁 특수로 간신히 살아났다. 그 뒤부터 자동차 개발에 본격적으로 나섰다.

당시 일본 통산성은 자국의 자동차 산업을 보호하기 위해 외국에서 수입하는 자동차에 40퍼센트의 관세를 부과하고 있었다. 하지만 일본에 차를 수출하는 국가들은 관세를 내리라고 압박하고 있었기에 계속해서 관세를 높게 부과할 수는 없었다. 상황은 도요타에게 불리하게 돌아갔다. 일본 운수성도 도요타에게 비우호적이었기 때문이다. 운수성은 국제 경쟁력이 없는 일본 자동차 제조 업체에 대한 과보호를 반대했다. 일본의 자동차 제조 업체는 트럭 생산에 전념하고 경쟁력이 없는 승용차는 수입해야 한다는 입장을 취했다. 이들의 생각은 이랬다. '일본 자동차 메이커는 자기 회사의 이익만을 생각하고 있다. 외제 자동차에 비해 기술력이 떨어지고 고장이 잦은 차를 파는 것은 소비자를 우롱하는 짓이다.'

도요타 자동차는 일본 산업의 '미운 오리 새끼'였다.

자동차 시장 개방에 대한 논란은 의회 청문회로 불거졌다. 당시 도요타의 사장은 의회 청문회에 출석하여 "도요타는 반드시 여러분이 만족할 만한 승용차를 만들어 보이겠습니다. 조금만 기다려 주십시오. 의원님도 장래에는 반드시 도요타의 고객이 될 것입니다."라고 말했다.

그때까지만 해도 일본의 자동차 기술은 미국에 10년가량 뒤처져 있었다. 이 격차를 줄이기 위해서는 외국의 기술을 도입해야 한다는 의견이 팽배해 있었다. 하지만 도요타는 1955년에 자체 기술로 최초의 성공작이라 할 수 있는 크라운Crown을 생산해 냈다. 그러나 당시 대부분의 일본인은 자가용 승용차를 소유할 만한 경제적 여유가 없었다. 대신 크라운은 곧 일본에서 가장 높은 판매량을 올린 택시 모델이 되었고, 이를 통해 도요타는 어느 정도 몸집을 키울 수 있었다.

1957년에 이르러 연 8만 대의 생산 능력을 갖춘 일본 최대의 자동차 기업으로 성장한 도요타는 세계 시장으로 눈길을 돌린다. 1.5리터 엔진을 장착한 크라운이 미스 저팬을 태우고 미국 시장에 진출했다. 하지만 크라운은 광활한 미국의 고속도로에서 속도를 내지 못하고 털털거리다가 주저앉아 버리기 일쑤였다. 도요타는 소리 소문 없이 미국에서 철수해야 했다. 도요타의 첫 번째 미국 시장 진출은 이렇게 막을 내렸다.

이후 일본 자동차는 GM이 지배한 미국 자동차 시장에서 소형차와 트럭을 수출하며 근근이 명맥을 유지했다. 그러다가 1970년대 오일쇼크가 닥쳤을 때 기름을 많이 먹는 미국 자동차의 대안으로 일본의 소형차가 각광을 받기도 했다. 이런 가운데 도요타는 명품 자동차로 세계 시장을 공략하겠다는 'F1 Flagship One 프로젝트'를 수립하고 은밀하게 추진하기 시작했다. 렉서스 성공 신화의 시작이었다.[76]

보보스의 마음을 훔치다

1985년 5월, 도요타 본사의 제품기획실, 상품기획실, 디자인실 등의 부서에서 차출한 20여 명의 외인부대가 한 팀으로 꾸려졌다. 이들은 곧 미국으로 파견되어 뉴욕, 마이애미, 덴버, 휴스턴, 로스앤젤레스, 샌프란시스코 등의 대도시를 돌며 자동차에 대한 미국인의 생각과 의견을 수집했다. 이들이 미국으로 건너간 이유는 '미국인을 모르면 미국 아이를 가질 수 없다'는 판단에서였다. 이들의 활동은 철저하게 비밀에 부쳐졌다. 이들은 한 달 이상 미국에서 머물며 미국 부유층이 원하는 고급 자동차에 대한 자료를 모으고 분석했다.

먼저 이들은 벤츠, BMW, 아우디Audi, 볼보Volvo와 같은 고급 자동차를 운전하는 사람들을 모아서 심층 인터뷰를 진행했다. 인터뷰에 응한 사람들은 유럽 자동차에 대해서는 '절제된 사치스러움'이라고 평가했지만, 일본 자동차에 대해서는 '성공한 사람이 타는 차의 이미지는 아니다'라는 부정적인 의견을 내놓았다. 하지만 이 심층 인터뷰를 통해서 'F1 팀'은 한 가지 새로운 가능성을 찾아냈다. 바로 '보보스Bobos'였다.

보보스는 미국의 저널리스트 데이비드 브룩스David Brooks가 자신의 저서 《보보스Bobos in Paradise》에서 처음 사용한 말이다. 보보스란 도시에 사는 20대 후반에서 40대 중반의 부유층으로, 부자를 뜻하는 부르주아Bourgeois와 보수적 가치에 얽매이지 않는 보헤미안Bohemian의 합성어다. 이들은 스스로 부를 일군 신흥 부유층으로, 전통이나 기존 관습에 얽매이지 않고 실질적이고 실용적인 가치를 추구한다. 과거 엘리트 계층은 성실함과 근면함, 신뢰 같은 덕목을 중시했지만, 보보스는 자신이 얼마나 재미있고 자유로운 정신의 소유자인지를 드러내고 싶어 한다. 보보스 스타일은 기업 문화도 바꾸어 놓았다. 이전의 사무실 근로자들은 와이셔츠와 정장 차림 일색이었지만, 보보스는 넥타이 매는 것을 꺼리고 편안한 셔츠 차림을 즐겼다.

도요타 F1 팀의 인터뷰에 응한 사람은 세 가지 부류로 확연하게 갈라졌다. 첫 번째 부류는 나이가 많고 고등 교육을 받지 않은 사람들로 그들은 캐딜락과 링컨Lincoln 같은 미국 자동차를 선호했고 외제 자동차 타는 것을 부담스러워했다. 두 번째 부류는 고등 교육을 받은 부유층으로 이들은 BMW를 선호하고 자신이 고급 자동차를 갖고 있다는 사실을 과시하고 싶어 했다. 마지막 부류는 주로 벤츠를 타고 다녔는데, 자신의 부를 과시하기보다는 자동차의 안정성과 유지 문제에 더 관심이 많았다. 이들은 고급 자동차가 고장이 적고 유지 보수가 쉬우며 훌륭한 서비스를 받을 수 있다고 생각했다.

세 번째 부류의 사람들이 바로 보보스였다. 다른 이의 시선을 신경 쓰지 않고 자신의 라이프 스타일을 중요시하는 사람들이었다. 이들은 지적인 이미지를 풍기고, 단단한 느낌에 연비가 좋으며, 독일 자동차처럼 기능을 겉으로 드러내지 않고 안으로 감싸 안은 자동차를 선호했다. 이들의 생각에 가장 부합하는 차가 바로 벤츠였다. 도요타 F1 팀은 이 세 번째 부류의 사람을 타깃으로 잡았다.

도요타의 팀원들은 보보스의 라이프 스타일을 알아야 했다.

그래서 이들은 자신들이 준비하고 있는 고급 승용차를 구입하게 될 미래 고객들이 어떤 생활을 하고 있는지 면밀하게 조사하기 시작했다. 휴일이면 고급 주택가를 찾아가 보보스의 생활을 카메라에 담았다. 고급 승용차를 타고 다니는 사람들이 즐겨 찾는 극장에서 오페라나 음악회, 공연을 감상하고 멋진 레스토랑에서 식사를 하면서 그들의 생활을 체험하고 그들의 문화를 이해하려 노력했다. 또 레스토랑을 찾는 사람들이 어떤 고급 승용차를 가장 많이 타고 오는지 알아보기 위해 오랜 시간 주차장을 지켜보고 있기도 했다. 주차 요원들이 멋지고 값비싼 자동차는 주차장 입구 가까운 곳에 세우고 그렇지 않은 차는 입구에서 멀리 떨어진 곳에 팽개치듯 주차하는 것도 지켜보았다. 쇼핑센터, 부티크, 자동차 판매점, 골프장으로 찾아가 부유층이 원하는 서비스에 대해 묻고 또 물었다. 팀원들은 동부 롱아일랜드서부터 서부 비벌리힐즈까지의 고급 주택가를 훑고 다니며, 미국 부유층의 의식 저변에 유럽을 향한 동경이 깔려 있다는 사실을 알아냈다. 치밀한 분석 덕분에 처음에는 막연하기만 했던 고급 자동차의 이미지가 차츰 틀을 잡아 갔고, 고객층의 윤곽도 선명해졌다. 세련된 취향과 절제된 고급스러움을 만족시킬 수 있어야 했다.

도요타의 렉서스 개발은 이 같은 고객 분석에서부터 시작되었다. 기존 고급 자동차의 단점으로 지적된 소음과 진동을 최대한 줄여야 했고, 딜러와 서비스센터의 고객 만족도를 높여야 했다. 또 경제적으로 성공하고 전통과 관습에 얽매이지 않는 사람들의 차라

2010년 파리 모터쇼에서 선보인 렉서스 LFA

는 브랜드 이미지를 만들어야 했다. 가격 정책도 전략적으로 실행했다. 성능은 6만 달러대의 벤츠 이상으로 높지만 가격은 3만 3,000달러 정도로, 캐딜락이나 링컨보다 1만 달러 정도 비싼 차를 만들기로 한 것이다. 이는 생산 원가와 비용을 바탕으로 가격을 책정하는 것이 아니라 수요층에게 적합한 가격을 먼저 수립하고 생산 비용을 거기에 맞추는 획기적인 전략이었다.

완벽을 향한 끊임없는 도전

스즈키 이치로鈴木 一郞, Suzuki Ichiro가 도요타에 입사한 때는 한국전쟁이 일어난 1950년이었다. 그는 입사하자마자 차체 조립부에 배치되었다. 그는 자동차 엔진에 관심이 많았기에 자신이 맡게 된 일에 낙담했다. 입사 동료들이 엔진의 피스톤 움직임을 측정하는 동안 그는 차체가 잘 조립되었는지 확인하는 일을 해야 했다.

스즈키 이치로는 차체 조립에 평생을 바친 자신의 직속상관을 뛰어넘어 전무를 직접 찾아가 부서를 옮겨 줄 것을 요청했다. 직급과 절차를 무시하고 이런 행동을 한다는 것은 보수적인 일본의 기업 문화에서는 좀처럼 있을 수 없는 일이었다. 하지만 전무는 스즈키에게 1년 동안 열심히 일하면 그때 다른 부서로 옮겨 주겠다는 제안을 했다. 그는 이 제안을 받아들였고 그로부터 30년 뒤 렉서스의 영웅이 된다.

스즈키 이치로는 전무의 제안대로 차체 조립부에서 1년 동안만 일하려고 했다. 그런데 차체 조립부에서 일하는 동안 변속기와 서스펜션, 엔진, 디자인 등을 담당하는 다른 부서의 사람들이 자주 찾아와 그에게 조언을 구했다. 그는 그들의 문의에 답하면서 여러 부서의 의견을 조정하고 통합하는 일을 하게 되었다. 그리고 차체 조립부가 오케스트라의 연주자와 같은 역할을 맡고 있다는 사실을 깨달았다. 1년 뒤 그는 차체 조립부에 남았다. 그렇게 그는 차체 조립 전문가로 성장해 갔다.

35년이 지난 1986년 2월, 도요타의 수석 엔지니어였던 스즈키 이치로는 렉서스 개발팀장으로 발탁되었다. 그리고 그는 쉽지 않은 도전에 직면했다. 더 빠른 속도와 뛰어난 연비, 정숙한 실내를 한 자동차를 통해서 구현해야 했다. 서로 양립하기 힘든 목표를 향한 도전이었다.

렉서스는 최고 시속 250킬로미터를 목표로 삼았다. 벤츠 S 클래스의 최고 시속 240~250킬로미터를 뛰어넘기 위해서였다. 속도를 높이는 가장 효과적인 방법은 엔진의 크기를 키우는 것이다. 하지만 엔진을 크게 만들면 그만큼 차체 중량이 무거워지고 연비가 떨어진다. 소음 역시 잡기 힘들어진다. 특히 렉서스 개발팀은 연비에 집착했다. 그 이유는 연료소비세를 피하기 위해서였다. 미국은 1970년대의 오일쇼크를 겪은 뒤 연료소비세를 도입했다. 이 세금은 연료를 많이 쓰는 대형 자동차를 운전하는 특권을 누리는 대가로 더 많은 세금을 내도록 한 것이다. 연료소비세를 피할 수 있다면 렉서스는 경쟁 모델보다 우위에 설 수 있었다.

방법은 차의 군살을 줄이는 것이었다. 개발팀은 다이어트 방법을 찾았다. 철판보다 가벼운 알루미늄을 채용하자는 의견이 나와서 엔진의 35퍼센트를 알루미늄으로 교체하고 차체의 알루미늄 비율을 높였다. 스즈키 이치로는 3개월에 한 번씩 도면을 재검토하면서 차체 중량을 줄이고자 노력했다. 이러한 노력 덕분에 렉서스는 군살 없이 날씬한 몸을 갖게 되었다. 렉서스의 무게는 1,705킬로그램으로, 1,760킬로그램인 벤츠보다 가벼웠다. 무게를 줄이니 연비가 리터당 9.9킬로미터까지 올라갔다.

스즈키 이치로는 렉서스가 '조용한 차'가 되기를 원했다. 이 역시 만만치 않은 작업이었다. 엔진을 크게 만들면서 공기저항계수를 낮추어야 하는 딜레마를 해결해야 했다. 스즈키 이치로는 공기저항계수를 0.30으로 줄인 차를 만들고 싶어 했다. 스포츠카인 포르쉐의 공기저항계수가 0.32였다. 벤츠 역시 0.30을 깨지 못하고 있었다. 개선에 개선을 거듭했다. 그리고 결국 그들은 해냈다.

디테일의 힘

서양에서 '세부적인 데까지 신경을 쓰라'는 말을 돌려서 표현할 때 '신은 세밀한 부분에 깃들어 있다God is in the details'라고 한다. 렉서스 개발팀은 디테일에서도 승부를 걸었다.

손잡이 하나에도 신경을 썼다. 자동차 뒷좌석에 앉은 사람은 차가 흔들릴 때 창문 위의 손잡이를 잡고는 한다. 스프링으로 연결되어 있는 이 손잡이는 대개 손으로 잡으면 내려오고 놓으면 원래의 위치로 돌아간다. 렉서스 팀은 손잡이에 진동을 흡수하는 댐퍼damper를 장착해 손잡이를 놓아도 '탁' 소리를 내면서 올라가지 않고 서서히 제 위치로 돌아가도록 만들었다. 또 컵 받침대는 손가락을 살짝 갖다 대기만 하면 우아하게 미끄러져 나오도록 디자인했다. 오디오, 에어컨의 스위치도 부드러운 느낌으로 작동할 수 있도록 만들었고, 차를 열고 닫을 때 나는 소리도 귀에 거슬리지 않도록 했다.

F1 팀은 자동차의 시트 역시 가만히 두지 않았다. 독일 자동차는 시트가 딱딱한 편이어서 오랜 시간 앉아 있으면 엉덩이가 저리다. 아우토반을 질주하는 독일 자동차는 어느 정도 견고함을 갖추어야 하기 때문에 그럴 수밖에 없다. 하지만 도요타의 F1 팀은 미국인들이 부드러운 승차감을 좋아한다는 사실을 알고 있었다. 그래서 부드러운 승차감을 느낄 수 있는 시트를 개발하는 데 주력했다. 시트 재료의 품질 기준을 마련하고 바늘땀의 횟수까지도 꼼꼼하게 신경을 썼다.

고급 자동차의 중요한 요건 중 하나는 시간이 지날수록 애착이 가야 한다는 점이다. 오래 갖고 있어도 처음 구입할 때의 감동이 그대로 남아 있어야 하는 것이다. 이런 감동은 내구성을 높이는 것에서 시작된다. 스즈키 이치로는 "8년 뒤에도 녹슬지 않고 차체가 덜커덕거리지 않으며 도장이 퇴색되지 않는 차를 만들어 주십시오. 중고 시장에서도 제값을 받을 수 있는 차가 되어야 합니다"라며 팀원들을 독려했다.

렉서스가 개발되기 전까지만 해도 일부 도요타 자동차는 오래 사용하면 도금 광택의 빛이 바래지고 얼룩이 생기는 경우가 더러 있었다. 이 문제를 해결하기 위해 렉서스 개발팀은 크롬 두께를 8배 높이고 스테인리스 부분도 크롬으로 도금 처리했다. 차내 인테리어 부품들이 햇볕에 빛이 바래는 것을 막기 위해 열반사 유리를 부착시켜 햇볕 아래에 오랫동안 세워 놓는 실험을 하기도 했다. 또 개발 단계의 렉서스를 애리조나 사막 지대와 플로리다의 고온다습한 지대로 몰고 나가 직사광선에 노출시킨 상태에서 내구성 실험을 반복하며 자동차의 노화 방지에 최선을 다했다.

어떤 물건을 만들 때 디테일에 천착해 제품을 차별화하는 것은 일본 기업 문화의 특징이다. 오랜 시간 동안 이어져 온 집단주의의 전통 속에서 자기주장과 감정 표현을 꺼리면서도 살짝 드러나는 미세한 차이를 통해 자신을 드러내는 그들만의 관습과 철학이 '메이드 인 저팬'에서도 그대로 드러난다. 렉서스 개발팀은 일본 특유의 섬세함과 야무진 끝마무리를 통해 디테일의 힘을 보여 주고자 했다.[77]

요부의 이름 가질 뻔했던 렉서스

미국 드라마 〈다이너스티 Dynasty〉는 1981년부터 1989년까지 10년 가까이 방영되며 1980년대 미국의 거실을 점령했다. 이 드라마는 요즘 한국 드라마의 대세인 '막장 드라마'의 원조 격이라고 할 수 있다. 중년의 원숙미를 한껏 과시한 린다 에반스와 조앤 콜린스의 대결이 시청자의 눈과 마음을 사로잡았다. 특히 드라마에서 럭셔리한 옷차림을 선보이며 유행을 선도했던 조앤 콜린스는 도도한 요부 이미지로 악명(?)을 떨쳤다. 1986년, 도요타가 고급 자동차의 브랜드 이름을 짓기 위해 미국 현지 법인에서 비밀회의를 가질 당시 〈다이너스티〉의 인기는 하늘을 찌를 듯했다.

비밀회의에서는 새로 만드는 고급 자동차에 '도요타'라는 브랜드를 쓰지 않는다는 원칙을 세웠다. 일본 자동차에 대해 갖고 있던 미국인들의 선입견을 없애기 위해서였다. 도요타는 그동안 미국 시장에서 중저가 위주의 자동차를 판매해 왔다. 이러한 이미지에서 벗어나기 위해서는 새로운 브랜드 이름이 필요했다.

도요타 브랜드를 쓰지 않는 또 다른 이유는 상당수 미국인이 도요타를 트럭 만드는 회사로 인식하고 있기 때문이었다. 도요타는 미국 소형 픽업트럭 시장의 점유율을 높이기 위해 그동안 대대적인 광고를 해 왔다. 당시에 미국은 일본 자동차를 수입하는 것에 제한을 가하고 있었다. 하지만 미국 자동차 회사의 경쟁력이 높았던 트럭에 대해서는 수입에 제한을 두지 않았다. 도요타는 이 틈을 비집고 들어갔다. 미국 시장을 향한 광고비의 60퍼센트를 트럭 홍보와 마케팅에 쏟아부었다. 때문에 대부분의 미국인이 도요타를 트럭 만드는 회사로 알고 있었다. 도요타는 자사가 미국 시장에서 가진 픽업트럭의 블루칼라 이미지를 쇄신할 것이 아니라 아예 새로운 브랜드를 만들어 승부하고자 했다.

어느 조직이나 임원들은 요구 사항이 많다. 도요타의 고위 임원들도 그랬다. 그들은 "새 자동차의 브랜드 이름은 우아하지만 연약해 보이지 않고, 대담하지만 뻔뻔해 보이지 않으며, 고급스럽지만 새침하게 느껴지지 않아야 한다"고 요구했다. 도요타 실무진은 200여 개의 브랜드 이름 가운데 최종적으로 남은 5개의 이름을 놓고 비밀회의를 가졌다. 후보는 알렉시스, 벡터, 베론, 칼리버, 차파렐이었다. 회의 참가자들의 의중이 '알렉시스Alexis' 쪽으로 거의 기울었다. 임원진의 요구를 반영하고 있다는 이유였다. 그리고 드디어 알렉시스가 최종적으로 채택되려는 순간, 드라마 〈다이너스티〉를 즐겨 보던 한 마케팅 담당자가 벌떡 일어나 "알렉시스는 〈다이너스티〉에 나오는 미친 여자 이름이 아닙니까?"라고 소리쳤다. 〈다이너스티〉에서 요부 역할을 맡았던 조앤 콜린스의 극중 이름 '알렉시스'였다.

회의장은 한 순간에 침묵으로 빠져들었다. 그때 회의에 참석하고 있던 한 사람이 자신이 끼적여 놓은 낙서에서 섬광 같은 직관을 떠올리고는 알렉시스에서 A를 지운 '렉시스Lexis'를 제안했다. 논의를 거쳐 i를 u로 바꾸었다. 이렇게 해서 최종적으로 새로운 차의 브랜드명은 렉서스Lexus로 결정되었다.

하지만 훗날 자동차 쇼에 선보일 즈음에 브랜드명 때문에 렉서스는 한 차례 곤욕을 치른다. 자동차 쇼에서 나누어 줄 홍보 자료를 만들고 렉서스의 엠블럼 생산까지 마친 상태에서 '렉서스'라는 이름을 사용하지 못한다는 법원의 명령이 떨어진 것이다. 미국의 한 법률 정보 회사가 자기네의 검색 엔진인 '렉시스넥시스LexisNexis'의 브랜드 이름을 렉서스가 도용했다며 사용금지 가처분신청을 낸 것이었다. 이 법률 회사는 "렉서스 브랜드를 쓸려면 15년 동안 1억 달러의 로열티를 내고, 렉서스 광고에 렉시스넥시스와 관련이 없다는 문구를 눈에 띄게 넣어야 한다"고 요구했다. 도요타는 자동차와 인터넷 분야는 서로 동떨어져 있기 때문에 브랜드 저작권 문제가 일어날 여지가 없고 소비자들 역시 두 브랜드를 혼동할 리 없다고 주장하며 법원 결정을 유예해 달라고 탄원했다. 결국 항소 법원은 성인 가운데 렉시스넥시스 브랜드를 아는 경우가 1퍼센트에 지나지 않는다는 이유를 들어 도요타의 손을 들어 주었다.

그런데 이 과정에서 렉서스는 소송에 이긴 것 외에 덤까지 얻었다. 도요타와 법률 회사의 법정 싸움이 언론을 통해 보도되면서 렉서스의 브랜드 인지도가 높아진 것이었다. 그 뒤 렉서스 홍보팀은 렉서스라는 이름에 고급스러움을 뜻하는 '럭셔리Luxury'와 법을 뜻하는 라틴어 '렉스Lex'를 합쳐 '럭셔리의 기준'이라는 뜻을 담았다고 소개했다.

영혼을 울릴 뿐 다른 진동은 없다

1989년, 드디어 렉서스가 미국 시장에 첫 선을 보였다. 도요타 크라운이 미국 시장에서 참패한 뒤 30년 만의 도전이었다.

렉서스는 승차감이 좋고 운행 중에 소음이 거의 없다는 호평을 받았다. 제품 자체의 완성도가 뛰어났던 덕분이지만 첫 모델인 LS400의 광고도 큰 역할을 했다. 가장 화제를 낳은 것은 '샴페인 잔 광고'였다.

광고의 첫 장면에서 렉서스는 타이어가 지면에 닿지 않는 속도측정기 위를 달리고 있다. 차 전면에는 15개의 샴페인 잔이 5층 형태의 피라미드 모양으로 쌓여 있다. 그리고 엔진 회전 속도계가 빨간 부분을 가리킬 때까지 속도를 올린다. 차가 시속 225킬로미터에 이르렀을 때 다시 장면은 샴페인 잔을 보여 준다. 하지만 샴페인 잔의 수면은 미동조차 하지 않는다. 이 장면이 나오는 동안 "시속 145마일의 속도에서도 LS400은 영혼을 울릴 뿐 다른 진동은 없습니다"라는 멘트가 흘러나온다.

이 광고는 도요타 미국 법인 부사장의 아이디어였다. 일본 본사는 이 광고가 '서커스 같다'라는 이유로 반대했지만, 미국 법인

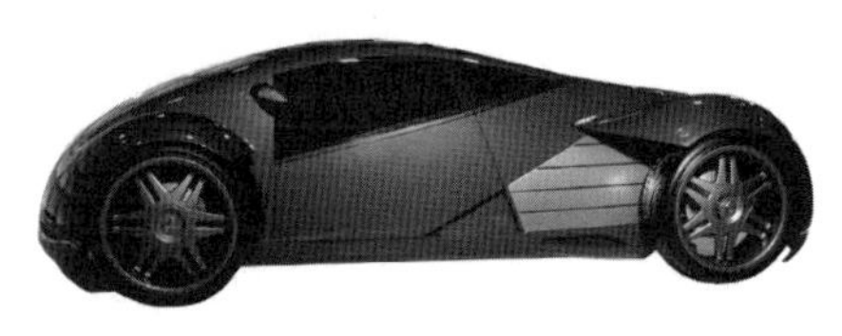

2004년 타이베이 모터쇼에 출품한 렉서스 콘셉트 카

간부들은 물잔 대신 샴페인 잔을 이용해 고급스러움을 부각시키는 방법으로 광고를 그대로 밀어붙였다. 곧 광고가 화제가 되면서 '광고 내용이 진짜냐'는 논란이 일었다. 도요타는 샴페인 잔을 테이프나 풀을 사용하지 않고 광고에서 보이는 대로 쌓았다는 사실을 증명하기 위해 광고 제작 과정을 담은 영상을 제시했다.

또 다른 광고에서는 렉서스가 미국 블루리지 산맥의 호수 주변을 힘차게 달리는 동안 소음이 점점 사라진다. 그 어떤 소음도 없는 상태에서 차 안의 맑은 오디오 소리만이 들린다. 이때 성우의 목소리가 깔린다. "렉서스는 엔진 소음만 줄이지 않았습니다. 기어 소음, 배기 소음, 심지어 바람 소리까지 줄였습니다. 이제 모든 소음이 차단된 완벽한 공간에서 여러분의 소리를 내 보십시오."

이들 광고는 렉서스의 단점으로 지적된 부분을 장점으로 승화시켰다는 점에서도 매우 뛰어나다. 렉서스 LS400은 경쟁 차종인 인피니티Infiniti Q45처럼 힘차고 경쾌한 엔진 소리를 내지 못한다는 비판을 받았다. 그런데 도요타는 이 광고를 통해 엔진 소음이 없는 것이 기술력의 차이라는 점을 은근히 부각시켜 비판을 쏙 들어가게 만들었다.

렉서스의
서비스 혁명

미국 사람들은 자동차 대리점에 가는 것을 치과 가는 것만큼이나 싫어한다. 심지어 여성들은 자동차 딜러들이 자신을 속일지 모른다고 불안해한다. 부유층도 자동차 대리점 찾는 것을 꺼린다. 미국인들은 자동차를 구입할 때 자신만을 위한 특별한 서비스를 기대하지만, 미국의 자동차 딜러들은 그러한 기대를 저버리기 일쑤다.

렉서스를 미국에서 출시하기 전 도요타는 미국 현지의 몇몇 판매점이 고객에게 오만하고 불손한 태도를 취하는 것을 보며 골머리를 앓았다. 미국 시장의 동향을 분석하고 조사하는 마케팅 정보 회사인 JD파워JD Power and Associates의 고객 만족도 조사에서도 도요타는 벤츠와 혼다에 이어 3위에 머물러 있었다.

도요타는 렉서스 브랜드를 도요타와 분리한 것처럼 판매 채널도 분리하기로 결정했다. 그들은 렉서스가 트럭과 같은 전시장에 놓일 제품이 아니라는 점을 보여 주고 싶었다. 고객 분석을 통해 '슈퍼마켓에서 고급 부티크 제품을 팔 수는 없다'는 점을 깨달았기 때문이다.

렉서스의 타깃 고객은 40대 중반에 연 수입 10만 달러의 전문직 엘리트였다. 타깃 고객을 위해서는 렉서스 대리점의 위치 역시 차별화해야 했다. 미국의 자동차 대리점은 대개 시내 번화가에 자리 잡고 있다. 하지만 벤츠나 BMW 같은 고급 차종의 대리점은 부유층이 많이 사는 업타운 주택가에 위치하고 있다.

렉서스만의 대리점을 만든 가장 큰 이유는 렉서스가 일본 제품이라는 사실을 숨겨야 했기 때문이다. 고객 분석을 할 당시 "일본에서 만든 고급 자동차를 구매할 의향이 있느냐?"는 질문에 많은 이들이 "일본산 고급 자동차라는 개념 자체를 이해할 수 없다"고 답한 사람이 많았다. 렉서스가 출시된 1989년에는 일본 제품의 품질과 성능이 꽤 뛰어난 편이었지만, 미국 사람들은 여전히 '메이드 인 저팬'을 싸구려로 여기는 경향이 강했다.

도요타는 고객이 스스로를 특별하게 여기게 만드는 서비스를 구현하는 데 엄청난 노력을 기울였다. 그리고 고객이 대리점에서 강압적으로 구매를 강요하는 아마추어가 아니라 세련된 프로 영업사원을 대하고 있다는 느낌을 받도록 하는 데 애를 많이 썼다. 이를 위해 렉서스는 판매 매뉴얼을 만들었는데, 여기에는 매장의 디자인이나 집기의 위치는 물론 고객이 대리점에 들어설 때 어떻게 인사를 건네고 어느 쪽에 서서 차에 대해서 설명해야 하는지, 또 옷매무새는 어떻게 해야 하고 상황에 따라 손의 위치를 어디에 두어야 할지까지 규정해 놓고 있다. 렉서스 대리점 직원들은 캐딜락 대리점 직원처럼 과하게 친절을 베풀지 말고, 혼다 대리점처럼 차갑고 무뚝뚝하게 고객을 대하지도 말라고 교육을 받았다. 대신 렉서스에 대해 풍부한 지식을 갖추고 고객의 선택을 기다리는 정직

한 대리점이 되라고 훈련 받았다. 대리점 수도 100개 이내로 제한했다.

렉서스 고객은 대리점에서 카푸치노를 대접받고 가죽 의자나 소파에 앉아 편안한 분위기에서 대리점을 둘러볼 수 있다. 미국 동부 지역의 대리점은 세련된 블랙으로, 서부 지역은 현대적이고 따뜻한 느낌을 주는 베이지 색 얼룩무늬로 실내를 장식했다. 미국 동부와 서부 사람의 성향이 다른 것을 염두에 두고 대리점을 디자인한 것이다. 만약 차량에 고장이 나면 렉서스 대리점은 자동차를 수리하는 동안 고객이 타고 다닐 렌터카를 공짜로 마련해 주기도 한다. 어떤 대리점은 고객을 위한 골프 코스를 마련하고, 또 어떤 대리점은 막 손질한 장미꽃으로 대리점을 장식하기도 한다.

렉서스의 서비스 정신은 현장에서 자동차를 판매하는 사람들의 목소리를 통해서 잘 알 수 있다. 렉서스 대리점의 한 간부는 이렇게 말했다. "밤 9시에 공항에 도착해 차문을 열려고 하는 순간 열쇠가 부러졌다고 하자. 아내에게 전화를 해도 외출 중이라 전화를 받지 않는다. 그런 일을 당한 고객이 당사에 전화를 하면 우리는 즉시 트럭을 파견해 그 자리에서 열쇠를 만들어 주고 '감사합니다'라고 인사한 뒤 한 푼도 받지 않고 휙 사라진다. 그럼 누구라도 우리를 좋은 사람이라고 생각할 것이다."

또 다른 간부는 이렇게 말했다. "공항에 나가 고객을 무사히 차에 탈 수 있게 하는 데 드는 출장 경비는 기껏해야 25달러다. 고객을 도와주면 그 고객은 몇 번이고 당사와 거래를 해 줄 것이다.

25달러로 평생 고객을 얻게 될지도 모를 일이다."

렉서스는 고객이 지불하는 금액보다 더 많은 가치를 되돌려 주었다. 한 번 고객을 평생 고객으로 만들기 위한 전략의 일환이다. 렉서스는 자동차를 출시하기 전에 미국 사회에서 전례를 찾아보기 힘들 정도의 훌륭한 서비스 프로그램을 미리 마련해 두었다. 그래서 미국인들은 이를 두고 '렉서스의 서비스 혁명'이라고 불렀다.[78]

렉서스의 문제 대처 방식

차량의 성능과 훌륭한 서비스가 맞물려 미국 시장에서의 렉서스 판매는 순풍에 돛을 단 듯 순조로웠다. 데이비드 록펠러와 빌 게이츠 같은 유명 억만장자가 렉서스를 탄다는 소문도 나돌았다. 그런데 렉서스가 미국에서 판매된 지 겨우 두 달 만에 큰 사건이 터진다. 샌디에이고의 한 딜러가 미국 렉서스 현지 법인에 현장 보고서를 보냈다. '렉서스 LS400의 크루즈 컨트롤 시스템cruise control system(가속 페달이나 브레이크를 제어하는 장치)이 시험 주행 때 오작동을 일으켜 오버드라이브over drive(고속 주행 때 엔진 회전수를 자동적으로 조절해 주는 장치)가 작동합니다. 그래서 시승한 고객이 브레이크를 꽉 밟았지만 앞으로 계속 돌진한 사례가 접수되었습니다.' 보고서를 접한 렉서스 미국 법인은 패닉 상태에 빠졌다. 브랜드 가치가 추락하는 것은 시간문제였다.

렉서스 미국 법인은 발 빠르게 대처했다. 고위 임원 한 사람은 "이 문제를 제대로 해결하지 못한다면 렉서스 사업은 끝장나게 된다"며 법인 구성원들에게 경각심을 심었다. 즉시 일본 나고야 본사에 문제를 일으킨 크루즈 컨트롤 스위치를 보내 분석을 요청했다. 도요타 본사는 기술자들에게 크루즈 스위치가 오작동을 일으키도록 만들어 보라고 지시했다. 지시대로 기술자들은 만들었고, 그렇게 하자 브레이크를 밟아도 계속 전진하는 결과가 나왔다. 결과적으로 크루즈 컨트롤 시스템의 작동 스위치를 제작하는 과정에서 결함이 있었던 것으로 밝혀졌다.

'쉬쉬' 하며 그냥 넘길 수도 있었다. 수년 동안 공을 들여 내놓은 제품이었다. 출시하자마자 리콜에 들어간다면 그동안의 노력이 수포로 돌아갈 수도 있었다. 일본 자동차에 적대적인 미국 언론들은 신이 나서 렉서스의 품질에 트집을 잡을 것이 빤했다. 하지만 당시 도요타는 정면 돌파를 택했다. 도요타 본사는 그동안 판매한 모든 차량을 리콜하기로 결정하고 이 사실을 전격 발표했다. 미국 정부에도 '렉서스 리콜'을 통보했다. 미국 연방교통위원회는 렉서스 고객에게 부품 교체가 이루어질 때까지 크루즈 컨트롤 스위치를 사용하지 말 것을 당부하는 편지를 보내기로 했다. 어느 나라나 마찬가지지만 공문서는 문장이 거칠고 딱딱해서 그것을 대하는 사람은 불안에 사로잡힐 수밖에 없다. 그래서 도요타는 고객들이 미국 정부가 보낸 공문서를 받아 보기 전에 고객 한 사람 한 사람에게 미국 도요타 법인장이 직접 사인한 편지를 보냈다.

도요타는 비상회의를 소집하여 고객이 문의를 하면 누구라도 즉시 대응할 수 있도록 서비스 담당자뿐만 아니라 딜러와 회사 임원, 신입 사원들에게 문제점과 대응책에 대해서 설명했다. 한편 도요타 직원들은 미국 전역을 돌아다니며 렉서스 정비사를 찾아가 리콜 조치에 관한 정보를 알려 주었다.

도요타는 크리스마스 시즌 때 미국인들이 차를 많이 이용한다는 사실도 놓치지 않았다. 리콜 사태가 일어났을 당시에 렉서스는 전량 일본에서 생산했는데, 도요타는 리콜 부품을 크리스마스 이전까지 모두 교체한다는 계획을 세웠다. 20여 일 안에 모두 끝내야 했다. 일본에서 생산된 부품이 매일 미국으로 공수되었다.

도요타는 리콜에 따른 고객의 불편을 보상해 주는 데에도 성의를 다했다. 고객이 요구하면 렌터카를 무료로 마련해 주었고, 대리점 직원이 직접 고객의 집을 찾아가 렉서스를 갖고 온 뒤 부품 교체가 끝나면 다시 가져다주는 서비스도 마다하지 않았다. 리콜을 받은 모든 차는 세차는 물론 왁스칠까지 되었고, 무료로 연료를 가득 채워 넣어 주는 서비스도 잊지 않았다. 목표로 했던 기한 안에 95퍼센트의 렉서스가 새로운 부품으로 교체되었다. 차량 리콜 사태가 벌어졌을 때 일반적으로 평균 리콜 비율이 50~60퍼센트인 것과 비교해 보면 엄청난 수치였다. 도요타가 문제를 회피하지 않고 정면으로 대처한 덕분에 렉서스는 고객의 신뢰를 잃지 않았다. 만약 당시에 도요타가 문제를 다른 방식으로 해결하려 했다면, '명품 자동차 렉서스'라는 이름을 우리는 기억하고 있지 못할지도 모른다.

렉서스의 성공을 이끈 미국의 문화적 배경

렉서스가 미국 시장에 연착륙할 수 있었던 것이 뛰어난 기술과 마케팅 때문만은 아니다. 사회 · 문화적인 배경도 크게 한몫하고 있다.

우리나라와 일본 사람들이 고급 승용차를 구입하는 이유는 '어떤 그룹에 속한다'는 느낌을 받기 위해서다. '그랜저를 타면 성공한 젊은 사업가', '에쿠스를 타면 회장님(물론 조폭 두목 이미지도 물씬 풍긴다)'이라는 이미지 공식이 어느 정도 작용한다. 하지만 미국 사람들은 '이것을 갖고 있으면 남들과는 다르다'라는 메시지를 보내기 위해 자신만의 자동차를 구입한다. 이는 자신과 타인을 구별하고 싶어 하는 미국의 개인주의 문화를 반영하는 것이다.

미국의 이러한 문화는 1960년대 저항 문화의 결과이기도 하다. 히피족과 반전운동으로 대표되는 저항 문화는 청년 계층뿐만 아니라 중산층의 사고까지 바꾸어 놓았다. 큰 것보다 작은 것, 힘보다는 지적인 것, 경쟁보다는 공존을 중시하는 가치관이 퍼지게 된 것이다. 또 국가와 기업을 위해 자기 인생을 송두리째 바치는 것이 반드시 옳은 것만은 아니라는 사고도 확산되었다.

이른 인식의 변화는 소비문화에도 영향을 미쳤다. 1960년대 전반까지만 해도 미국의 고속도로에는 미국 자동차만 달렸다. 외제 자동차를 타고 다니는 사람은 비애국자로 지탄받았다. 하지만 저항 정신이 팽배했던 시기를 거치면서 외제 자동차를 좋아하는 사람은 당당히 자신의 기호를 드러냈다.

미국 소비자들의 변화는 현실에 안주했던 미국 자동차 회사들의 쇠락에서도 엿볼 수 있다. 일본 자동차는 대충 만들어 내는 미국 자동차보다 섬세했고, 사이즈도 한 단계 작았으며, 엔진 배기량도 절반 이하였다. 곰처럼 둔하고 큰 미국 자동차는 어느새 미국의 약점을 드러내는 상징이 되어 버렸다. 미국 자동차는 환경에 무심했고, 경영자는 거만했으며, 쓸데없이 자원을 낭비하는 물건이라는 이미지가 굳어졌다. 20~30대 젊은 층은 저렴하고 잔고장이 없으며 친환경적인 일본 자동차를 선택했다. 이들에게 일본 자동차를 탄다는 것은 '나는 그렇고 그런 사람이 아니다'라는 사실을 표현하는 수단이기도 했다.

그로부터 20년이 지났다. 1980년대 미국에서는 주식 시장이 급성장하면서 신흥 부자가 늘어났다. 과거 기업만이 돈을 소유하던 시대에서 개인도 큰돈을 만지는 시대가 온 것이다. 20년 전 자신이 미국 속물과는 다르다며 일본 자동차를 선택했던 이들이 이제 40대가 되었다. 이들은 회사의 간부로 승진하며 기성세대에 진입했다. 이런 사람들은 소형 자동차보다는 큰 차를 사고 싶어 했지

GM의 대형 승용차 올즈모빌 커틀라스(Cutlass)

만 그렇다고 벤츠와 같은 고급 승용차를 사는 것은 부담스러워했다. 그런데 때를 맞추어 소형 자동차와 고급 승용차 사이의 틈새시장인 준대형 자동차 시장이 열린 것이었다. 샐러리맨에게는 버거웠지만, 임원급이라면 구입할 만한 가격이었다. 그런 자동차를 타면 성공한 사람이라는 사실을 드러내기에도 충분했다. 프리미엄카 시장이 형성된 것이다. 렉서스는 이 같은 시대적인 변화에 맞추어 미국에 진출한 것이었다.

렉서스의 성공에는 미국만의 독특한 저널리즘도 한몫했다. 일본의 자동차 잡지는 마니아 입장에서 자동차를 평가한다. 고객 관점이 아니라 마니아의 시각에서 최대한 즐긴다는 식으로 평가를 하는 것이다. 반면에 미국에서 가장 많이 팔리고 최고의 권위를 누리는 《컨슈머리포터》는 소비자의 시선에서 객관적이고 냉정한 평가를 내린다. 자동차를 구입하려는 사람은 이 잡지의 평가를 참고해서 결정을 한다.

사실 렉서스에 대한 평가는 전문가와 일반인의 시각이 확연히 갈렸다. 자동차 관련 저널리스트들은 렉서스가 '자극이 없고, 도대체 익사이팅한 맛이 없다'고 혹평했다. 하지만 일반인의 시각에서 바라본 저널리스트들은 '아주 조용해서 편안하고 수백 킬로미터를 운전해도 피곤하지 않다'는 평가를 내렸다. 비평가용 자동차 잡지는 차량의 한계 성능을 체크하며 얼마나 빠른 코너링이 가능한지, 또 얼마나 빨리 가속되는지를 통해서 점수를 매기려 한다. 하지만 일반 소비자가 차량의 한계를 시험해 볼 기회는 그리 흔치 않다. 렉서스 고객들은 소비자 친향적인 잡지들의 평가에 주목했고, 그래서 렉서스를 선택한 것이었다.

대부분의 미국 사람들은 자동차로 출퇴근과 통학을 한다. 그래서 미국에서는 자동차의 오디오 음질을 혁신적으로 좋게 하면 틀림없이 히트를 친다는 속설이 있다. 운전자들은 엔진을 가속해 스트레스를 푸는 것보다 좋은 음질의 오디오에서 흘러나오는 음악을 들으며 교통체증의 스트레스를 푸는 것이다. 그런 면에서 엔진 소음이 거의 없는 렉서스는 최고의 차량이었다.

렉서스는 미국과 독일의 문화적인 차이를 파고들기도 했다. 독일의 고급 자동차는 서스펜션이 빳빳하고 핸들링이 타이트하다.

아우토반을 질주하기 위해 필요한 기능들이기 때문이다. 반면에 미국의 고급 자동차는 편안한 승차감과 손쉬운 핸들링을 선호한다. 미국인들은 자동차를 뜨거운 커피 한 잔이나 크리스피 크림 도넛을 한 손에 든 채 운전할 수 있는 편안한 이동 수단으로 여기기 때문이다. 당연히 렉서스는 독일 자동차의 강력한 엔진을 포기하는 대신 평일 출퇴근과 휴일 나들이 때 자동차를 활용하는 미국인들의 라이프 스타일에 맞추어서 만들어졌다.

물론 단점은 있다. 차가 너무 부드럽다 보니 젊은이들보다는 나이 든 사람들이 더 선호한다는 점이다. 《비즈니스위크》는 '렉서스는 할아버지들이 운전하는 차'라고 꼬집기도 했다.

레몬에서 레모네이드로

도요타가 렉서스의 수요를 만들어 내는 방식은 '레몬에서 레모네이드로lemonade from lemon' 만드는 방식과 유사한 점이 많다.

서양에서 레몬은 쓰고 신맛이 강해서 맛없는 과일 중 하나로 손꼽힌다. 그래서 레몬 자체를 직접 먹기보다는 음식에 즙을 뿌려서 향을 돋우는 방식으로 섭취한다. 그리고 레몬은 속부터 썩기 때문에 겉만 봐서는 상태를 제대로 알 수가 없다. 레몬의 이러한 성질 때문에 미국에서는 레몬을 형편없는 물건, 고물 자동차, 결함이 있는 차를 비유하는 말로 쓰인다.

경제학에서는 겉만 봐서는 알 수 없는 어떤 상황, 즉 정보의 비대칭성을 레몬을 들어 설명하기도 한다. 예를 들어 연식과 모델이 똑같은, 괜찮은 차와 문제가 많은 차 두 대가 중고 자동차 시장에 나와 있다. 둘 다 판매 가격이 1,000만 원이라고 붙어 있다. 괜찮은 차를 내놓은 사람은 최소한 1,000만 원은 받아야 한다고 생각하고 문제가 많은 차를 내놓은 사람은 내심 500만 원에도 팔 수 있다고 생각한다. 흥정이 붙었다. 고객은 1,000만 원이 너무 비싸다며 300만 원을 깎아 700만 원에 사겠다고 한다. 괜찮은 차를 갖고 있는 사람은 파는 것을 포기하겠지만, 문제가 많은 차를 갖고 있는 사람은 기꺼이 팔려고 할 것이다. 이런 일이 거듭되다 보면 결국 괜찮은 차는 중고 자동차 시장에서 사라지고 문제가 많은 차만이 시장에서 활개를 치게 된다. 이런 문제를 해결하는 방법 중에 하나가 시장에 '신호 보내기'다. 정보를 가진 쪽이 자신이 갖고 있는 정보를 다른 사람에게 신빙성 있게 보여 주는 것을 뜻한다. 예를 들어 중고차를 팔 때 자동차의 이력을 건네주거나 일정 기간 품질 보증을 해 줄 수 있다. 망설이는 고객에게 레몬이 아니라는 정보를 보여 주며 구매를 유도하는 것이다.

미국인들에게 도요타는 속이 의심스러운 레몬이었다. 이러한 인상은 레몬으로 의심받는 당사자 스스로가 해소하기 어려운 문제다. 대신 도요타는 레몬을 맛있게 먹는 방법을 소개했다. 바로 레모네이드로 만들어 먹는 것이다. 자기네가 가진 기술력에 미국의 소비자 문화와 신흥 부유층의 속성을 적절하게 배합한 전혀 새로운 차량과 서비스인 렉서스로 승부했다. 그리고 이들의 전략은 딱 들어맞았다. 반면에 도요타의 경쟁자들은 기존의 방법과 전략을 고수하다가 쇠락의 길을 걸어야 했다.[79]

고객보다 기술?
닛산 인피니티의 패착

1989년, 렉서스가 북미 국제 자동차 쇼에서 첫 선을 보이며 미국에 진출했을 때 주목을 받은 일본 자동차가 렉서스만은 아니었다. 닛산 역시 고급 자동차 브랜드를 내놓았다. 바로 인피니티 Q45다.

인피니티는 도요타에 밀리고 있던 닛산이 절박함 속에서 탄생시킨 브랜드였다. 절제된 스타일의 렉서스가 벤츠 분위기를 풍겼다면, 닛산의 인피니티는 BMW와 비교되며 강력한 드라이브 기술을 상징했다. 기술력에서 인피니티가 더 뛰어나다는 평가를 받았기에 렉서스보다 우위에 설 것이라고 내다본 자동차 전문가가 많았다. 하지만 브랜드 마케팅에서 두 자동차의 운명이 갈렸다. 렉서스가 광고와 대리점 디자인에서 지나친 일본 색을 피했던 반면, 인피니티는 정반대의 길을 걸었다.

닛산은 소비자에게 어필할 수 있는 무언가 특별한 것을 고민

하다가 이른바 '젠禪 마케팅'이라는 모험을 감행한다. 광고는 자동차의 모습 대신 자연의 아름다운 풍경을 보여 주면서 동양의 선사상을 기반으로 한 자연합일의 이미지를 드러냈다. 대리점 역시 석조 바닥과 폭포 등이 배치된 일본풍으로 꾸몄다. 고객들은 로비에서부터 젠 스타일의 명상 공간과 동양 분위기를 물씬 풍기는 장식물들을 지나쳐야 했다. 차량을 손보는 정비사들은 일본 기모노를 연상하게 하는 상의를 입었다.

두 맞수의 미국전은 어떻게 되었을까? 인피니티는 그야말로 참패를 맛보아야 했다. 렉서스와 인피니티가 판매를 시작하고 1년이 지난 뒤 두 자동차는 각각 6만 대와 2만 대의 판매량을 기록했다. 렉서스의 완승이었다. 비평가들은 닛산의 마케팅 전략이 너무 모호했고, 당시 아직 일본 자동차가 고급 자동차 이미지를 갖지 못한 상태에서 일본 색을 드러낸 것이 역효과를 가져왔다고 분석했다. 반면에 렉서스는 일본 자동차임을 철저히 숨겼다.

1980년대 초까지만 해도 도요타와 닛산은 우열을 가리기 힘들 정도로 박빙의 승부를 펼쳤다. 그러다 1985년 플라자 합의Plaza Accord(미국, 독일, 영국, 프랑스, 일본 등 G5 국가의 재무장관들이 미국 뉴욕의 플라자 호텔에 모여 달러화 강세를 시정하도록 결의한 조치)를 맺은 뒤 두 회사의 격차가 점점 벌어지기 시작했다. 엔화 가치가 치솟으며 일본 자동차의 가격 경쟁력이 떨어지는 동안 도요타는 원가 절감에 나서며 대처했지만, 닛산은 방만한 구조를 제대로 조정하지 못하고 엔고 역풍에 나가떨어졌다. 게다가 닛산은 도요타를 누르기 위해 무리한 투자를 진행하고 있었다. 닛산의 생산 차종은 도요타와 비슷한 50여 종이었는데, 트럭부터 세단까지 수익이 남지 않는 차종에도 수천억 엔씩 쏟아부었다. 투자 비용을 조달하기 위해 은행 빚을 끌어다 쓸 수밖에 없었다.

사실 기술력 면에서는 닛산이 도요타를 앞서는 것으로 자타가 인정한다. 회사 규모는 도요타가 크지만, 자동차 관련 특허 건수는 닛산이 더 많다. 그러나 닛산은 도요타에 무릎을 꿇는다. 이유가 무엇일까? 바로 고객을 제대로 간파하지 못했다는 점 때문이다. 닛산은 고객보다 자기네의 기술을 더 신봉했다.

닛산은 제품 개발 과정에서 엔지니어의 발언권이 지나치게 강했다. 마케팅 담당자는 개발 과정에 참여하기도 힘들었다. 닛산의 엔지니어들은 면밀한 시장 조사를 거치지 않고 오로지 최고의 기술력이 실현된 최고의 자동차를 만들려고만 했다. 좋은 자동차를 만들기 위해 좋은 부품을 썼다. 당연히 생산 원가가 올라갔다. 원가 부담은 경기가 좋을 때는 드러나지 않지만 경제가 어려워지면 제품 경쟁력에 큰 영향을 미친다. 하지만 닛산은 이런 부분을 외면했다. 기술력과 성능이 뛰어난 자동차를 만들면 당연히 고객이 사 준다고 믿었다. 고객을 교육시키려 한 셈이다.

반면에 도요타는 고객의 눈치를 살피고 고객이 원하는 것에 자신들을 맞추려고 했다. 고객을 먼저 생각한 뒤에 제품을 만들었다. 인력과 자금을 고객이 귀찮아하는 잔고장과 소음, 진동을 없애고 복잡한 기능을 단순화하는 데 집중시켰다. 닛산의 엔지니어들이 뛰어난 기술력을 뽐내며 자기만족에 빠져 있던 사이 도요타는 소비자의 니즈를 파악하기 위해 분주히 움직였다. 닛산의 기술은 엔지니어를 만족시켰지만 소비자를 만족시키지는 못했다.

닛산은 1999년 르노에 인수되기 전 5년 동안 적자를 냈다. 르노에 인수될 당시 닛산의 부채는 매출액의 70퍼센트에 이르는 2조 5,000억 엔이었다. 일본 시장 점유율은 도요타의 절반 수준으로 떨어졌고, 3위인 혼다에게도 위협받는 처지였다. 닛산은 벤츠와 크라이슬러에 러브콜을 보냈지만 거부당하는 수모를 겪은 끝에 겨우겨우 르노에 인수되어 파산 위기를 모면했다.

닛산의 몰락에는 관료주의 기업 문화도 크게 한몫했다. 닛산에는 유달리 명문 대학교 출신이 많았다. 지난 20년 동안 도쿄 대학교 출신이 연속해서 사장을 지냈다. 닛산은 엘리트 의식과 명문 기업이라는 프라이드에 젖어 고객과의 소통을 등한시했다. 또 닛산의 경영진과 일본 통상성 관리 대부분이 도쿄 대학교 출신이라 그들은 죽이 잘 맞았다. 그래서 계산기를 두드려 보지도 않고 무모하게 투자를 하는 경우가 많았다. 닛산은 통상성을 중심으로 한 관청의 관리들이 산업 정책을 세우면 앞장서서 따랐고, 정부와 기업의 조정자 역할을 도맡았다. 하지만 이는 실속으로 이어지지 못했다. 실속을 챙긴 쪽은 나고야에서 조용히 차를 만들고 고객을 파악한 도요타였다.

기술 중심의 소니가 고객 중심의 닌텐도Nintendo에게 당할 재간이 없었던 것처럼 기술의 닛산 역시 고객의 도요타를 이길 수 없었다. 결론은 하나다. 기업은 고객의 마음을 읽고 이를 제품에 반영해야 경쟁에서 살아남을 수 있다는 것이다.

자만, 벤츠와 BMW가 렉서스에 밀린 이유

렉서스가 출시되었을 당시 벤츠와 BMW는 시큰둥한 반응을 보였다. 렉서스를 대수롭지 않게 여겼던 것이다. 두 회사 모두 일본 기업에서 만든 고급(을 표방한) 승용차를 사람들이 구입하리라고 생각지 않았다. 벤츠와 BMW는 자기네의 숙련된 기술과 기계를 잘 결합시키면 생산비와 품질 면에서 영원히 우위를 점할 수 있으리라고 믿었다.

독일 자동차 회사들은 뛰어난 기술력을 바탕으로 자동차를 만들면서 자동차 덩치를 키우고 가격을 올려 받는 것을 당연하게 여겼다. 생산비가 가격을 결정하기 때문에 뛰어난 품질을 요구하는 고급 자동차는 당연히 비쌀 수밖에 없다고 생각했다.

그들은 자만에 빠졌다. "우리는 소비자를 찾아 나서지 않는다. 시장이 우리 제품을 찾아오도록 만들 뿐이다. 판매 부진은 회사

의 잘못이 아니라, 바로 소비자의 잘못 때문이다." 어찌 보면 자신들이 만드는 제품에 대한 프라이드였지만 다른 시각에서 보면 오만이었다.

렉서스는 고급 승용차도 대량 생산 차량의 원가 수준에서 생산할 수 있다는 사실을 입증함으로써 뛰어난 기술력은 그만한 보상을 받아야 한다는 자기논리에 빠져 있던 벤츠와 BMW를 바보로 만들어 버렸다. 고급 승용차로서의 성능을 제대로 다 갖추고도 기가 막히게 저렴한 가격에 출시된 렉서스에 소비자들은 환호할 수밖에 없었다.

독일 자동차 회사들이 렉서스에게 뒤통수를 맞은 또 다른 이유는 시장 상황과 세계 경제의 변화를 제대로 읽기 못했기 때문이다. 1980년대 상반기에 달러는 초강세였고 독일제 자동차는 여전히 판매에 호조를 보이고 있었기에 이들의 자만은 점점 더 깊어졌다. 이들은 일본 자동차가 무차별 공격을 해 와도 자신들은 안전하다고 생각했다. 하지만 1985년 플라자 합의 이후 달러가 폭락하면서 독일제 자동차의 가격이 급등했다. 그러는 사이 일본 자동차 회사들은 독일 자동차의 앞마당이나 다름없는 유럽 시장으로 조용히 진격했다. 그 나라를 대표하는 자동차 회사가 없는 나라가 1차 공격 대상이었다. 전략은 성공적이었다. 스위스, 아일랜드, 핀란드, 덴마크 같은 나라에서 일본 자동차의 시장 점유율이 30퍼센트 이상으로 확대되었다.

독일 자동차 회사들은 고급 승용차 시장만큼은 일본이 감히 넘볼 수 없을 것이라고 믿었다. 일본이 아무리 독일을 추격하더라도 고급 승용차 분야에서는 영원히 우위를 점할 것이라고 기대했다. 독일은 자동차 외에 자전거, 총기, 카메라 등의 여러 제품에서 정밀함과 우수성을 자랑했다. 그런데 독일이 경쟁 우위를 점하고 있던 시장을 일본이 침범하기 시작했다. 1970년대 들어 일본 회사들이 기술 부분에서 경쟁력을 갖추자 독일의 카메라와 텔레비전, 오토바이 산업은 무기력해지고 말았다.

믿음과 기대가 무너진 자리에 분노가 싹텄다. 독일의 경제장관은 "일본인들은 매우 근면하면서도 높은 임금을 요구하지 않는데, 바로 이 점이 일본인들이 경쟁력의 우위를 확보할 수 있었던 비결"이라고 비판하기도 했다. 일본 제품의 기술력보다는 일본의 저임금 구조가 경쟁력의 원천이었다고 평가 절하한 것이다.

렉서스의 가격에 대해서도 문제 삼았다. 렉서스의 가격이라면 절대로 이윤을 남길 수 없다고 호언장담했다. 독일 자동차 회사들이 일본 기업의 덤핑 혐의를 제기한 것도 이때가 처음이었다. 그동안 벤츠와 BMW는 전 세계 어떤 자동차 회사에 대해서도 덤핑 혐의를 주장한 적이 없었다. 그만큼 자신감에 차 있었던 것이다. 하지만 렉서스가 무서운 속도로 미국 시장을 장악해 나가자 그들은 렉서스에 문제제기를 했다. 하지만 진짜 문제는 소비자나 타 회사와의 경쟁에 담을 쌓은 독일 자동차 회사 스스로에게 있었다.

1990년대에 들어서자 북미 시장에서 렉서스의 판매량은 BMW는 물론 벤츠까지도 넘어섰다. 그제야 그들은 환경이 변했다는 사실을 뼈저리게 실감했다. 자신들은 불가능하다고 여겼던 일을 렉서스가 해냈다는 점도 인정하기 시작했다.

역설적이게도 독일 자동차업계가 일본은 고급 자동차를 만들지 못할 것이라고 여긴 것은 독일 제품을 향한 일본인들의 충성심 때문이라는 분석도 나온다. 미국 시장에서는 독일 자동차들이 렉서스에게 1위 자리를 내주었지만, 일본에서는 여전히 독일 자동차들이 인기몰이를 하고 있었기 때문이다. 주식 투자로 부자가 된 일본의 젊은이들은 BMW를 몰고 다님으로써 자신을 과시하려 했다. 그러나 벤츠는 그다지 인기를 끌지 못했다. 왜냐하면 일본 야쿠자들이 검은 유리를 끼운 벤츠를 몰고 다녔기 때문이다.

렉서스 따라 하기, 벤츠와 BMW의 반격

렉서스의 힘은 예상보다 강했다. BMW는 미국에서의 판매량이 1986년 9만 대에서 1991년에는 5만 대로 떨어졌다. 심지어 폭스바겐Volkswagen은 1992년에 미국 시장에서 철수할 것을 신중히 검토하기까지 했다.

벤츠와 BMW는 기업 이미지를 개선하는 노력을 시작했다. 렉서스에 대항하기 위해 제품 라인을 재정비했고, 가격 전략과 시장 전략도 재점검했다. 이러한 노력 끝에 두 회사가 선택한 전략은 차량의 품종과 가격대를 다양화하는 것이었다.

BMW는 1976년 제네바 모터쇼에서 세계에서 성능이 가장 뛰어나다는 185마력 엔진을 장착한 '6' 시리즈를 선보였다. 제품의 품질에 대한 자신감이 하늘을 찔렀던 BMW는 이후 10년 가까이 새로운 모델을 내놓지 않았다. 그러다 렉서스가 나타나 도전장을 내밀자 당황할 수밖에 없었다.

렉서스의 출현으로 BMW는 대대적인 조정을 감행했다. 20년 이상 회장 자리를 지켰던 에버하르트 폰 퀸하임Eberhard von Kuenheim이 물러나고, 영국 랜드로버Land Rover를 인수하는 등 공격적인 경영으로 전환했다. 그리고 1992년부터 해마다 새로운 모델을 내놓으면서 렉서스와 맞대결을 펼쳤다. 또 렉서스와 가격 경쟁에서 뒤지지 않기 위해 자동차의 가격을 줄줄이 인하했다. 미국인의 기호에 맞는 컵홀더와 오디오를 설치하고 가죽 내장을 마련하는 등 인테리어에도 보다 신경을 기울였다.

벤츠 역시 1993년에 12억 마르크의 적자를 낸 뒤에 변신에 돌입했다. 그동안 벤츠는 자동차 생산에 들어가는 원가를 집계한 뒤 제조비용에 이익을 더하는 방식으로 가격을 결정해 왔다. 하지만 소형 자동차 시리즈인 C 클래스의 신규 모델을 개발해 시장에 내놓으면서 고객이 만족할 만한 가격을 먼저 결정한 다음, 그 가격에서 역산하는 방법으로 목표 원가를 결정하도록 수정했다. 렉서스를 벤치마킹한 것이다.

벤츠는 수직적인 조직 시스템을 수평적인 시스템으로 바꾸어 나갔다. 제품을 개발할 때 제조 부서와 마케팅 부서, 광고 부서를 하나로 묶어 초기 단계에서부터 아이디어를 모았다. 하위 직원들에게도 권한과 예산을 집행할 수 있도록 해 동기부여를 했다. 또 제조 과정을 줄여 낭비를 없애면서 비용을 20퍼센트 가까이 줄였다. 도요타의 린 생산 방식Lean Production(필요한 것을 제때에 필요한 만큼 생산하는 도요타 특유의 생산 방식)을 모방한 것이다.

렉서스가 나오기 전까지 벤츠는 고객 만족을 크게 고려하지 않았다. 뛰어난 자동차 기술을 가진 기업이라는 지나친 자신감과 자부심이 고객과의 소통을 막았기 때문이다. 하지만 1993년에 열린 프랑크푸르트 모터쇼에서 벤츠는 처음으로 소비자 포럼을 구성하여 소비자의 목소리를 통해 평가를 받았다. 이를 계기로 벤츠는 세계 곳곳에서 포럼을 진행했다. 벤츠는 포럼을 통해 고객 만족도를 조사하는 한편 잠재 고객에 대해서도 조사를 진행하고 있다. 여기서 수집된 평가와 정보들은 신제품 개발에 활용된다.

렉서스가 벤츠와 BMW를 벤치마킹했듯, 이제는 독일의 두 자동차 회사가 렉서스를 벤치마팅하고 있다.

불통,
GM의 추락

한때 GM이 만드는 자동차는 '세계의 자동차'로 통했다. 1930년대 초 GM은 포드 자동차를 누르고 자동차 시장을 지배했다. 당시 일본에서는 도요타 자동차의 창업자 도요타 기이치로豊田喜一郎, Toyoda Kiichiro가 GM의 쉐보레 엔진으로 조잡한 모조품을 만들 때였다. 일본 거리를 달리는 자동차들은 거의 예외 없이 GM이거나 포드였다.

세계 2차 대전이 끝나고 풍요의 시대가 이어진 1960년대까지 GM은 끝없이 이어진 미국의 고속도로를 영원히 내달릴 것처럼 보였다. GM의 미국 시장 점유율은 50퍼센트 선을 꾸준히 유지했고 매년 대규모 흑자를 냈다.

1960년대에 GM 사람들은 일본에서 견학을 온 일본 자동차 직원들을 속으로 비웃었다. 일본인들은 카메라와 공책을 들고 생산 공장을 따라다니며 GM 직원이 들려주는 설명을 게걸스럽게 받아 적고 눈에 띄는 것을 모조리 카메라에 담았다. GM 직원들의 눈에 그들은 유치원 교사를 따라 나온 유치원생에 지나지 않았다. 하지만 GM이 놓친 것이 있었다. 그들의 비굴하리만치 공손한 태도 속에 숨겨진 모방력과 분석력이었다. GM을 견학한 일본인들은 자국으로 돌아가 미국보다 더 나은 시스템을 만들고 더 뛰어난 자동차를 만들어 냈다.

회사의 규모가 점점 확대되고 시장 장악력이 커질수록 GM은 남에게 배우는 것에 인색해졌다. GM은 소비자의 필요에 따라 자동차를 생산하는 것이 아니라, 자기네가 생산한 자동차에 소비자가 맞추어야 한다는 거만한 생각을 품게 되었다. 그리고 조직은 점점 더 보수적이고 위험을 기피하는 쪽으로 움직였다.

기업은 다른 기업의 성공과 실패를 타산지석으로 삼아야 한다. 포드와의 경쟁에서 승리할 무렵 GM은 포드의 실패를 반면교사 삼았다. 하지만 라이벌이 사라진 세계에서 독주하는 동안 GM은 소비자에 대한 감각마저 잃어 버렸다. 일본 자동차가 미국 시장에서 30퍼센트대의 점유율을 보이던 1991년까지도 GM은 '한때의 위협'이 사라지고 나면 다시 GM의 시대가 올 것이라고 낙관했다. 렉서스의 성공도 단지 일 중독자 국가의 부산물이라며 일축해 버렸다.

GM은 저가 자동차가 이윤을 낼 수 있다는 사실을 받아들이지 못했다. 그러나 일본 자동차는 생산 공정을 개선함으로써 원가 절감을 실현해 소형 저가 자동차를 통해서도 꾸준히 이윤을 내고 있었다. GM이 원가 절감 노력을 하지 않은 것은 아니었다. 하지만 장기적이고 체계적인 계획에 의한 것이 아니라 단기적이고 무질서한 방식으로 진행되었다. 그러다 보니 잔돈푼을 아끼려다가 결과적으로 더 큰 지출을 하게 되는 경우도 허다했다.

GM이 일본의 소형 자동차와 경쟁하겠다는 목표로 쉐보레 베가를 야심차게 준비했다. 그런데 쉐보레 베가는 급커브 길에서 뒤

집히는 사고를 자주 일으켰다. 엔지니어들은 문제점을 줄이기 위해 차체 후면부에 균형봉을 설치해야 한다는 건의서를 임원실에 보냈다. 균형봉을 설치할 경우 자동차 한 대당 15달러가 더 들었다. 임원들은 반대 의견을 내려 보냈다. 원가가 너무 많이 든다는 이유였다. 회사가 엔지니어들의 의견을 받아들인 것은 쉐보레 책임자가 균형봉을 설치하지 않으면 언론에 폭로하겠다고 위협한 다음이었다. 하지만 막상 쉐보레 베가가 출시된 뒤 엔진 오일이 타 들어가는 기술적인 문제를 일으켜 GM은 심한 비난을 받아야 했다. 소형 자동차 시장에서 성공하기는커녕 오히려 고객에게 '소형 자동차는 역시 일본'이라는 생각만 굳히게 만들었다.

도요타는 전통적인 컨베이어벨트 시스템의 생산 방식에서 직원의 창의성을 키우는 생산 방식으로 전환했지만, GM은 그렇게 하지 않았다. GM은 컨베이어벨트 시스템에서 만들어지는 제품의 불량 비율이 높다는 사실을 알았지만, 생산 방식을 개선하기보다는 불량에 대비하여 예비 물량을 미리 만들어 놓는 선택을 했다. 또 컨베이어벨트 생산 라인은 한 쪽에서 기계 고장을 일으키면 라인 전체가 멈추어야 했다. 때문에 수리를 하는 동안 다른 생산 라인에서 작업을 계속할 수 있도록 추가 생산 라인을 갖춰 놓아야 했다. 이 모든 것이 제품 원가에 반영되었다.

도요타는 자동차를 효율적으로 만드는 방법을 알았다. 신차 기획 단계부터 설계와 기술, 마케팅 분야가 함께 머리를 맞대고 의논하면서 문제점을 해결해 나갔다. 또 부품 납품 업체의 협력을 이

끌어 내고 작업 효율성이 높아지자, 새로운 모델의 개발에서 생산까지 걸리는 시간을 대폭 줄일 수 있었다. 반면에 GM에는 부서마다 벽이 있었다. 기획 따로, 설계 따로, 마케팅 따로 일했다. 그러다 보니 기술적으로 뛰어난 제품은 마케팅이 받쳐 주지 못했고, 마케팅이 뛰어난 제품은 기술이 따라 주지 못했다. GM은 중형 자동차를 네 곳의 공장에서 따로 개발한 적이 있었다. 그런데 이 네 군데 공장에서 생산한 자동차는 어느 것도 한 공장에서 조립할 수 없을 정도로 달랐다.

GM은 이름 그대로 '종합 자동차 회사'다. 올즈모빌, 뷰익, 캐딜락, 쉐보레, 폰티악, 새턴Saturn 등의 브랜드 체계를 갖추고 있다. 캐딜락은 최고의 럭셔리 세단을 추구했고, 폰티악은 스포츠 세단을, 새턴은 소형 자동차를 추구하는 형태로 각 브랜별로 차별화했다. 하지만 이러한 차별화는 제대로 이루어지지 않았다. 종류가 많은 만큼 중복도 심했다. 특히 쉐보레와 뷰익, 폰티악은 가격대가 비슷하고 자동차 스타일도 서로 겹쳤다. 시장에 적절히 대응하기 위해 사업 부문을 체계적으로 만든 것이 아니라, 회사를 하나둘씩 인수하는 과정에서 사업부가 만들어졌기 때문이다.

도요타 렉서스의 성공 요인을 조직의 통합과 소통에서 찾을 수 있다면, GM의 추락은 조직의 분열과 불통에서 그 원인을 찾을 수 있다.

은폐,
미쓰비시 자동차가 거침없이 추락한 이유

2000년 6월, 일본 운수성으로 익명의 제보 전화가 한 통 걸려왔다. 미쓰비시Mitsubishi 자동차가 리콜을 은폐하려 한다는 내용이었다. 미쓰비시의 추락은 이렇게 시작되었다.

일본에서는 자동차 리콜 사태가 발생하면 운수성에 보고해 공개하도록 되어 있다. 보통 운수성은 기업 문제에 적극적으로 나서지 않지만 사안이 중대하다고 판단한 운수성은 미쓰비시 자동차를 급습했다. 그리고 한 직원의 라커룸에서 엄청난 비밀장부를 찾아냈다. 이 장면은 TV를 통해 일본 전역에 방송되었다.

비밀장부에는 1977년 이래 23년 동안 모두 8만 7,000건에 이르는 클레임이 발생했지만 미쓰비시가 80퍼센트를 비공개로 분류해 은폐해 왔다는 사실이 적나라하게 기록되어 있었다.

미쓰비시 자동차는 고객의 단순한 문제제기뿐만 아니라 연료누출과 브레이크의 잦은 고장 등 운전자의 생명과 직결되는 사항도 모두 은폐 처리했다. 불만을 강하게 제기하는 고객에 대해서만 비밀리에 수리를 해 주고 나머지는 쉬쉬 하고 넘어갔던 것이다. 이러한 사실이 드러나자, 미쓰비시 자동차는 2000년에 80만 대, 2001년에 130만 대를 리콜해야 했다. 이렇게 일단락되는 듯했던 미쓰비시 자동차의 리콜 문제는 연이은 사망사고가 터지면서 결국 파국으로 치달았다.

2002년, 요코하마에서 주행 중이던 미쓰비시 후소Fuso 트럭의 타이어가 빠지면서 인도를 지나던 가족을 덮쳤다. 이 사고로 어머니는 죽고 두 아들은 중상을 입었다. 처음에 미쓰비시 자동차는 정비를 하면서 트럭의 볼트를 느슨하게 조여 그런 일이 일어났다고 주장했다. 하지만 이 사건을 조사하던 검찰은 1992년 이후 미쓰비시 자동차의 트럭이 주행하던 중에 타이어가 빠지는 사건이 모두 51건이나 발생했다는 사실을 확인했다. 결국 미쓰비시 자동차는 2004년 3월이 되어서야 '구조적 결함'이 있음을 인정했다. 이제 문제는 '이런 결함이 있다는 사실을 경영진이 알고도 은폐했는가'로 옮겨 갔다.

조사 결과, 1996년부터 미쓰비시 자동차는 이미 차체 결함을 알고 대책회의까지 열었지만 대처를 미루어 오다가 2000년에야 자체 개선을 하는 것으로 마무리 지은 것이 드러났다. 수년 동안 결함을 방치해 오다가 결국 인명 사고를 낸 것이다. 이 사건으로 우사미 다카시 전 미쓰비시 자동차 부사장 등이 체포되었다. 그런데 검찰의 추가 조사 과정에서 또 다른 인명 사고가 있었음이 드러났다. 2002년 야마구치 현에서 트럭이 커브를 제대로 돌지 못하고 지하도 입구를 들이받아 운전자가 사망한 사고였다. 당시 미쓰비시 자동차는 클러치에 결함이 있음을 알았지만 사실을 숨긴 것으로 밝혀졌다. 경영진은 사실을 은폐하기 위해 정상적인 리콜을 하지 않았다. 이 일이 드러나면서 보석으로 풀려났던 우사미 다카시 전

미쓰비시 자동차의 아웃랜드 스포트(Outlander Sport)

부사장은 다시 체포되었고, 가와소에 가쓰히코 전 미쓰비시 자동차 사장 등은 업무상 과실치사 혐의로 체포되었다. 회사 경영진이 TV 카메라 앞에서 머리 숙여 잘못을 시인하고 사죄했지만 지난 과오를 돌이킬 수 없었고, 소비자의 마음도 되돌릴 수 없었다.

미쓰비시 자동차는 이 사건이 있기 전까지 RV Recreational Vehicle (레저용 차량) 붐을 타고 혼다를 위협하면서 일본 4위의 자동차 브랜드로 자리매김하고 있었다. 닛산을 따라잡을 만큼 사세를 키우기도 했다. 이 과정에서 강력한 성장 위주의 경영과 원가 절감 계획을 밀어붙였다. 치열한 경쟁 속에서 하루라도 빨리 신차를 내놓아야 했기에 품질 문제를 제기해 신차 출시를 지연시키는 직원은 조직에서 왕따가 되기 일쑤였다. 부품 가격을 심하게 깎더라도 기술력으로 이를 만회할 수 있고 품질을 유지할 수 있다는 자만과 착각도 있었다. 또 미쓰비시 자동차는 미쓰비시 그룹의 전폭적인 지원 아래 성장하는 동안 '고객'보다는 '그룹'에 의존했기 때문에 위기의식이 낮았다. 도쿄 미쓰비시 자동차 은행으로부터 투자를 받고, 연구개발과 부품 조달은 미쓰비시 자동차 중공업, 판매는 미쓰비시 자동차 상사의 도움을 받았다. 또 그룹 계열사 직원과 거래처 직원을 고객으로 확보하면서 손쉽게 사업을 확장해 왔다.

일본 국민들은 분노했다. 불매 운동이 이어졌다. 소비자의 안전을 외면한 기업에는 인정을 베풀지 않았다. 미쓰비시 자동차는 2003년에 2,100억 엔이 넘는 당기순손실을 기록했다. 2004년 미쓰비시 자동차의 일본 내 판매량은 2003년과 비교해 56.3퍼센트나 추락했다. 혹독한 구조조정을 실시했지만 많은 판매 대리점이 문을 닫아야 했다. 파장은 몇몇 공장이 폐쇄되는 사태로까지 이어졌다. 일본 정부는 미쓰비시 자동차의 후소 트럭 갖고 있던 국제 품질관리 인증인 ISO 9001도 박탈해 버렸다. 미쓰비시 자동차에 2,000억 엔 이상 투자했던 다임러크라이슬러Daimler Chrysler도 "더 이상 지원하지 않겠다"고 발표했다. 미쓰비시 자동차는 7,000억 엔의 자금을 증자를 통해 조달할 계획이었는데, 이 가운데 4,000억 엔 정도를 다임러크라이슬러가 부담하기로 한 상황이었다.

리콜 은폐 문제로 소비자의 신뢰가 땅에 떨어지자 투자자와 소비자 모두가 등을 돌렸다. 자동차의 결함을 쉬쉬 하던 미쓰비시 자동차는 리콜 비용의 수십 배가 넘는 엄청난 비용을 치러야 했다. 리콜이라는 자체 자정自淨 시스템을 거부한 미쓰비시 자동차가 주는 교훈이다.[80]

부인, 아우디가 미국에서 맥을 못 추는 이유

독일 자동차 아우디는 같은 독일 자동차인 벤츠나 BMW에 비해 미국 시장에서의 브랜드 인지도가 떨어졌다. 하지만 1985년 고급 세단 아우디 5000-S를 내놓으면서 브랜드 가치를 높이기 시작했다. 아우디는 기술 혁신으로 가장 낮은 공기저항계수를 이루었고, 가장 연비가 좋은 디젤 엔진을 만들어 냈으며, 가장 가벼운 알루미늄 차체를 개발했다. 아우디 5000-S는 출시 1년 만에 판매량이 두 배로 급증했다. 자동차 잡지들은 아우디 제품을 격찬했다.

아우디는 고급 자동차의 품질과 성능을 갖추고도 가격이 2만 달러대로 저렴했다. 당시 미국 시장을 분석하던 도요타는 아우디를 중요한 연구 사례로 삼았다. 그리고 아우디처럼 가격 경쟁력을 높일 수 있는 방안을 적극적으로 모색하게 된다.

지금 상황은 어떨까? 2009년 한 해 동안 세계 시장에서 벤츠는 113만 대, BMW는 126만 대, 아우디는 95만 대를 팔았다. 독일의 경쟁사들에는 못 미치지만 그렇다고 해서 성적이 많이 뒤처지는 것은 아니었다. 하지만 미국으로 가면 이야기는 달라진다. 세계 최대 단일 시장인 미국에서 벤츠는 20만 대, BMW는 19만 대가 팔렸다. 아우디는 8만 대 판매에 그쳤다. 이렇게 큰 차이를 보이는 이유가 뭘까?

1986년 미국 CBS의 시사 프로그램인 〈60분60 Minutes〉은 '통제 불능'이라는 제목으로 아우디를 고발하는 내용을 내보냈다. 당시 절찬리에 팔리던 아우디 5000-S가 급발진으로 사고를 일으킬 수 있다는 의혹을 제기한 것이다. 아우디를 타고 있다가 자신의 아들을 자동차로 친 오하이오의 한 여성은 인터뷰에서 자신이 아들을 친 것은 급발진 때문이라고 주장했다. 이어서 이 프로그램은 아우디의 가속 장치 결함으로 그동안 7명이 사망하고 400여 명이 부상을 당했다고 보도했다. 주차 도중 별다른 이유 없이 가속이 붙어 아우디가 벽을 뚫고 나갔다는 사실도 전했다.

미국 소비자들이 받은 충격은 컸다. 주차 요원들이 아우디 주차 서비스를 거부하는 일까지 일어났다. 언제 급발진할지도 모른다는 우려 때문에 일부 호텔, 레스토랑 등은 아우디는 주차장을 이용할 수 없다는 규정을 두기도 했다. 곧바로 아우디 피해자 모임이 결성되었고, 결함 문제를 해결하라는 압력이 거세졌다. 아우디를 상대로 한 소송도 125건이나 접수되었다.

사태를 해결하는 과정에서 아우디는 기자회견을 열어 사고가 운전자 실수로 일어난 것이라고 몰고 갔다. 고객들은 배신감을 느꼈다. 책임을 회피하려는 아우디의 모습을 보면서 고객들은 아우디가 위험하다는 생각을 굳혔다. 이 같은 상황에서 아우디는 부인으로 일관했으며, 아무런 대안도 제시하지 않았다.

1년 동안의 조사 끝에 미국 정보 조사팀은 아우디가 브레이크와 가속 페달을 가까이 배치해 운전자가 브레이크 대신 가속 페달을 잘못 밟을 가능성이 있다는 분석 자료를 내놓았다. 미국 자동차와 달리 아우디의 자동차는 두 페달이 가깝게 붙어 있어 주의를 기울이지 않으면 페달을 잘못 밟는 실수를 저지를 수 있다는 내용이었다.

아우디를 상대로 제기된 소송에서 아우디는 단 1건을 빼고는 모두 승소했다. 아들을 친 어머니가 낸 소송에서도 이겼다. 이후 아우디는 브레이크 페달과 가속 페달의 간격을 조금 더 벌려서 운전자의 실수를 막도록 했다. 또 브레이크 페달을 밟아야만 시동이 걸리는 시프트 록 장치를 개발해 새로운 차에는 물론 이미 팔린 아우디의 차량에 무상으로 설치해 주었다.

그러나 때는 이미 늦어 있었다. 아우디는 모델의 브랜드명까지 바꾸면서 재기에 몸부림쳤지만 판매량은 급감하기 시작했다. 연간 8만 대에 이르던 판매량은 〈60분〉이 방영된 뒤 2만 대 아래로 곤두박질쳤다. 아우디는 미국 시장에서 철수하는 것을 심각하게 고려해야 할 지경에까지 몰렸다.

《마케팅 불변의 법칙》의 저자인 알 리스는 자신의 책에 이렇게 썼다. '아우디는 벤츠, BMW와 자기네가 만든 자동차를 비교하는 광고를 내보냈다. 광고에서 독일의 자동차 전문가들은 아우디가 품질에서 벤츠나 BMW를 능가한다고 평가했다. 당신은 그 말을 믿는가? 아마도 믿지 않을 것이다. 그 말은 사실일까? 그리고 그것이 사실이든 아니든 그게 중요한 걸까? 마케팅은 제품의 싸움이 아니다. 인식의 싸움이다.'

아우디는 '기술을 통한 진보'라는 자사의 기치旗幟를 내세운 채 사안에 대해 일관적으로 부인하는 태도를 취하다가 결국 고객을 잃었다. 어쩌면 아우디 제품에 결함이 없을 수도 있다. 미국에서 일어난 사고는 페달을 잘못 밟은 운전자의 실수였을지도 모른다. 하지만 고객의 안전에 관한 중대한 문제를 두고서 고객의 입장이 아니라 회사의 입장만을 내세우다가 그들은 기회를 스스로 놓쳤다. 이는 비단 아우디만의 문제가 아니다. 시장이라는 전쟁터에서 경쟁을 벌이는 모든 기업의 문제다.

CHAPTER • 10

섹시함은 남자가 느낀다? 아니, 여자가 느껴야 한다

: 빅토리아 시크릿이 바꾸어 놓은 것

How to Lead

- 제품의 실구매자와 실수요자가 다른 경우는 어떤 것이 있는가? 그리고 이런 제품에 대해서는 어떤 마케팅 방식으로 접근해야 하는가?

- 일상적으로 쓰이는 물건에 어떤 새로운 가치를 부여함으로써 새로운 시장을 개척할 수는 없는가?

- 은밀하고 비밀스러운 이미지의 속옷을 패션으로 전환시킨 레슬리 웩스너의 생각에는 어떤 철학이 깔려 있었는가?

1980년대 초반까지만 해도 미국 여성들은 야한 속옷을 입는 것을 정숙하지 못한 행동이라 여겼다. 반려에게 줄 속옷을 구입하려는 남성들은 속옷 가게에서 마치 큰 죄를 짓는 것 같은 수치심과 부끄러움을 느껴야 했다. 로이 레이먼드는 자신의 경험을 바탕으로 남성들을 위한 여성 속옷 가게, 빅토리아 시크릿의 문을 열었다. 하지만 빅토리아 시크릿과 여성의 란제리에 새로운 가치를 부여함으로써 '대박'을 터뜨린 당사자는 레슬리 웩스너였다. 관능미와 성적 매력은 남성이 여성을 판단하는 기준이 아니라 여성 스스로에게 자신감을 부여하고 존재감을 확인시키는 통로라는 레슬리 웩스너의 생각은 속옷을 패션으로 만들었다. 빅토리아 시크릿의 경쟁자는 다른 회사가 아니라 속옷에 대한 선입견이었다.

스티븐 코비가 쓴《성공하는 사람들의 7가지 습관The 7 Habits of Highly Effective People》이라는 책이 있다. 1990년대 중반에 출간된 이 책은 한국에서 100만 부 넘게 팔리며 오랫동안 베스트셀러 1위 자리를 지켰다. 이 책은 개인이나 조직을 어떻게 성공으로 이끌 수 있는지에 대해서 설명하고 있다.

이 같은 자기계발서의 주요 독자는 30~40대 남성이다.《성공하는 사람들의 7가지 습관》 역시 30~40대 남성이 많이 읽었다. 그런데 이 책을 구입한 실소비자 중에 기업과 단체의 비율이 높았다. 기업에서 대량으로 구입해 직원들에게 권장 도서로 나누어 주는 경우가 많았기 때문이다. 자기계발서의 경우에는 이런 사례가 많다. 성과를 내기를 원하는 사장과 팀장이 직접 구입해 부하 직원들에게 돌리기 때문이다. 책을 읽는 독자와 책을 사는 구매자가 다른 경우다.

빅토리아 시크릿Victoria's Secret도 비슷하다. 전 세계의 많은 남성들이 자신은 입지 않을 란제리를 구입하고 란제리 쇼를 즐긴다. 그렇다면 야한 란제리를 사는 사람은 남성일까, 여성일까? 남성이 여자 친구나 아내에게 줄 선물로 구입하는 경우가 많을까, 아니면 여성 스스로 구입하는 경우가 많을까?

빅시 모델의 환상적인 쇼

2014년 12월 2일, 영국 런던에서 2014년 빅토리아 시크릿 패션쇼가 열렸다. 전 세계 여성들의 워너비인 '빅시 엔젤(빅토리아 시크릿 모델을 일컫는 말)'들이 아슬아슬한 란제리를 입고 무대 위를 수놓았다. 빅토리아 시크릿 패션쇼가 미국이 아닌 다른 나라에서 열린 것은 이때가 처음이었다. 이날 쇼에는 세계적인 팝스타 테

빅토리아 시크릿 패션쇼의 날개를 단 빅시 엔젤

일러 스위프트와 아리아나 그란데가 특별 게스트로 참석해 축하 무대를 펼쳤다. 이날 열린 쇼는 전 세계 200여 방송국을 통해 중계되었다.[81]

여성 모델이라면 누구나 서고 싶어 하는 꿈의 무대, 그 런웨이를 걷는 것만으로 세계적인 톱 모델임이 증명되는 자리, 아슬아슬한 속옷을 입고 사람 몸집보다 큰 화려한 날개를 단 채 런웨이를 걸으며 전 세계 남성의 눈을 사로잡는 축제의 장, 바로 빅토리아 시크릿 패션쇼다. 해마다 미국 뉴욕 파크애비뉴 아모리 홀에서 열리는 '빅시 패션쇼'에서 수많은 '천사'가 탄생했다. 지젤 번천, 나오미 캠벨, 케이트 모스, 타이라 뱅크스, 제시카 고메즈, 하이디 클룸, 미란다 커 등이 대표적이다.

쇼 규모는 엄청나다. 빅토리아 시크릿은 1995년 쇼에 12만 달러를 썼지만, 2002년에는 1,300만 달러나 쏟아부었다. 2012년에는 미국에서만 930만 명이 이 쇼를 보았고, 전 세계적으로 50여 개국에서 2,000만 명이 지켜보았다. 미국의 젊은 여성이라면 꼭 봐야 하는 쇼다. 남자라고 예외는 아니다.

이 쇼를 주최하는 회사는 이름 그대로 빅토리아 시크릿이다. 이 회사는 한 남성의 경험에서 시작되었다. 하지만 타깃을 남성에만 맞추어 실패하는 듯했다. 결국 회사는 다른 사람의 손에 넘어갔다. 회사를 인수한 남자는 여성을 위한 회사로 거듭나게 만들었다. 그 뒤 빅토리아 시크릿은 빅시 모델들처럼 날개를 달았다.

빅토리아 시크릿의 시작은 남성을 위한 여성 속옷이었다

빅토리아 시크릿을 세운 사람은 로이 레이먼드Roy Raymond다. 1970년대에 미국 스탠퍼드 대학교에서 경영학을 전공한 그는 아내에게 선물로 줄 란제리를 구입하기 위해 백화점에 들렀다가 난처한 상황에 처했다. 팬티, 브라, 거들 등 수많은 란제리 가운데 무엇을 선택해야 할지 몰라 고민에 고민을 거듭했다. 여성 손님들을 비집고 들어가 진열되어 있는 란제리를 일일이 들춰보느라 진땀을 뺐다. 그는 여성 속옷의 사이즈에 익숙하지 못했고, 아내의 속옷 사이즈도 몰랐다. 당시만 해도 남성이 여성의 속옷을 구입하는 경우가 드물었다. 란제리 매장의 직원은 로이 레이먼드를 이상한 사람처럼 대했다. 그 역시 란제리 매장에 있는 자신이 한 순간 변태 같다는 생각이 들었다. 그는 조잡한 꽃무늬가 새겨진 나이트가운을 서둘러 고른 뒤 집으로 향했다.[82]

로이 레이먼드는 란제리 매장에서의 경험을 친구에게 말했다. 그의 이야기를 들은 친구 역시 "여자 친구를 위해 란제리를 사러 갔다가 변태 취급을 당했다"고 털어놓았다. 그 순간, 로이 레이먼드의 머릿속에 아이디어 하나가 반짝였다. 남성이 여성 란제리를 편안하게 고를 수 있는 가게를 열어 보겠다는 것이었다.

지금이야 속옷 매장에서 여성 란제리를 고르는 남성이 그리

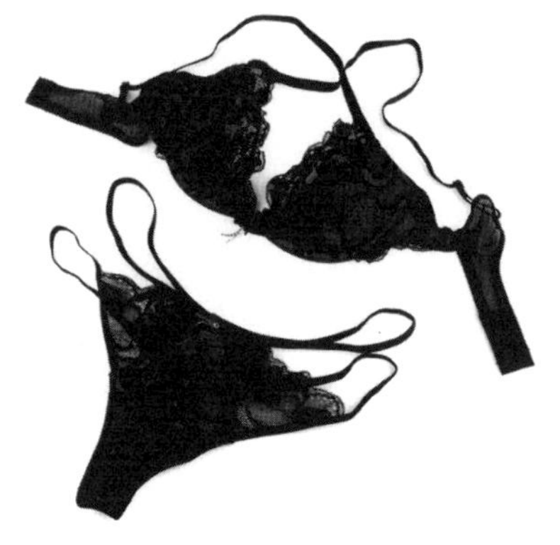

이상해 보이지 않는다. 그래도 남의 시선이 부담스러운 사람은 인터넷을 통해서 어렵지 않게 여성 란제리를 구할 수 있다. 하지만 당시만 해도 로이 레이먼드의 도전은 새롭고 낯선 것이었다. 아내나 여자친구에게 란제리를 선물하고 싶어 하는 남성이 적지 않았지만 란제리 가게는 여성들만을 위한 '금남의 구역'이었다.

1977년, 로이 레이먼드는 가족들로부터 8만 달러를 빌려 아내와 함께 캘리포니아 팔로알토에 조그만 가게를 열었다. 가게 이름은 빅토리아 시크릿이었다. 가게 콘셉트도 '빅토리아의 비밀'이라는 뜻에 맞추어서 꾸몄다.

가게 내부의 콘셉트는 영국 빅토리아 시대 상류 사회 여성의 안방 또는 드레스 룸을 일컫는 '부드와르Boudoir'였다. 가게 실내는 빅토리안 시대를 떠올리게 하는 짙은 색의 목재와 동양풍의 융단, 실크 장식 등으로 꾸몄다. 그 시대의 부드와르에서 여자들은 옷을 걸칠 필요가 없었다. 여자만을 위한 특별한 공간, 여성들이 자신의 성적 매력과 잠재력을 발견하고 나누는 공간이었다. 로이 레이먼드는 여성들의 이 은밀한 공간을 남성들에게 개방하기로 한 것이었다.

1950~60년대까지만 해도 미국의 여성들은 속옷의 실용성과 내구성만을 중요하게 여겼다. 자신의 몸에 잘 맞거나 오랫동안 입을 수 있는 제품을 주로 구입했다. 대부분의 미국 여성들은 섹시한 란제리는 신혼여행이나 결혼기념일 같은 특별한 날에만 입는 것이라고 생각했다.

1960~70년대에 이르자 미국에서는 여성 운동이 번지기 시작했는데, 그 중심이 캘리포니아였다. 여성들은 브라의 속박에서 해방되기를 원했다. 속옷은 그저 필요에 의해서 착용하는 것일 뿐이라는 생각이 퍼졌고, 그마저도 입지 않으려는 여성이 늘었다. 빅토리아 시크릿은 이런 상황에서도 괜찮은 매출 실적을 올렸다. 타깃 고객을 남성으로 잡았기 때문이다. 가게에 직접 방문하는 것을 꺼리는 남성을 위해서 우편 광고DM · direct mail advertising도 시작했다. DM을 통한 판매가 계속 늘어났다. 그 덕분에 로이 레이먼드는 가게를 연 지 5년 만에 샌프란시스코에 가게 세 곳을 추가로 열었다. 1982년 회사의 연 매출은 400만 달러를 넘었다.[83]

하지만 빅토리아 시크릿은 오래지 않아 파산 직전의 상황까지 내몰린다. 노골적이고 화려한 가게 분위기로 인해 처음에는 눈길을 끌었지만 정작 속옷의 실제 수요자인 여성의 마음을 얻지 못했기 때문이다. 그로부터 5년 뒤 빅토리 시크릿은 여자의 마음을 잘 꿰뚫은 한 사람을 만나 새로운 날개를 단다.

보다
고급스럽게

로이 레이먼드의 빅토리아 시크릿이 파산을 향해 추락하고 있을 때, 미국 중서부 오하이오에서는 레슬리 웩스너Leslie Wexner가 새로운 의류 사업을 준비하고 있었다. 오하이오 주립대학교에서 경영학을 전공한 레슬리 웩스너는 법대에 진학했지만 학업을 접고 부모가 하는 일을 도우며 의류 사업에 뛰어들었다. 1963년, 그는 1만 달러를 자본으로 킹스데일 쇼핑센터에 가게를 열었다. 젊은 여성의 옷만 전문적으로 판매한다는 의미에서 가게 이름을 '더 리미티드The Limited(훗날 레슬리 웩스너는 자신의 회사들을 리미티드 그룹으로 묶는다)'로 정했다.

전략은 적중했다. 더 리미티드는 1970년에 11개였던 매장이 1977년에는 188개로 늘어나 5,000만 달러 가치의 기업으로 성장하며 미국의 대표적인 의류 유통 업체로 자리 잡았다. 이러한 성공을 발판으로 레슬리 웩스너는 새로운 의류 사업을 추진할 생각이었다. 하지만 딱히 아이템이 있었던 것은 아니었다.

1980년대 초, 레슬리 웩스너는 샌프란시스코에서 더 리미티드 매장을 준비하고 있을 때 우연히 빅토리아 시크릿 매장을 찾았다. 그는 2010년 시사 잡지 《뉴스위크Newsweek》와의 인터뷰에서 당시를 이렇게 기억했다.

"매우 작은 가게였습니다. 영국 빅토리안 시대의 상류층 여성의 란제리가 아니라, 빅토리안 시대 사창가 여성의 란제리 같았죠. DM에 나온 모델은 매춘부 같은 느낌을 주었습니다. 하지만 붉은색 벨벳 소파가 놓여 있는 곳에 전시된 섹시한 란제리들이 눈에 띄었습니다. 브라, 팬티, 슬립은 하나같이 고급스러워 보였죠. 게다가 그런 란제리는 미국에서는 전혀 볼 수 없었던 것이었습니다."

레슬리 웩스너는 빅토리아 시크릿의 잠재 가치를 알아차렸다. 하지만 타깃 고객은 남성이 아니라 여성이 되어야 한다고 생각했다. 1982년, 그는 400만 달러를 들여 빅토리아 시크릿을 전격 인수했다.

갭, 폴로 같은 란제리를 만들자

레슬리 웩스너는 빅토리아 시크릿의 콘셉트를 새롭게 잡아야 했다. 그는 몇 날 며칠 동안 고민했다. 그러다가 이런 생각을 했다. '여성에게도 자신의 시각으로 성적 매력을 발견하고 발산할 기회가 있어야 하지 않을까? 섹시함은 미래의 확실한 패션 트렌드가 될 것이다.'

당시 미국 상류층의 여성들은 값비싼 란제리를 구입했다. 이탈리아 란제리 브랜드 '라 펠라La Perla'가 대표적이었다.

1954년 설립된 라 펠라는 처음에는 부유한 여성을 위한 코르셋을 만들면서 출발했다. 섬세하면서도 우아한 디자인이 특색이었고 이탈리아 특유의 장인 정신을 바탕으로 고품질의 제품만을 만든다는 이미지를 갖고 있었다. 007 시리즈의 역대 본드걸들이 라 펠라의 비키니를 입고 출연한 것으로도 유명하다. 라 펠라는 유럽 스타일의 란제리를 선보이며 고가 시장을 장악하고 있었다.

레슬리 웩스너는 라 펠라처럼 빅토리아 시크릿도 명품 이미지를 갖추어야 한다고 생각했다. 그렇다고 해서 고가 제품을 만들 수는 없었다. 미국에서 살아남으려면 대중성이 있어야 했다. 그는 청바지 브랜드 '갭GAP'을 떠올렸다.

갭은 명품과 저가 제품 중간에 포지셔닝한 대표적인 브랜드다. 이른바 '매스티지masstige' 브랜드로 불린다. 매스티지 브랜드는 대중mass과 명품prestige product을 조합한 단어로 가격은 저렴하면서도 명품과 같은 가치를 불어넣은 브랜드를 일컫는다. 그때까지 란제리 시장에서는 럭셔리 브랜드와 저가의 대중적인 브랜드 사이에 위치한 브랜드가 없었다.

빅토리아 시크릿의 콘셉트를 구상하면서 레슬리 웩스너가 떠올린 두 번째 이미지는 유럽 스타일이었다. 의류 업계에서 유럽 느낌이 나도록 옷을 디자인해 온 회사는 폴로랄프로렌Polo Ralph Lauren Corporation이다. 미국 고객은 유럽 스타일의 '폴로Polo' 브랜드에 열광했다. 레슬리 웩스너는 빅토리아 시크릿을 '란제리계의 폴로'로 만들고 싶었다.

결국 유럽을 돌아다니면서 레슬리 웩스너가 찾아낸 콘셉트는 유러피안 란제리였다. 미국 여성이 란제리의 기능성과 내구성에 보다 신경을 쓴다면 유럽 여성은 란제리의 스타일과 섹시함에 무게를 두었다. 그는 유럽 출장을 마치고 미국으로 돌아온 뒤 콘셉트를 확정했다.[84]

"섹시한 란제리 시장은 미국에는 없다. 물론 아주 고가의 섹시 란제리 시장이 있지만, 평범한 사람은 구입하기 힘들다. 또 다른 시장은 아내와 여자 친구에게 란제리를 사 주기 위한 남성 고객 시장이다. 만약 적당한 가격의 섹시한 란제리가 나온다면 유럽 여성처럼 미국 여성들도 구입하게 될 것이다."

여성이 진짜 원하는 란제리

레슬리 웩스너는 빅토리아라는 가상의 캐릭터를 내세워 브랜드 스토리를 만들었다. 영국과 프랑스계의 피를 물려받은 빅토리아는 끊임없이 섹시미를 추구하면서도 분별력을 지닌 도시 여성이었다. 그런 그녀가 입는 란제리가 바로 빅토리아 시크릿이었다. 그리고 '세상에서 가장 아름다운 여성이 입는 란제리'라는 콘셉트를 제품 개발과 마케팅, 매장 디자인, 모델 선정에 적용했다.

이를 위해 유럽의 디자이너가 직접 디자인을 하고 최고급 원

빅토리아 시크릿 패션쇼에서 런웨이를 걷고 있는 빅시 모델들

단을 사용했다. 매장도 리모델링했다. 어두운 목재와 붉은 색조의 분위기를 전면적으로 바꾸었다. 여성들이 붉고 어두운 조명의 란제리 가게에 들어서는 것을 홍등가에 들어가는 것처럼 거북해 한다는 사실을 레슬리 웩스너는 간파했던 것이다. 대신 금빛 벽지, 꽃무늬, 클래식 음악, 고풍스러운 향수병 등으로 가게를 채워 여성들이 부담 없이 찾을 수 있는 공간으로 만들었다.[85] 퇴폐적이었던 DM 광고도 격상시켰다. 패션 잡지 《보그Vogue》나 《엘르Elle》에 나올 법한 패션모델들이 빅토리아 시크릿의 DM 광고에 등장했다.

레슬리 웩스너는 섹시함이 미래의 트렌드가 될 것을 확신했다. 그리고 란제리를 통해 성적 매력을 표현하고 인식하는 시대가

올 것이라고 내다보았다. 시각의 전환이다. 섹시함은 남성이 여성을 바라보는 기준이 아니라 여성이 자기 스스로를 드러내고 들여다보는 관점이라고 생각한 것이다.

또한 레슬리 웩스너는 '속옷=패션'이라는 공식을 최초로 만들어 냈다. 속옷을 보이지 않도록 감추어야 하는 치부가 아니라 당당하게 드러내도 좋을 패션으로 전환시킨 것이다. 이전까지 란제리는 가슴과 엉덩이를 모아 주고 특정 부위를 가리는 용도의 물건에 지나지 않았다. 하지만 레슬리 웩스너는 섹시함이라는 가치를 여성에게 되돌려 줌으로써 란제리를 여성의 자기만족을 위한 패션 아이템으로 만들었다. 이후 여성은 자신의 아름다움을 표현하는 데 더욱 과감해졌다.

로이 레이먼드가 찾은 섹시함은 퇴폐적이고 남성 중심이었다. 란제리를 입는 사람은 여성이지만, 란제리를 구입하는 사람은 남성이라고 보았기 때문이다. 그래서 남성 고객에게 어필할 만한 제품을 만들었고, 매장도 남성 친화적으로 꾸몄다. 한때 번성하던 빅토리아 시크릿이 파산 직전까지 몰렸던 것은 실수요자와 구매자를 일치시키려는 노력이 부족했기 때문이다. 반면에 레슬리 웩스너는 여성의 관점에서 여성을 위한 란제리 매장을 열었다. 그는 란제리를 여성의 시각으로 자신의 성적 매력을 발견하고 발산할 수 있는 통로라고 여겼다.[86]

란제리의 원조 시장인 유럽과 미국의 소비자 취향은 많이 달랐다. 하지만 이 차이에 주목하는 업체는 별로 없었다. 당시 유럽

빅토리아 시크릿 매장

여성은 외양과 스타일에 무게를 두고 란제리를 착용했지만, 미국 여성은 기능성을 중시했다. 미국 여성은 유럽 여성이 매일 입는 섹시하고 아름다운 란제리를 주말 이틀 동안만 입는 특별한 속옷으로 여겼다. 레슬리 웩스너는 유럽에는 있지만 미국에는 존재하지 않았던 수요를 찾아낸 것이다.

엄마와 딸이 함께 쇼핑하는 빅토리아 시크릿 매장

매년 열리는 빅토리아 시크릿 패션쇼에는 세계 최정상급

모델들이 등장한다. 이들을 보면서 세계의 여성들은 빅토리아 시크릿의 란제리를 아름다운 여성이라면 꼭 입어야 하는 제품으로 인식한다. 또 빅토리아 시크릿을 입으면서 자신 안에 잠재된 관능과 섹시함을 발견하기도 한다. 무명 모델이었던 독일 출신의 하이디 클룸은 빅토리아 시크릿 무대에 서고 나서 세계적인 모델로 떠올랐다. 그녀는 셋째 아이를 낳은 뒤 옛날 몸매를 회복한 비결이 뭐냐는 질문을 받고는 빅토리아 시크릿을 입기 위해 혹독하게 다이어트를 했다고 답했다. 빅토리아 시크릿 자체가 여성의 미를 가름하는 기준이 된 것이다.

이제 여성은 가격이 싸고 제품이 다양하다고 해서 가게 앞에 줄을 서지 않는다. 그들은 경험을 중요시한다. 그래서 빅토리아 시크릿 매장은 고객에게 경험을 선물한다. 직접 란제리를 입어 본 뒤에 구입할 수 있도록 한 것이다. 이를 위해 빅토리아 시크릿은 직원 교육에 만전을 기한다. 자신의 몸을 드러내고 확인하는 장소에서 질 낮은 서비스를 받는다면, 여성들은 자칫 수치심을 느낄지도 모른다. 여성들은 빅토리아 시크릿 매장에서 쇼핑을 하고 직원들로부터 대접을 받으며 스스로를 특별한 존재로 느끼게 된다. 제품뿐만이 아니라 매장도 '상품'으로서의 가치를 지니는 것이다.

빅토리아 시크릿은 엄마와 딸이 함께 찾는 란제리 매장으로도 유명하다. 모녀가 함께 란제리를 둘러보면서 그들은 여성이 지닌 매력이 침실에서만 발휘되어야 하는 것이 아니라 공공장소에서도 부각되어야 할 미덕이라는 사실에 공감하고 여성성이 지닌 가치를 깨닫는다. 또 그들은 '여성'이라는 동질감을 확인하면서 유대감을 키우기도 한다. 빅토리아 시크릿은 여성의 섹시함을 발산하도록 도왔을 뿐만 아니라, 여성의 연대를 이루는 중요한 매개가 된 것이다.

CHAPTER • 11

데이터의 승리? 아니, 오프라인 단골손님을 대하듯 하라

: 아마존의 경쟁력은 오프라인 문화

How to Lead

- 온라인 쇼핑 사이트와 오프라인 매장은 각각 어떤 장단점을 가지고 있는가?
- 온라인 쇼핑 사이트인 아마존이 단골손님을 유치하기 위해 취한 프로그램은 무엇인가?
- 오프라인 매장과 온라인 쇼핑 사이트를 통틀어 '문화'는 어떤 힘을 발휘하는가?
- 현대의 소비자는 제품이 싼 것에만 매력을 느끼지는 않는다. 그 이유는 무엇일까?

지금은 종합 쇼핑 사이트가 된 아마존은 인터넷 서점으로 출발했다. 창업자인 제프 베조스가 생각한 인터넷 서점의 경쟁력은 단 하나였다. 아무리 큰 서점이라도 책을 진열하고 보관하는 공간의 제한이 있을 테니 '제품 목록'에서 우위에 설 것이라는 점이었다. 하지만 제프 베조스의 이 아이디어는 누군가 따라 하기 쉬운 것이었다. 인터넷 서점은 매장을 필요로 하지 않기 때문에 초기 자본이 크게 들어가지 않고, 그만큼 누구나 손쉽게 오픈할 수 있었다. 이러한 상황에서 제프 베조스는 아무나 따라 하기 쉽지 않은 서비스를 생각해 냈다. 그런데 아이러니하게도 제프 베조스가 생각한 서비스는 오프라인에서 가져온 것이었다. 그것은 바로 소비자들에게 단골 가게가 제공할 수 있는 맞춤형 서비스를 준비하는 것이었다.

점포 하나 없이 오로지 인터넷 사이트에 서점을 차려 놓고 전 세계를 대상으로 책을 팔았던 젊은이가 있다. 제프 베조스Jeff Bezos다. 그가 만든 아마존Amazon은 세계 최초의 인터넷 서점이 되었다. '세계 최초'라는 수식어도 그렇거니와 사업을 시작하는 사람에게 경제적 부담이 되는 임대료 없이 가상공간에 가게를 차렸다는 점도 놀랍다. 여기까지는 자영업을 시작하려거나

스타트업을 하려는 이들에게 도움이 되고 자극이 된다.

하지만 경제경영서에서 접하는 아마존의 성공 사례를 보면 피부에 와 닿지 않는 경우가 많다. 빅데이터를 모아 고객을 분석하고 물건을 써 본 사람의 평가를 다른 고객이 볼 수 있도록 했기에 아마존이 성공할 수 있었다는 내용을 접하면 더욱 그렇다. 제프 베조스가 아마존을 열 당시에는 인터넷이 활성화되기 전이었고, 데이터를 분석할 만한 여력도 없었다.

아마존은 태생적으로 온라인 세상에서 가능한 장점들을 타고 났다. 하지만 오프라인을 기반으로 형성된 전통적인 사업 수단이 온라인으로 연결된 지점이 있지 않을까? 있다. 그것은 단골손님에 관한 것이다.

K마트의 몰락과 월마트의 도약

월마트가 있기 전 K마트가 있었다. K마트는 세바스찬 크레스지Sebastian S. Kresge가 1897년에 다른 가게보다 물건을 5~10퍼센트 정도 싸게 파는 할인점을 열면서 출발했다. 1972년까지 K마트는 미국에서 가장 큰 소매 유통 회사였다.

대부분의 스타트업 기업들이 그랬듯, 지금은 세계 최고의 유통 체인이 된 월마트 역시 당대의 최강자였던 K마트를 벤치마킹하면서 출발했다. 월마트 창업자 샘 월튼Sam Walton은 자신의 자서전에서 "K마트의 뛰어난 경영 전략과 운영 방식을 모방하기 위해 오랜 기간 노력했으며, 때로는 경쟁이 불가능하다고 느꼈다"고 고백하기도 했다.

K마트는 인지도 높은 고급 브랜드를 다른 소매점보다 낮은 가격에 판매하는 것을 핵심 전략으로 성장했다. 그러나 1980년대 후반부터 서적, 스포츠 용품, 사무 용품 등으로 사업을 다각화하면서 경쟁력을 잃기 시작했다. 한때 미국 전역에서 2,300개가 넘는 매장을 운영했지만, 1980년대부터 지속적으로 수익률이 감소하다가 2002년 1월에 파산 신청을 했다. K마트의 빈자리는 월마트 차지가 되었다.[87]

샘 월튼은 1940년 아이오와 주 디모인의 잡화점, JC페니JCPenney에서 일하며 소매업을 익혔고, 1945년에 아칸소 주 뉴포트에서 벤플랭클린 잡화점Ben Franklin Stores의 분점을 인수하면서 본격적으로 소매업을 시작했다. 이때까지만 해도 샘 월튼은 우리나라로 치면 '슈퍼 사장'에 불과했다. 이후 지속적으로 가게를 인수하며 사업을 확장하던 그는 1962년 아칸소 주 서북부의 작은 도시 로저스에 월마트 1호점을 열었다. 하지만 월마트 1호점은 큰 성과를 내지 못했다. 그러나 그는 미국 서북부 일대에 월마트 매장을 지속적으로 늘려 나가 5년 만에 24개의 매장을 갖게 되었으며, 1970년에는 로저스 인근의 벤턴빌에 본사를 두고 38개의 매장에 1,500명의 직원을 둔 중견 업체로 성장했다.

캐나다 오타와의 월마트 매장

월마트는 자본력이 약하고 후발 주자로서의 약점을 극복하기 위해 시골 지역의 소도시를 기반으로 사업을 전개했다. 소도시는 경쟁 업체가 많지 않았고 시장을 선점함으로써 진입 장벽을 허물 수 있었으며 임대료가 낮아 물건을 싸게 팔 수 있었다. 이런 전략을 바탕으로 월마트는 1980년대에 빠른 속도로 성장했다. 물론 월마트의 성장에는 K마트의 몰락도 한몫했다.[88]

현재 월마트의 매출액은 3,500억 달러로, 미국 식료품 판매의 19퍼센트를 장악하고 있다. 직원 수는 210만 명에 이른다. 세계에서 가장 많은 사람이 일하는 회사다.

책이 좋아서가 아니라 돈이 될 것 같아서

미국 유통 시장에서 K마트가 침몰하고 월마트가 새로운 강자로 떠오르고 있을 무렵인 1995년, 제프 베조스는 오프라인이 아닌 온라인을 통해 판매할 만한 아이템을 고민하고 있었다. 당시만 해도 제프 베조스는 20여 년 뒤 월마트가 자신의 경쟁자가 되리라고는 꿈에도 생각지 못했다. 그는 다만 반스앤노블Barnes & Noble 같은 대형 서점에 맞서 사업을 할 수 있을지를 걱정할 따름이었다.

미국에서 PC를 보유한 가구 수는 1984년 7퍼센트에서 10년 뒤에는 25퍼센트로 늘어났다. PC 보급이 늘어남에 따라 인터넷 규모도 기하급수적으로 확대되었다. 1994년 당시 만 30세였던 제프 베조스는 이러한 급격한 변화에 주목하고 인터넷을 활용할 수 있는 사업을 구상한 것이었다.

제프 베조스는 옷, 책, 음반, 장난감, 소프트웨어, 전자제품 등 20여 개의 품목을 골라냈다. 그 가운데 선택된 것이 바로 책이었다. 인터넷을 활용해 할 수 있는 새로운 사업의 아이템이었다. 그가 책을 좋아하거나 즐겨 읽는 편은 아니었기에 주변 사람들은 놀라워했다. 책을 온라인 사업 아이템으로 선택한 이유는, 단일 품목으로 '가지 수'가 가장 많았기 때문이다.

당시 반스앤노블이나 보더스Borders와 같은 대형 서점에 가면

25만여 권의 책을 접할 수 있었다. 제프 베조스는 온라인 서점은 이보다 10배쯤 많은 책을 구비할 수 있어야 한다고 생각했다. 오프라인 대형 서점을 이기기 위해서는 그들보다 20~30퍼센트 정도가 아니라 100퍼센트 이상 많은 도서 리스트를 갖고 있어야 한다고 판단한 것이다.

엉뚱해 보일지는 모르나, 허황된 아이디어는 아니었다. 오프라인 대형 서점은 고객이 직접 서점을 찾아가 책을 구매하기 때문에 서점에 다양한 책을 배치하고 진열해 놓아야 한다. 하지만 오프라인이라는 공간의 한계가 있기 때문에 책의 가지 수를 제한할 수 밖에 없다. 하지만 온라인 서점은 책을 진열하고 배치할 필요가 없기 때문에 공간의 제한을 받지 않는다. 때문에 오프라인 서점보다 훨씬 많은 책을 소비자에게 노출시킬 수 있다. 오프라인이 할 수 없는 온라인 서점만의 장점이었다.

온라인의 역설 : 동네 정육점 같은 고객 서비스

오프라인 서점과의 경쟁이 전부가 아니었다. 아마존은 이후 우후죽순처럼 생겨날 인터넷 서점들과의 경쟁을 준비해야 했다. 온라인 서점은 대형 서점처럼 매장을 지을 필요가 없기 때문에 초기에 큰 자본이 들지 않아 진입 장벽이 낮다. 누구나 따라 하기 쉬운 사업 모델이라는 말이다. 실제로 아마존이 생긴 뒤 제프 베조스의 예측대로 여러 개의 인터넷 서점이 생겨났다. 아마존은 그들과 경쟁하기 위해 아마존 사이트를 찾아오는 고객들을 단골손님 대하듯 했다.

오프라인에서는 누구나 빵집, 식당, 정육점, 미용실 등 단골 가게가 하나쯤은 있다. 이러한 단골 가게의 주인은 단골손님의 취향을 잘 파악하고 있기 때문에 굳이 손님이 무언가를 말하지 않아도 알아서 물건이나 서비스를 내놓는다. 갓 구운 빵을 추천해 주거나 새로 들여온 과자를 내놓기도 하고 손님이 먼저 말하기도 전에 알아서 머리를 깎아 준다. 가게를 찾는 손님의 입맛과 취향을 알기에 손님이 원하는 서비스를 해 주는 것이다. 또 이런 서비스를 받을 수 있기 때문에 손님은 그 가게를 더욱 자주 찾게 된다.

아마존도 이러한 시스템을 도입했다. 동네 조그만 가게에서 받을 수 있을 법한 맞춤형 서비스를 제공한 것이다. 아마존은 이런 식으로 고객과의 유대를 형성하면서 '그들만의 문화'를 만들어 나갔다. 경쟁사가 하지 못하는 고객 중심의 문화를 만들어 아마존에서 한 번 물건을 산 사람은 다시 아마존에서 클릭을 하도록 유도하는 전략이었다.[89]

이를 실현하기 위해 아마존은 고객 데이터 관리에 집중적인 투자를 했다. 그 결과, 아마존만의 특별한 서비스 프로그램이 만들어졌다. '가상 매장 페이지'가 대표적이다. 고객의 과거 쇼핑 패턴을 분석해서 그 고객의 취향과 기호에 맞는 가상 매장을 제공하는

것이다. 거기에는 고객의 입맛에 맞는 다양한 추천 상품이 분야별로 차곡차곡 정리되어 있다. 대량 마케팅 전략이 아니라 개인 마케팅 방식으로 접근한 것이다.

뿐만 아니라 아마존은 편리하고 빠른 결제를 위한 원 클릭 서비스를 도입하고 고객의 의견과 평점을 통한 상품 평가 시스템 등을 운영하면서 아마존 이용 고객들이 보다 친절하고 독특한 서비스를 경험하도록 하고 있다. 그 결과, 아마존을 떠나지 않는, 충성도 높은 고객 수가 크게 증가했다. 아마존에서 일어나는 매출의 70퍼센트 이상은 아마존에서 이미 물건을 구입한 경험이 있는 기존 고객에 의한 것이다. 아마존의 기존 고객이 재구매할 확률 70퍼센트는 온라인 쇼핑 업계의 평균을 거의 두 배 가까이 웃도는 수치다. 온라인 서점인 북스닷컴books.com에서 판매하는 책의 99퍼센트가 아마존보다 싼 가격에 팔리고 있지만 시장 점유율은 2퍼센트에 불과하다. 이에 비해 아마존의 온라인 서점 시장 점유율은 80퍼센트에 육박하고 있다. 북스닷컴과 아마존이 보이는 이러한 차이는 소비자들의 구매 기준이 단지 저렴한 가격에 있는 것이 아니라는 사실과 아마존이 가진 경쟁력을 증명하고 있다. 가격 차이가 크지 않을 경우, 온라인 소비자들은 같은 물건의 가격이 싼 사이트가 아니라 양질의 고객 서비스를 경험할 수 있는 사이트를 찾는 것이다.

아마존은 다양한 마케팅 기술과 전략을 인터넷 사업에 도입함으로써 인터넷 고객 관리의 수준을 한 차원 끌어올리는 데 기여했다. 특히 아마존이 선보인 고객 관리 시스템CRM, Customer Relationship Management과 제휴 마케팅은 인터넷 마케팅의 모범이 되어 무수히 많은 전자 상거래 업체들이 도입하고 있다.[90]

한 사이트에서 반복적으로 제품이나 서비스를 구입하는 비율을 반복 구매율이라고 하는데, 아마존은 이 부문에서 독보적인 위치를 차지하고 있다. 보스턴컨설팅 그룹의 자료에 따르면 일반 사이트의 반복 구매율은 20퍼센트 미만인데 아마존은 64퍼센트나 된다. 이러한 사실은 아마존 고객의 대부분이 뜨내기손님이 아니라 단골손님이라는 점을 말해 준다. 그렇다면 왜 이토록 많은 사람들이 아마존의 단골손님이 되었을까? 아마존의 서점 부문을 예로 들어 보자.

아마존에서 팔고 있는 제품에는 모두 별 표시로 등급이 매겨져 있다. 별이 다섯 개라면 가장 좋은 평가를 받은 것이다. 책을 구매한 독자들이 평가한 등급은 실제로 책 판매에 큰 영향을 미친다. 구입할 만한 가치가 있는지 평가하는 기준이 되기 때문이다. 이러한 평가에 대한 고객의 신뢰는 쉽게 형성되지 않는다. 수많은 사람들이 꾸준히 참여할 때 비로소 의미를 지니게 된다. 개개인이 지니고 있으면 별 소용이 없을 정보가 인터넷을 통해 한 군데로 집중되면서 보편성을 획득할 수 있기 때문이다. 사용자들의 추천이나 리뷰는 전문가의 시각에서 쓰인 것이 아니라 경험을 공유하고자 하는 일반 소비자들이 올리는 것이기 때문에 더욱 가치가 있다.

오프라인 속으로 들어가는 아마존

2014년 미국 전자 상거래 시장 규모는 3,049억 달러(약 339조 원)로 2013년과 비교하여 15.4퍼센트 성장했다. 미국 전자 상거래 시장은 글로벌 금융 위기로 경기 침체에 빠졌던 2009년 이후 5년 연속 15퍼센트가 넘는 성장세를 기록하고 있다. 이렇게 온라인 시장의 매출이 가파른 상승세를 보이는 이유는 오프라인 매장에서 제품의 가격과 품질을 확인한 뒤 상대적으로 가격이 저렴한 온라인을 통해서 물건을 구입하는 '쇼루밍Showrooming족'이 늘고 있기 때문이다. 예전에는 오프라인 매장에서 물건을 확인한 뒤에 온라인으로 구매를 하려고 해도 인터넷에 접속 가능한 공간으로 이동해야 하는 번거로움이 있었지만, 최근에는 스마트폰 등의 모바일 기기를 통해 그 자리에서 바로 구매할 수 있기 때문에 전자 상거래 규모가 더욱 커지는 것이다.

《포레스트 리서치Forest Research》에 따르면 미국 소비자의 20퍼센트가 쇼루밍 소비를 경험했고, 50퍼센트 이상이 매장에서 스마트폰으로 가격 검색을 한 적이 있다고 말했다. 쇼루밍을 하는 주요 품목은 의류와 신발(33퍼센트), 가전제품(39퍼센트) 등이다. 오프라인 매장에서 의류와 신발을 착용해 보고 가전제품의 기능을 체험한 뒤에 모바일 기기로 가격을 비교하여 싼 곳에서 제품을 구입하는 것이다. 이 때문에 미국에서는 오프라인 매장이 아마존의 상품 전시관showroom으로 전락했다는 이야기가 나올 정도다. 미국의 여론 조사 기관 해리스 폴Harris Poll이 2012년 연말 쇼핑 시즌에 쇼루밍 현상을 조사한 결과를 보면, 전자 상거래를 통해 구매하기 전에 제품을 확인하고 체험하는 곳으로는 베스트바이Best Buy(24퍼센트), 월마트(22퍼센트) 차례로 나타났다. 그리고 제품을 체험한 뒤 구매하는 곳은 아마존(57퍼센트), 이베이eBay(5퍼센트) 차례였다. 쇼루밍으로 물품 구입에 쓰는 금액은 평균 211달러였다. 월마트와 베스트바이를 찾은 뒤 온라인을 통해 월마트와 베스트바이에서 제품을 구입한 비율은 각각 11퍼센트와 8퍼센트에 그쳤다.

온라인이 오프라인을 접수하고 있는 분야는 소매 유통뿐만이 아니다. 온라인 서점 때문에 전 세계적으로 수많은 오프라인 서점이 문을 닫았다. 오프라인 대형 서점인 보더스는 파산했고, 반스앤노블 역시 아마존 때문에 힘겨워하고 있다. 또 음악과 영화를 온라인으로 듣거나 보는 사람이 늘어나면서 음반 판매점과 영화관, 비디오 대여점 등도 사라지고 있다. 전자 제품 역시 온라인에서 구매하는 추세가 늘다 보니 디지털 제품 판매점도 서서히 줄어들고 있다. 서킷시티Circuit City가 문을 닫았으며, 미국 최대의 디지털 기기 판매점인 베스트바이도 경영에 어려움을 겪고 있다. 미국의 유명 백화점 체인인 JC페니와 시어스Sears, Roebuck and Company도 위기에 처해 있다.

아마존 vs 월마트 :
새로운 유통 전쟁을 펼치다

온라인과 오프라인의 경계가 모호해지면서 두 거인이 맞붙는 양상을 보이고 있다. 온라인을 넘어 오프라인 경쟁력까지 강화 중인 아마존과 오프라인 유통의 최강자인 월마트가 그들이다. 두 회사는 온오프라인이 통합된 유통 시장의 넘버 1이 되기 위한 본격적인 경쟁을 벌이고 있다.

회사 규모로만 따지면 아마존은 월마트의 상대가 되지 않는다. 2014년 월마트의 매출액은 4,856억 달러(약 540조 원)로 아마존(920억 달러)의 다섯 배가 넘었다. 반면 온라인 매출 규모는 월마트가 80억 달러, 아마존이 480억 달러로 월마트가 아마존의 6분의 1 수준이다.

성장 속도에서는 아마존이 앞선다. 월마트 매출은 2008년

4,056억 달러에서 6년 동안 20퍼센트 늘어났지만 아마존은 같은 기간 동안 245억 달러에서 920억 달러로 4배 증가했다. 이 추세로 간다면 아마존은 10년 내에 월마트를 추월하게 된다.

아마존은 소매 시장의 왕좌를 노리고 있다. 온라인을 넘어 오프라인 유통 업체의 가장 큰 위협으로 떠올랐다. 2009년까지 아마존 매출은 서적과 DVD 중심이었지만 2011년부터는 매출이 전자기기와 일반 상품 중심으로 재편되고 있다. 2009년 아마존의 매출에서 미디어(서적, DVD, 디지털 콘텐츠 등) 상품의 비중이 52퍼센트를 차지했지만, 2011년 매출 비중에서는 37퍼센트로 떨어졌다. 대신 전자 제품과 일반 상품의 비중이 60퍼센트에 이르렀다.

앞서 살펴본 것처럼 아마존의 판매 품목이 다양화되면서 오프라인에도 영향을 미치고 있다. 미국 1위의 서점 체인인 반즈앤노블은 2006년부터 매출이 아마존에 의해 뒤집어졌다. 이후 경영 악화설이 계속 불거지고 있다. 미국 2위의 서적 업체인 보더스는 2011년에 파산을 선언했다. 미국 1위의 가전 매장인 베스트바이도 2011년에 아마존에 의해 매출이 잠식당하면서 적자를 내 대규모 구조 조정을 단행했다.

대형 오프라인 유통 업체들이 아마존의 성장으로 크게 흔들린 사실은 월마트로서는 적신호가 될 수밖에 없다. 월마트는 2012년 9월부터 미국 전역의 매장에서 아마존의 전자책 단말기인 킨들
Kindle 판매를 중단했다. 월마트는 판매 전략에 따른 선택이었다고 밝혔지만, 속내는 아마존을 견제하려는 것으로 풀이되고 있다.

아마존은 강력한 온라인 인프라를 바탕으로 당일 배송을 위한 물류센터를 속속 만들어 나가고 있고, 결제에서 배송에 이르는 전 유통 단계에서 주도권을 확보하려고 힘을 집중하고 있다. 시장을 재편하는 아마존의 이러한 행보에 오프라인 유통의 최강자인 월마트는 고민이 깊어질 수밖에 없다.

재미있는 사실은 아마존과 월마트 두 회사 모두 한 단계 도약하기 위해 상대방의 장점을 제 것으로 만들기 위해 노력하고 있다는 점이다. 아마존은 배송 혁신을 통해 온라인 유통의 한계를 보완해 나가고 있고, 월마트는 오프라인 매장과 온라인 서비스를 연계하는 새로운 형태의 쇼핑 문화를 만들어 가고 있다.

월마트는 '디지털 컴퍼니 월마트'로 변신을 꾀하며 온라인에서의 아마존의 아성에 도전한다. 쇼핑 엔진 폴라리스Polaris를 개발한 것이 대표적인 사례다. 폴라리스는 사용자의 SNS를 분석해 지인에게 적합한 선물을 추천해 주는 앱이다. 만약 이용자가 '레미제라블이 너무 감동적이다'라는 멘트를 SNS에 올리면 월마트에 이 멘트가 전송되고, 이용자의 생일 알림 서비스를 요청한 친구의 이메일 계정에 레미제라블과 관련된 상품을 추천하는 메일이 전송된다. 또 이용자가 월마트닷컴에서 'house'를 검색하면 폴라리스는 이용자의 과거 구매 이력 정보와 쇼핑 패턴을 분석한다. 이 분석을 통해 이용자가 인형집이나 개집을 찾으려는 것이 아니라 드라마 〈하우스House M. D.〉와 연관된 상품을 검색한 것이라는 사실을 알아내고는 이와 관련한 DVD 검색 결과를 도출해서 보여 준다. 쇼핑 가

이드 역할을 하는 것이다.[91]

반면 아마존은 배송 경쟁력을 확보하면서 오프라인으로 진출하고 있다. 아마존은 2012년 미국 주요 10개 지역을 대상으로 당일 배송 서비스 시범 계획을 내놓았다. 3년 동안 10억 달러 이상을 투자해 서부 연안을 비롯한 주요 도시에 10개 이상의 물류센터를 건설할 계획이며, 관련 인원을 1만 명 이상 채용할 계획이다.

아마존 vs 월마트 : 배송 전쟁

아마존과 월마트가 맞붙은 또 하나의 전장은 배송 시장이다. 배송 시장은 온라인 기업인 아마존이 그동안 공들여 터를 닦아 온 오프라인 영역이다. 그러다 보니 오프라인 영역인데도 모양새로 보면 아마존의 텃밭에 월마트가 도전장을 내민 형국이다.

월마트는 2015년 4월 "회원들을 대상으로 무료 배송을 제공하는 '타호Tahoe 멤버십 서비스'를 준비하고 있다"고 밝혔다. 이르면 2015년 여름부터 서비스를 시작할 것으로 알려졌다. 아마존은 2005년부터 연회비 79달러(2014년에 99달러로 인상)를 낸 프라임prime 회원이 주문할 때는 주문 횟수와 상관없이 이틀 안에 무료 배송을 해 주는 서비스를 무제한 제공하고 있다. 우리나라에서는 당일 배송이 새롭지 않지만 땅덩이가 넓은 미국은 배달 속도가 경쟁력을

좌우한다. 아마존이 프라임 서비스를 실시하기 이전에는 고객이 배송비를 부담해야 했다. 배송 기간도 대개 일주일 넘게 걸리기 일쑤였다. 그러니 아마존의 서비스에 소비자가 환호할 수밖에 없었다. 아마존의 프라임 회원 수는 4,100만 명으로 늘었고, 이들은 연간 1,100달러를 아마존에서 쓰는 것으로 나타났다.

월마트의 타호 멤버십 서비스는 연회비가 50달러로 아마존 프라임 회원의 절반 수준이다. 배송 기간은 3일 이내로, 아마존보다는 하루가 더 소요된다. 하지만 월마트는 미국 전역에 4,500개가 넘는 오프라인 매장을 갖고 있다. 이를 잘 활용할 경우, 월마트의 배송 서비스는 보다 나은 경쟁력을 갖추게 될 것이다. 아마존은 이에 맞서 '당일 배송'으로 맞불을 놓고 있다. 아마존은 "프라임 회원이 당일 정오까지 주문을 마치면 오후 9시까지 배송을 완료하는 당일 배송 서비스를 시작한다"고 밝혔다. 배송 기간을 기존의 이틀에서 당일로 단축하겠다는 것이다.

아마존의 무료 당일 배송 품목은 책과 게임 DVD, 전자제품 등의 공산품 위주다. 반면에 월마트는 신선한 청과류를 비롯한 식료품까지 빠른 시일 내에 배송이 가능하다는 장점이 있다.

아마존의 성공 비결은 '단골 고객 서비스'

아마존의 성공 비결이 무엇일까? 아마존은 어떻게 수요를 끌어냈을까? 해답은 아마존이 오프라인의 단골손님을 대하듯 서비스를 제공했기 때문이다. 아마존을 찾는 소비자들은 사이트를 드나드는 수천만 명 중의 한 명이 아니라, 오롯이 한 사람의 고객으로서 대접을 받는다는 느낌을 갖는다.

아마존 사이트에 접속하면 회원은 나를 위해 만들어진 초기 화면을 만난다. 또 물건을 살 때마다 신용카드 정보를 입력할 필요가 없고, 전자제품과 아기 옷을 각각 다른 곳에서 살 필요가 없어졌으며, 물건을 사면서 나중에 반품이 가능할까 하는 걱정을 할 필요도 없고, 급하게 필요한 물건을 오래 기다리지 않아도 된다.

아이패드를 주문할 경우, 아마존은 이전에 아이패드를 구입했던 사람들의 구매 패턴을 분석해 다른 사람들은 또 어떤 물건을 동시에 주문했는지를 보여 준다. 아이패드를 구매하려는 사람으로서는 당연히 관심을 가질 만하다. 반면 다른 인터넷 쇼핑 사이트들은 아마존을 따라가지 못하고 있다. 사이트에 접속하면 고객이 관심을 갖지 않을 품목들이 너무 많이 나열된다. 남자에게 냉장고나 여성 의류, 아동 용품을 잔뜩 보여 준다. 관심이 없으니 이런 것들은 눈을 어지럽힐 뿐이다.

인터넷 서점으로 출발한 아마존은 이제 전 세계를 아우르는 유통 기업으로 성장했다.

그리고 원클릭 결제 시스템 역시 타의 추종을 불허하는 아마존만의 강력한 무기다. 하지만 한국에서는 신용카드 정보를 서버에 저장하는 것이 불법이기 때문이 이런 시스템을 도입할 수 없다. 그래서 쇼핑할 때마다 신용카드를 꺼내서 카드 번호를 일일이 입력해야 한다. 게다가 Active X 때문에 당연히 인터넷 익스플로러만 지원된다. 한국에서 온라인 시장이 더욱 활성화되기 위해서는 이러한 몇 가지 장벽을 무너뜨려야 한다.

하지만 무엇보다도 가장 뛰어난 아마존의 경쟁력은 방대한 리뷰들이다. 이는 내가 이용하는 동네 가게에 대한 동네 주민들의 평판과 같은 역할을 한다. 온라인 쇼핑을 할 때는 소비자가 직접 물건을 확인하지 못하기 때문에 다른 사람들의 평가를 주의 깊게 살펴보게 된다. 내가 구입하려는 제품을 미리 써 본 사람들이 남긴 리뷰는 제품을 판단하는 필수적인 요소다. 아마존에서는 이전에 그 제품을 구입해서 써 본 사람에게 메일로 질문을 보내 답변을 받을 수도 있다. 사용자 리뷰가 쌓이고 시간이 지날수록 아마존의 고객도 나날이 늘어날 것이다.

아마존에서 물건을 구입한 뒤 반품을 해 보면 그 편리함에 감탄하고 아마존의 팬이 될 수밖에 없다. 일단 반품 절차가 매우 쉽다. 물건을 받아 상자를 열어 보고 마음에 들지 않으면 반품 규정을 확인한 뒤 온라인에서 '반품하기'를 클릭하면 된다. 판매자에게 미리 연락할 필요도 없다. 반품할 상자에 주소를 일일이 쓸 필요도 없다. 클릭 몇 번이면 상자에 붙일 수 있는 종이가 프린터에서 출력된다. 이것을 상자에 붙이고 우체국이나 UPS, Fedex를 통해서 보내면 끝이다. 반품 비용은 환불 금액에서 자동으로 차감된다.

다시 한 번 강조하자면, 소비자는 무조건 제품의 가격이 저렴한 가게만 찾지는 않는다. 다른 곳에서 물건을 더 싸게 팔더라도 서비스가 좋고 편리하게 이용할 수 있는 곳을 더욱 선호한다. 그 이유는 그런 곳이 고객의 시간을 아껴 주기 때문이다. 아마존이 말하는 '문화'란 바로 이런 것이다. 편리한 유저 인터페이스와 간단한 반송 방법, 빠른 배송, 탄탄한 제품 리뷰 등은 물건을 고르는 데 필요한 시간을 획기적으로 줄여 준다. 아마존은 이러한 시스템을 통해 고객에게 친절함을 제공하고 있다.

CHAPTER · 12

브랜드 네이밍이 좋아야 한다? 아니, 고객을 바꿔라!

: 화이트의 새로운 고객 창출 전략

How to Lead

- 때로는 기업의 효자 상품이 독이 될 수도 있다. 왜 그럴까?
- 고객과의 소통이 중요한 이유는 무엇인가?
- 제품 충성도가 높은 시장에서 선발 주자를 이길 수 있는 방법은?
- 유한킴벌리는 새로운 제품을 출시하면서 타깃 고객을 어떤 방식으로 설정했는가?

대한민국 생리대 시장에서 줄곧 1위를 지켜 온 유한킴벌리는 글로벌 기업 P&G의 국내 진출로 순식간에 1위 자리를 내주고 만다. 특히나 소비자의 제품 충성도가 높은 생리대 시장에서는 한 번 빼앗긴 고객의 마음을 다시 붙잡는 것이 매우 힘들다. 이런 상황에서 유한킴벌리는 다시 시작한다는 자세로 제품 개발에 들어갔다. 제품 개발에 앞서 고객을 대상으로 심층적인 설문조사를 실시하여 고객이 필요로 하는 이상적인 제품의 구체적인 모습을 만들어 나갔다. 그것은 오랜 시간 국내 1위를 지키면서 젖어들었던 타성에서 벗어나는 순간이기도 했다. 그리고 한 가지 더! 유한킴벌리는 고객을 지키는 전략이 아니라, 오히려 고객을 버리는 전략을 통해 새로운 포지셔닝에 들어간다.

유한킴벌리Yuhan Kimberly, Ltd.는 우리나라에 생리대를 최초로 들여온 기업이다. '코텍스Kotex' 브랜드를 시작으로 20여 년 동안 1위 자리를 지켜 온 유한킴벌리는 글로벌 기업 프록터앤갬블P&G, The Procter & Gamble Company의 '위스퍼Whisper'에 밀려 시장 1위 자리를 내주어야 했다.

한 번 빼앗긴 자리를 되찾는 것은 매우 힘들다. 웬만하면 소비자가 기존에 사용하던 브랜드를 바꾸지 않는 여성 생리대 시장에서는 더더욱 그렇다. 이런 상황에서 유한킴벌리는 시장의 리더 자리를 잃은 지 6년 만에 다시 1위 자리를 탈환했다.

유한킴벌리는 어떻게 브랜드 충성도가 상당히 높은 시장에서 다시 정상에 등극할 수 있었을까? 생리대 시장에서 성장과 추락, 상승을 겪은 유한킴벌리의 여정은 하나의 제품이 어떤 경로를 통해 소비자의 마음에 자리 잡는지를 보여 주는 좋은 사례가 된다.

P&G는 왜 날개를 달았을까?

세계적인 소비재 브랜드 제국인 P&G는 1980년 초부터 새로운 제품 개발을 준비 중이었다. 이 새로운 제품을 통해 P&G는 1년 전에 출시했던 제품의 오점을 씻어야만 했다. 1979년 P&G는 '릴레이Relay'라는 브랜드의 탐폰tampon(분비물 제거나 지혈을 목적으로 스펀지, 탈지면, 가제 형태로 만든 의약품)을 내놓았다. P&G는 이 탐폰 샘플을 대량으로 배포하며 단기간에 시장 점유율 24퍼센트를 차지했다. 하지만 이 탐폰은 P&G에게 치명적인 화살이 되었다. 이 제품은 흡수력이 뛰어난 화학 섬유를 사용했는데, 제품을 제거한 뒤에도 화학섬유 물질이 여성의 몸속에 남아 있을 가능성이 있었다. 1980년, 미국에서 36명의 여성이 '독성쇼크증후군Toxic Shock Syndrome'

이라는 희귀한 증상으로 사망하고 1,000명 이상의 환자가 발생했다. 이들의 공통점은 모두 생리 중이었고 P&G에서 만든 탐폰을 사용했다는 점이었다. 결국 P&G는 탐폰을 출시한 지 1년도 안 돼 시장에서 철수했다.

쓰라린 경험을 했던 P&G로서는 이미지 개선이 필요했다. 그래서 새로운 브랜드의 생리대를 개발하면서 각고의 노력을 기울였다. 세계 최고의 소비재 기업답게 P&G는 고객을 대상으로 다양한 조사를 실시했다. 고객들은 생리대를 사용하면서 겪은 불편함과 걱정을 털어놓았다. 여성들은 생리 뒤의 끈적거리는 느낌이 싫다고 불평했고, 생리가 샐지도 모른다는 걱정에 시달리고 있었다.

새로운 제품 개발 포인트는 이 두 가지 문제점을 해소하는 데 초점을 맞추었다. 하나는 기술 개발로 해결했다. P&G는 초강력 흡수 소재를 개발했다. 액체를 신속히 빨아들여 표면을 건조한 상태로 유지시켜 주는 소재였다.

1983년, P&G는 뛰어난 흡수력으로 생리 뒤의 끈적거리는 느낌을 덜어 주는 생리대 '올웨이즈Always'를 미국 시장에 내놓았다. 하지만 이때까지만 해도 올웨이즈는 미국 시장에 나온 수많은 생리대 브랜드 중의 하나일 뿐이었다. 올웨이즈가 시장에 충격을 준 것은 몇 년 뒤의 일이었다. P&G는 올웨이즈를 출시한 뒤로도 생리가 샐지도 모른다는 두려움을 없애 줄 제품을 개발하는 데 골몰했다. 그리고 드디어 그 방법을 찾는다. 그것은 기술 개발에 의한 것이라기보다는 혁신적인 아이디어의 산물이었다. 당시 생리대를 만

드는 기업들은 생리대의 흡수력을 높이고 얇게 만드는 데 무게를 두고 제품을 만들었다. P&G는 다른 길을 택했다.

P&G는 생리대에 보호대라는 개념을 처음 도입했다. 패드 중심에서 양쪽으로 보호대가 뻗어 나와 속옷 둘레에 접혀져 안쪽으로 고정되도록 만든 것이다. 고객 테스트 과정에서 여성들은 이 보호대를 '날개wing'라고 부르며 만족해했다.

1986년, P&G는 날개 달린 생리대 올웨이즈를 미국 시장에 선보였다. 날개 달린 올웨이즈는 프랑스, 캐나다, 사우디아라비아 등에서 그야말로 날개 돋친 듯 팔리며 단숨에 이들 시장에서 1위에 올라섰다. 올웨이즈는 일본과 싱가포르 등 아시아 국가에서는 '위스퍼'라는 이름으로 출시되었다.

위스퍼는 깐깐하기로 유명한 일본 고객들의 마음까지 사로잡았다. 1972년 일본 시장에 진출했지만 일본인의 까다로운 입맛을 맞추지 못해 고전하던 P&G는 위스퍼로 1등 브랜드로 올라섰다. P&G는 위스퍼를 동양 여성의 몸에 맞게 크기를 조절한 뒤 지하철역 등 번화가에서 무료 샘플을 대대적으로 뿌렸다. 때맞추어 일본에서 생리대의 TV 광고가 허용되면서 P&G는 적극적인 홍보에 나셨다. 여성 사진작가를 광고 모델로 내세워 전문직 여성이 이용하는 제품이라는 이미지를 심는 데 성공했다. 핵심 메시지는 '위스퍼를 착용하면 금방 세탁한 속옷을 입은 느낌을 받는다'는 것이었다. 위스퍼는 기존의 제품들보다 20퍼센트나 비싸게 팔았지만 곧바로 시장을 장악해 들어갔다.

일본에서 대성공을 거둔 P&G의 다음 목표는 한국이었다. 까다로운 일본 고객을 만족시킨 이상, 한국 고객의 마음을 사로잡는 것은 시간문제였다.[92]

날개 달린 위스퍼가 인기를 끈 이유

적신호가 감지된 것은 1986년부터였다. 지금처럼 글로벌 기업이 국내에 들어와 영업을 하지 않을 때였다. 해외여행도 흔치 않았다. 그런데 그즈음 외국에 여행이나 출장을 다녀온 여성들이 유한킴벌리의 고객 상담실에 편지를 보내오기 시작했다. 편지에는 '날개 달린 생리대'에 관한 내용이 있었다. 유한킴벌리의 생리대를 쓰는 한 고객은 외국 출장 중에 구입한 날개 달린 생리대 패드를 사진으로 찍어 고객 상담실에 보내오기도 했다. '생리대에 날개가 있어요. 우리나라에서 만드는 생리대는 날개가 없어 새는 것이 걱정인데, 미국 P&G라는 회사에서 만든 위스퍼라는 생리대에

는 날개가 있어서 샐 걱정이 없어요. 우리나라에서도 이런 생리대가 나왔으면 좋겠어요.'

처음에 유한킴벌리 고객 상담실의 직원들은 이를 대수롭지 않게 여겼다. 하지만 그런 내용이 담긴 편지가 하나둘 쌓이기 시작하자 그들 사이에 '우리도 그런 생리대를 만들어야 하는 것 아니냐'는 의견이 나오기 시작했다. 그들은 마케팅 담당 임원에게 편지를 보여 주며 "우리 회사도 이런 제품이 필요한 것 같다"는 의견을 제시했다. 하지만 마케팅 담당 임원은 단칼에 그 제안을 잘라 버렸다. P&G라는 회사를 얕잡아보았기 때문이다. 그때 그 임원의 답변은 이랬다.

"우리도 나름대로 그런 생리대에 대해 알아봤어요. 하지만 전혀 신경 쓸 필요가 없어요. P&G라는 회사가 글로벌 기업이기는 하지만 미국 시장에서 생리대 점유율이 20~30퍼센트밖에 안 돼요. 그런 회사가 한국에 진출한다고 하더라도 우리 회사의 적수가 될 리는 없습니다."

당시만 해도 유한킴벌리의 생리대 시장 점유율은 67퍼센트에 이르렀다. 유한킴벌리는 1971년에 국내 최초의 생리대 코텍스를 선보이며 1980년대까지 경쟁자 없이 승승장구했다. 하지만 그 임원의 생각은 오산이었다. 미국에서 P&G는 생리대 시장에서는 후발 주자였고, 킴벌리클라크Kimberly-Clark Corporation라는 경쟁 기업이 버티고 있어 생리대 시장 점유율이 높지 않은 상황이었다.

"편지를 보니 구구절절하게 썼는데 너무 걱정하지 마세요. 우리와는 게임이 안 되는 회사입니다."

국내에서 처음으로 생리대를 출시해 1위 자리를 이어 오고 있는 회사의 자신감을 드러낸 말이었다. 하지만 다르게 보면 자만심이기도 했다. 유한킴벌리가 독점하고 있던 생리대 시장에 1983년부터 쌍용 등의 대기업과 태평양, 영진약품 등의 중견 기업이 뛰어들면서 경쟁 구도가 만들어지고 있었지만 어느 회사도 유한킴벌리의 벽을 넘어서지 못하고 있었다.

드디어 1989년, P&G가 한국에 진출했다. 일본 공장에서 만든 생리대 제품을 들여와 대대적인 판촉 활동에 들어갔다. 유한킴벌리 고객 상담실의 한 사원이 초등학교 양호실에 갔을 때였다. 양호실 한 구석에 위스퍼 박스가 쌓여 있었다. "저게 뭐예요?"라고 묻자 양호 교사는 "P&G라는 회사에서 학생들에게 나누어 주라고 보낸 것"이라고 답했다. 그 사원은 회사에 돌아온 뒤 몇몇 초등학교 양호실에 전화를 걸었다. 전화를 받은 양호 교사마다 P&G에서 생리대 수십 박스를 놓고 갔다고 말했다. 한국에 진출한 P&G가 엄청난 물량 공세를 펼치며 본격적으로 물밑에서 마케팅 작전을 펼치고 있었던 것이다.

이런 상황에서도 유한킴벌리는 여전히 경각심을 느끼지 못했다. P&G가 제아무리 글로벌 기업이라고는 하지만 국내 시장에서의 영향력은 미미할 것이라고 낙관하고 있었다. 물론 이유는 있었다. 10개들이 코텍스 생리대는 한 팩에 500원에 팔리고 있었다. 그런데 10개들이 위스퍼 생리대 한 팩은 1,380원이었다. 위스퍼가 코텍스보다 2배 이상 높은 가격에 판매되고 있었다. 유한킴벌리는 위스퍼의 가격이 너무 높기 때문에 쓰는 사람만 쓰다가 그칠 것이라고 판단했다. 하지만 상황은 유한킴벌리의 낙관대로 흘러가지 않았다. P&G는 산간벽지의 학교에까지 샘플을 쏟아부으며 판촉 활동에 열을 올리고 있었다. 위스퍼를 써 본 사람이 늘어나면서 '위스퍼가 아주 좋다', '피부에 잘 맞는다'는 입소문이 슬금슬금 퍼지기 시작했다.

사실 위스퍼는 '센세이션'이라는 표현이 맞을 정도도 한국 여성들에게 충격을 주었다. 유한킴벌리가 코텍스의 후속으로 내놓은 '코텍스 후리덤freedom'은 7~10밀리미터로 두꺼웠다. 그러다 보니 여성들은 생리대를 사용할 때 마치 방석에 앉아 있는 것 같다는 얘기를 할 정도였다. 반면에 위스퍼는 얇았다. 얇으면 생리가 새기 쉽다. 그것을 막아 주는 장치가 바로 날개였다.

제품의 질에서도 차이가 났다. 당시 코텍스 생리대는 부직포 재질이었다. 부직포는 친수성이 뛰어난 반면 축축하고 눅눅한 느낌을 주었다. 하지만 P&G의 위스퍼는 필름 커버를 부착해 보송보송한 느낌을 주었다.

P&G가 한국에 진출할 즈음 때를 맞추어 그동안 금지되었던 생리대 TV 광고 규제가 풀렸다. 그동안 국내 생리대 생산 업체들은

TV 광고를 하고 싶어도 할 수가 없었다. 때문에 유한킴벌리는 주로 여성지를 중심으로 광고를 진행해 왔다. 그러다가 P&G가 국내에 진출한 것과 거의 동시에 TV 광고가 허용되자 P&G는 TV 광고를 통해 인지도를 높여 나가기 시작했다. 당시 세련된 이미지의 아나운서 한성주를 모델로 기용했다. 방송인을 내세워 전문직 여성이 쓰는 제품이라는 이미지를 만들었다.

날개 달린 위스퍼의 도전으로 유한킴벌리의 생리대 매출은 하루가 다르게 뚝뚝 떨어져 나갔다. 시장에서는 '추락하는 것은 날개가 없다'는 우스갯소리까지 나왔다. 그리고 곧 1등이 바뀌었다. 70퍼센트에 육박하던 유한킴벌리 생리대의 시장 점유율은 19.5퍼센트까지 떨어졌다.

생리대 브랜드 '화이트' 탄생의 비밀

유한킴벌리의 추락은 '1등'이라는 자만에서 비롯되었다. 제품을 만들어 놓기만 하면 팔릴 것이라는 오만 때문이었다. 시대가 변하고 있었다. 1989년 대한민국의 1인당 국민 소득은 5,000달러를 넘어섰다. 소득 수준이 높아지면서 그동안 기업이 만들어 놓은 제품을 다른 선택의 여지가 없이 수용했던 고객들의 의식이 깨어나기 시작했다. '내가 원하는 제품을 정당한 대가를 지불하고 쓸 거야'라는 생각이 확산되고 있었다. 시장이 바뀌고 있었던 것이다. 생산자 위주의 시장에서 고객 중심의 시장으로 재편되고 있었지만, 1위에 안주했던 기업은 변화에 둔감해지기 마련이다. 초기에 P&G의 공세에 유한킴벌리가 제대로 대응하지 못한 이유는 바로 그것이었다.[93]

유한킴벌리도 위스퍼를 따라 잡기 위해 얇은 생리대를 내놓았다. 하지만 실패였다. '코텍스 울트라 신ultra thin'이라는 제품이었지만 고객들은 외면했다. 기술력이 P&G의 제품에 미치지 못했기 때문이다.

유한킴벌리는 생리대 사업을 계속하느냐 접느냐의 기로에 섰다. 1992년 비상대책회의가 열렸다. 생리대 사업을 포기하느냐 마느냐를 선택하는 자리였다. 격론이 벌어진 끝에 생리대 사업을 접을 수 없다는 결론을 내렸다. 유한킴벌리가 만드는 기저귀, 두루마리 화장지 등의 구매 계층은 여성이었다. "여성이 쓰는 제품을 만족시키지 못하는 상황에서 다른 생활용품이 여성 고객에게 선택을 받을 수 있겠느냐"는 근본적인 질문에 답하기 위해서라도 생리대 사업을 접을 수는 없었다.

그렇다면 이제는 반전을 꾀할 대안을 찾아야 했다. 유한킴벌리는 처음부터 다시 시작한다는 마음으로 제품 개발에 나섰다. 본격적인 신제품 개발에 들어가기에 앞서 유한킴벌리는 한국 여성이 바라는 생리대의 특성을 파악하고자 설문조사를 20회 이상 실시했다. 여성들은 패드의 두께가 얇은 반면 흡수가 빠르고 보송보송한 느낌을 주며 새거나 흘러내리지 않는 제품을 원했다. 이를 만족시키기 위해서는 품질이 우선이었다. 기술 개발에 매달렸다. 위스퍼보다 흡수력이 빠른 제품을 만들어야 했다. 양이 많은 날에도 축축한 느낌이 들지 않도록 해야 했고, 미묘한 차이에서 그 미묘함을 느낄 수 있도록 해야 했다.

많은 사람들이 생리대를 만들기 쉬운 제품으로 알고 있다. 하지만 그렇지 않다. 작은 생리대 하나에는 수많은 기술 특허가 들어가 있다. 방수막, 흡수층, 커버 등 생리대 곳곳마다 특허가 걸려 있다. 시간이 걸릴 수밖에 없지만 유한킴벌리 사람들은 포기하지 않았다.

시간이 지나면서 기술개발팀에서 점점 품질이 향상된 샘플을 내놓기 시작했다. 최종 개발된 제품은 3중 흡수 구조로 만들어졌다. 기존의 부직포 커버를 개선한 1밀리미터 두께의 신소재로 빠르게 흡수하는 표면층과 역류를 방지하는 중간층, 저장 기능을 가진 흡수층을 결합한 형태였다. 또 표면층과 중간층이 들뜨지 않도록 6각 무늬 누빔 처리를 해 뭉치거나 새지 않도록 했다. 공기가 잘 통하는 표면 커버 등의 신소재도 적용했다.

새 제품은 생리가 새거나 생리대가 밀려나가는 느낌을 확 줄였다. 기존의 필름 커버는 끈적끈적하고 몸에 달라붙는 느낌이 든 반면 새로 개발한 제품은 쿠션 느낌을 주며 끈적거리는 느낌을 대폭 줄였다. 부드러운 점을 차별화한 것이다.

유한킴벌리는 소비자를 대상으로 리서치를 벌였다. 10여 차례 고객 조사를 거친 뒤 받은 점수는 69대 31이었다. 61퍼센트의 고객이 유한킴벌리의 새 제품을 경쟁사 제품보다 더 좋다고 평가했다. 경쟁사의 제품을 기술로 이긴 것이다.

이제 이 제품에 어떤 브랜드명을 붙이느냐 하는 고민이 시작되었다. 브랜드 네이밍 작업에 들어갔다. '코텍스 슈프림supreme'으로 가자는 얘기가 나왔다. 투자 회사인 미국의 킴벌리클라크가 당시에 내놓은 브랜드명을 가져와 활용하자는 의견이었다. 하지만 좋은 네이밍이 아니었다. 최고란 뜻의 supreme은 미국에서는 좋은 이름이 될지 모르지만 우리나라에서는 직관적으로 다가오지 않았다. 오히려 슈프림이라는 단어는 커피나 엔진 오일을 떠올리게 했다. 빠른 시간 안에 시장 점유율을 회복해야 하는데 슈프림이라는 이름으로는 시간이 너무 오래 걸릴 것으로 예상되었다.

1990년대 중반 이후 이미 시장은 위스퍼로 돌아서 있었다. 위스퍼가 세련되고 앞서가는 이미지였다면, 코텍스는 엄마가 쓰는 생리대라는 이미지가 굳어져 있었다. 코텍스의 이미지에서 벗어나야 했다. 새로운 브랜드를 찾아야 했다.

유한킴벌리는 전 사원을 대상으로 새로운 브랜드 아이디어를 공모했다. 마케팅팀은 몇 날 며칠 밤을 새우며 새로운 브랜드를 고민했다. 그러다가 여성이 생리에서 느끼는 고민에서 해답을 찾아보기로 했다. 생리를 할 때 여성이 원하는 것이 무엇인지를 되물어 보았다. 여성들은 생리가 빨갛게 나오는 것은 어쩔 수 없지만 "깨끗했으면 좋겠다"고 답했다. "그렇다! 생리를 할 때도 평상시처럼 깨끗해야 하는 거야!" 깨끗한 이미지의 그 무엇을 브랜드로 만들어야 했다. "그렇다면 깨끗한 이미지를 대표하는 표현이 뭐지?"

'화이트White'였다. 화이트라는 브랜드명은 그렇게 나왔다. 회사 안에서 사원을 대상으로 공모를 했을 때도 몇몇 사원이 화이트란 이름을 내놓았다. 마지막으로 전 사원을 대상으로 몇 개의 브랜드 이름을 놓고 설문조사를 벌였다. 선택은 화이트였다. 고객을 대상으로 한 조사 결과, 고객들은 화이트에서 '깨끗함', '눈', '구름', '맑은 유리' 같은 좋은 느낌을 받는다는 답을 내놓았다.

브랜드명을 만들었다고 해서 끝난 것이 아니었다. 오히려 시작이었다. 브랜드 이미지를 드러낼 새로운 카피를 만들어야 했다. 위스퍼는 '깨끗해요'라는 카피를 내보내고 있었다. 위스퍼가 이미 '깨끗함'을 선점하고 있었던 것이다. 유한킴벌리 역시 '우리는 정말 깨끗해요', '진짜 진짜 깨끗해요', '경쟁사보다 더 깨끗해요'라고 해서는 게임을 할 수가 없었다.

위스퍼와 다르다는 점에서 포인트를 찾아야 했다. '육각 무늬 스티치로 보송보송한 느낌을 주기 때문에 위스퍼와 다르잖아요'가 콘셉트였다. 그렇다면 '다르다'로 가야 했다. '깨끗함이 달라요'는 그렇게 해서 나왔다. 화이트라는 브랜드명에 걸맞게 깨끗한 이미지를 주면서 기존의 생리대와는 다르다는 점을 부각시키는 광고 카피였다.

제품의 가격 수준도 결정해야 했다. 좋은 품질을 위해 좋은 원료를 사용하다 보니 원가가 높아서 판매 가격 역시 높아질 수밖에 없었다. 그렇지만 도전자로 입장이 바뀌었다는 상황을 감안하지 않을 수 없었다. 가격을 위스퍼와 동일하게 가느냐, 더 저렴하게 가느냐, 아예 높여 버리느냐 하는 문제를 놓고 밤샘 마라톤 회의가 이어졌다. 결론은 '위스퍼보다 더 고가로 가자'였다. 소득 수준이 높아지고 있는 데다 위스퍼가 고급화 전략을 쓰면서 값이 비싼 생리대가 품질도 좋다는 흐름이 형성되어 있었다. 그래서 위스퍼보다 10퍼센트 비싸게 가격을 책정했다. 유한킴벌리 사원들은 내심 고객한테서 "화이트는 제품은 좋은데 너무 비싸요"라는 말을 듣고 싶어 했다. 그 말은 곧 품질이 뛰어나다는 사실을 의미하기 때문이었다.

타깃 고객을 선정하는 문제도 풀어야 했다. 그때까지만 해도 코텍스의 타깃 고객은 25~34살의 여성이었다. 타깃 고객의 연령대를 내리자는 데 의견이 모아졌다. 그래서 초경을 할 때쯤의 여성으로 타깃 고객의 연령대를 낮추었다. 이전에 생리대를 써 보지 않은 계층을 새로운 고객으로 만들자는 전략이었다.

그렇다면 광고 모델도 달라져야 한다. '여중생과 여고생이 가장 선호하는 대상이 누구일까?'라는 고민을 했다. 오피니언 모델이나 유명 모델보다는 옆집에 사는 '여대생 언니'일 것이라는 의견이 모아졌다. 여대생 모델을 쓰면 나이가 든 여성에게도 효과적으로 먹힐 수 있었다. '옆집에 사는 발랄한 여대생이 쓰는 제품을 나도 쓰고 싶다'는 생각을 불러일으킬 수 있기 때문이다.[94]

김태희가 화이트 광고에 나온 이유

드디어 유한킴벌리가 링에 올랐다. 1995년 10월 3일, 하늘이 열리는 '개천절'에 화이트가 출시되었다.

유한킴벌리는 화이트 런칭 광고에 깨끗한 얼굴의 차분한 목소리를 가진 여대생 모델을 내세워 화이트를 썼던 경험을 나누는 내용을 담았다. 그때 화이트 광고에 등장한 모델 중 한 명이 김태희였다. '깨끗함이 달라요'라는 카피와 함께 광고는 많은 사람들의 뇌리에 박혔다. 젊은 층에서부터 반응이 일어나기 시작했다. 타깃 마케팅이 주효했던 것이다.

앞서 밝혔듯, 한 번 떠난 고객을 다시 붙잡는다는 것은 쉬운 일이 아니다. 브랜드 충성도가 높은 생리대 시장에서는 더더욱 그렇다. 이러한 판도를 바꾸기 위해서 유한킴벌리는 어떻게 했을까?

유한킴벌리는 신제품을 출시하면서 이벤트를 벌이거나 싼 가격으로 프로모션을 하지 않았다. 대신 엄청난 양의 샘플을 만들어 돌렸다. 샘플 물량만 2,000만 개로 우리나라 여성 인구가 한 개씩 사용할 수 있는 어마어마한 양이었다. 샘플은 타깃 고객에게 향했다. 주로 여중과 여고, 여대 앞에서 나누어 주었다. 이들은 생리대를 써 본 경험이 오래지 않았기 때문에 경쟁사의 브랜드에 대한 충성도가 상대적으로 낮은 집단이었다. 이들은 미래의 고객이었다. 또 이들이 생리대 시장에 새로운 바람을 일으킬 수 있을 것이라는 믿음이 있었다.

강남 지역은 시장을 개척하기가 매우 어려운 지역이었다. 강남은 위스퍼에 대한 프라이드가 확고했다. 여성들이 백화점에서 생리대를 구입할 때 자신감 있게 위스퍼를 카트에 담았다. 화이트에는 눈길조차 주지 않았다. 실제로 압구정동 현대 백화점은 마지막까지 위스퍼가 화이트에 우위를 보였다. 하지만 강남에서도 유한킴벌리의 도전은 계속되었다. 강남 지역 여학교 앞에서 샘플 마케팅을 벌였고 백화점 등에서는 세련된 도우미 행사 요원들이 홍보전을 펼쳤다. 샘플링 전략이 점점 효과를 보았다. 3개월 정도 지났을 때 화이트를 써 본 소비자들로부터 "좋더라"라는 말이 나오기 시작했다.

화이트가 젊은 층에서 선풍적인 인기몰이를 하자, 유한킴벌리는 타깃 고객의 연령대를 넓혀 나갔다. 처음에 화이트는 10대 중반에서 20대 초반까지의 여성을 타깃 고객으로 정했다. 하지만 구매력이 높은 층은 그보다 높은 연령대의 고객이었다. 나이든 여성도 화이트로 바꾸도록 만들어야 했다. 그래서 광고를 통해 새로운 시도를 했다. 대학생 딸이 "우리 엄마요? 한번 써 보고 바로 바꿨어요"라고 말하는 광고를 제작했다.

처음에는 유한킴벌리 내부에서도 이 광고에 대한 부정적인 의견이 많았다. "젊은 여성 중심으로 광고를 하다가 엄마가 웬 말이냐?"는 이유였다. 하지만 엄마와 딸이 있는 얘기 없는 얘기 다 나누는 것처럼 광고를 통해 생리대가 그런 연결 고리를 만들 수 있을 거라는 의견이 제기되었다. 결국 그 광고 역시 좋은 반응을 얻었다. 그 뒤에 나온 광고 카피인 '써 보고 바로 바꿨어요'도 히트를 쳤다. 초경을 할 때쯤인 여학생들을 위해 '화이트 엔젤'이라는 캐릭터도 선보였다. 힘들 때 나를 지켜 주는 수호천사 이미지를 덧씌웠다. '딸에겐 반드시 이 제품을 권해 주셔야 합니다'라는 카피도 나왔다. 엄마가 딸에게 사 주는 생리대로 포지셔닝하기 위해서였다.

유한킴벌리 사원과 그들 가족의 노력도 빼놓을 수 없다. 그들은 집 인근 슈퍼마켓 10여 곳을 찾아가 화이트가 놓여 있는지 확인을 했고, 화이트가 없는 곳에서는 화이트를 주문해 구매를 유도하는 열정을 보였다. 필드의 영업 사원들 역시 1위를 되찾기 위해 헌신적인 노력을 기울였다. 그들은 코텍스가 추락하면서 대리점과 소매상 주인들이 자신들을 외면하는 모습을 몸으로 겪어야 했다. 코텍스 생리대가 진열대 맨 아래쪽에 먼지를 뒤집어쓴 채 놓여 있던 것도 지켜보아야 했다.

사실 1989년부터 1995년까지 유한킴벌리는 위스퍼에 대항하기 위해 여러 제품을 시장에 내놓았지만 번번이 실패했다. 무엇을 만들어도 팔리지 않았다. 유한킴벌리 사원들의 고민이 깊어졌다.

내일이면 P&G가 또 어떤 전략을 펼쳐서 자신들을 구렁텅이로 몰아갈지 걱정이 되어 잠을 이루지 못할 정도였다. 화이트가 이 모든 상황을 뒤집기 시작했다. 성과가 나자 새벽 2시까지 야근을 해도 힘들거나 피곤하지 않았다. 드디어 그들이 기다렸던 피드백이 왔다. "제품은 좋은데 너무 비싸요"라는 반응이었다.

화이트는 1995년 말 시장에 나온 지 1년 만에 단일 브랜드로 12퍼센트에 이르는 시장 점유율을 기록했다. P&G가 국내 시장에 진출하면서 1등 자리를 빼앗겼던 유한킴벌리는 화이트를 출시하면서 5년 이후에는 과거의 영광을 되찾겠다는 내부적인 약속을 했다. 하지만 그 약속은 지켜지지 않았다. 왜냐하면 5년이 안 된 3년 9개월 만에 P&G보다 시장 점유율이 0.1퍼센트 앞서면서 다시 1위 자리를 차지했기 때문이다.[95]

화이트가 P&G를 이긴 진짜 이유

유한킴벌리가 글로벌 기업인 P&G를 꺾을 수 있었던 이유는 무엇일까? 대부분의 경제경영 관련 서적은 '화이트'라는 브랜드에 초점을 두고 유한킴벌리의 성공을 다룬다. 화이트가 이전의 코텍스 브랜드와 차별화하면서 고객에게 새롭게 다가간 것은 사실이지만 과연 그것만으로 유한킴벌리의 성공을 설명할 수 있을까?

위스퍼는 20대 중후반의 전문직 여성에게 인기를 모았다. 이 세대는 엄마가 쓰던 코텍스 브랜드와 다른 브랜드를 쓰면서 자신들을 차별화하고 싶어 했다. 그러면서 위스퍼 브랜드에 대한 충성도를 높여 갔다. 이런 상황에서 유한킴벌리는 고객을 바꿔 버림으로써 문제를 풀었다.

유한킴벌리는 그동안 소홀했던 10대 중고등학생과 20대 초반 대학생에게 초점을 맞추었다. 이들에게 엄청난 물량의 샘플용 화이트를 배포했다. 수많은 영업 사원들이 수업을 마친 뒤 집으로 돌아가는 중고생과 대학생에게 샘플을 뿌렸다. 이런 노력 덕분에 생리대에 대한 거부감을 없애고 화이트 브랜드에 대한 친숙함을 높였다.

동서고금을 관통하는 장사의 진리가 있다. '고객은 왕'이고 '고객은 무조건 옳다'는 말이다. 하지만 반드시 그런 것만은 아니다. 새로운 수요를 창출하기 위해서는 기존의 고객을 버려야 할 때도 있다. 마음이 돌아선 고객을 되돌리기 위해서는 엄청난 노력을 해야 한다. 하지만 그런 노력을 하더라도 돌아선 고객의 마음을 다시 잡는다는 것은 쉽지 않다. 마음이 돌아선 고객은 때로는 버릴 필요도 있다. 대신 새로운 고객을 찾아 나서면 된다. 화이트가 보여준 교훈이다.

에필로그

창조적 파괴를 위한 새로운 여정

2013년 7월, 나는 미국 조지아 대학교에서 1년 동안 객원연구원visiting scholar으로 활동하기 위해 미국으로 향했다. 거처는 애틀랜타 근처의 작은 캠퍼스 도시에 마련했다. 그곳은 지하철도, 버스도, 택시도 다니지 않았다. 5분 거리의 월마트를 가려 해도 자동차가 필요했다.

중고 자동차를 구하려면 애틀랜타로 가야 했다. 차로 한 시간 남짓 떨어진 애틀랜타에 나가기 위해서는 렌터카를 빌려야 했다. 이웃 사람이 집 주변에 렌터카 영업소가 있다고 알려 주었다. 물어물어 찾아갔다. '엔터프라이즈'라는 간판이 붙어 있었다. 해외 출장 때 공항에서 흔히 접했던 허츠나 에이비스가 아니었다. 내가 살게 된 곳이 조그만 캠퍼스 도시여서 브랜드 인지도가 떨어지는 렌터카 회사가 영업을 하나 보다 생각했다. 하지만 오산이었다. 며칠 뒤 만난 지인은 엔터프라이즈가 미국에서 제일 잘나가는 렌터카 회사라고 했다.

20여 년 전 경제경영 분야에 관심을 갖게 되면서 읽었던 《마케팅 불변의 법칙》이라는 책이 떠올랐다. 그 책에 의하면, 시장에 가장 먼저 진입한 허츠가 1등을 지키고 있었고, 2등 기업 에이비스는 제 위치를 수성하는 전략을 펴고 있었다. 그런데 무릎을 치면서 읽었던 그 책 속의 기업들은 온데간데없고 낯선 이름의 기업이 1위를 달리고 있었다. 내가 책으로만 보고 알았던 경영의 법칙이 실제 세계에서는 뒤집혀져 있었다.

스타벅스 역시 마찬가지였다. 그들은 문화를 팔고 있는 게 아니었다. 사람들은 잠시 집단과 소속에서 벗어나 그곳에서 자신만의 시간을 보내고 있었다. 고객들이 스타벅스에서 원하는 것은 타인으로부터 간섭을 받지 않는 것이었다. 스타벅스는 바로 그 '무관심'을 팔고 있었다.

우리가 통상적으로 알고 있던 기업 간의 경쟁도 전혀 다른 양상을 띠고 있었다. 대형 마트 간의 경쟁, 온라인 업체끼리의 경쟁이 아니었다. 온오프라인의 경계가 무너진 지점에서 경쟁이 다각화되고 있었다. 대표적인 기업이 월마트와 아마존이다. 두 기업은 오프라인과 온라인이라는 출발점이 달랐고, 판매하는 품목도 달랐다. 하지만 지금 두 기업은 가장 치열한 잠재적 라이벌로서 첨예한 기세 싸움을 벌이고 있다. 도대체 그 사이에 무슨 일이 있었던 걸까? 어떻게 듣도 보도 못한 기업이 미국 렌터카 시장의 1위가 되었을까? 스타벅스는 왜 무관심을 팔고 있을까? 월마트와 아마존은 어떻게 경쟁자가 되었을까?

내 고민은 거기에서 시작되었다. 고민을 풀기 위해서는 각 기업들의 스타트업 단계까지, 아니 때로는 시장이 태동하던 시절까지 거슬러 올라가야 했다. 그러면서 놀라운 사실들을 발견했다. 경영 모델의 귀감이 되고 있는 사우스웨스트 항공의 시작은 '그대로 베끼기'였고, 스타벅스의 출발점은 '문화'가 아니라 '맛있는 커피'였으며, 온라인의 방대한 데이터는 고객 취향을 잘 아는 오프라인 단골 가게 주인의 오랜 경험과 같은 역할을 하고 있었다. 이렇듯 기업과 시장의 흐름을 들여다보면서 지금까지 알고 있던 경영 법칙들이 하나둘 무너지고 새롭게 정의되었다. 경영에 관한 이 새로운 정의들은 새로운 기획을 하거나 사업을 할 때 요긴하게 써먹을 수 있을 것이다.

새로운 사업을 시작하면서 아마존처럼 방대한 데이터를 확보하고 활용하는 것은 현실적으로 불가능하다. 하지만 아마존이 했던 것처럼 고객 취향을 잘 파악해 고객의 발길을 붙드는 오프라인 단골 가게를 만드는 것은 얼마든지 도전해 볼 만한 일이다.

마지막으로 오스트리아 출신의 경제학자 요제프 알로이스 슘페터Joseph Alois Schumpeter가 말했듯, 이 책이 창조적 파괴creative destruction를 통해 새로운 시작을 여는 지침서가 되었으면 하는 바람이다.

참고문헌

Prologue

1 정혁준, 《아이폰형 인간 vs 렉서스형 인간》, 한스미디어, 2011

Chapter 1

2 〈America's Largest Private Companies: #21 Enterprise Rent-A-Car〉, 《Forbes》, 2008. 11

3 Sawyers · June Skinner, 《Chicago Portraits. Chicago》, Loyola University Press, 1991

4 Warren Avis, 《Take a Chance to Be First: The Secrets of Entrepreneurial Success》, Mcgraw-Hill, 1987

5 https://en.wikipedia.org/wiki/Avis_Rent_a_Car_System

6 리 아이아코카, 김민주 · 송희령 옮김, 《진정한 리더는 어디에 있는가?》, 세종서적, 2008

7 Andrew C. Taylor, 〈Enterprise's Leader on How Integrating an Acquisition Transformed His Business〉, 《Harvard Business Review》, 2013. 9

Chapter 2

8 〈William Rosenberg, 86, Founder of Dunkin' Donuts〉, The New York Times, 2002. 9. 23

9 Dev Patnaik, 〈Maxwell House Destroys Coffee〉(http://www.wiredtocare.com/?p=429), 2008. 9. 17

10 같은 자료

11 같은 자료

12 같은 자료

13 Jennifer Madison, 〈No one's going to drink a cup of Pee-quod! How Starbucks was almost named after the doomed ship in Moby-Dick-haha〉, The Daily Mail, 2011. 6. 15

14 Howard Schultz · Joanne Gordon, 《Onward: How Starbucks Fought for Its Life Without Losing Its Soul》, Rodale Press, 2012

15 https://en.wikipedia.org/wiki/Starbucks#cite_note-16

16 Lisa Baertlein, 〈McDonald's Opens First McCafe in U.S.〉, Entrepreneur.com,

2001. 5. 14
17 Pratima Bansal · Lindsay Sgro, 〈McDonald's and the McCafe Coffee Initiative〉, 《Harvard Business Review》, 2004. 1
18 Howard Schultz · Joanne Gordon, 《Onward: How Starbucks Fought for Its Life Without Losing Its Soul》, Rodale Press, 2012
19 같은 책

Chapter 3

20 History of AMR Corporation and American Airlines(https://www.aa.com/i18n/amrcorp/corporateInformation/facts/history.jsp)
21 〈History Of Southwest Airlines〉, Aviation Online Magazine, 2011. 8. 18
22 https://en.wikipedia.org/wiki/Southwest_Airlines
23 정혁준, 《아이폰형 인간 vs 렉서스형 인간》, 한스미디어, 2011
24 Richard Curry, 〈The Skies of Texas〉, The New York Times, 1971. 7. 18
25 Christopher H. Lovelock, 〈Southwest Airlines (A)〉, 《Harvard Business Review》, 2002. 8
26 Sandy Banks, 〈Retiring flight attendant looks back on nearly 50 years of change〉, Los Angeles Times, 2015. 7. 18
27 Max Kim, 〈Southwest Airlines flight attendants in the 1970s'〉, CNN, 2012. 7. 18
28 By Michelle Conlin · Wendy Zellner, 〈The Glass Ceiling: The Ceo Still Wears Wingtips〉, Bloomberg Business, 1999. 11. 21
29 장영재, 《경영학 콘서트》, 비즈니스북스, 2010
30 https://en.wikipedia.org/wiki/AAdvantage
31 김강석, 《CEO 파워》, 향연, 2009
32 Justin Menza, 〈Ryanair CEO: 'We're Europe's Southwest Airlines'〉, CNBC, 2013. 6. 24
33 〈Ryanair's bikini advert banned by ASA〉, BBC, 2011. 4. 27

Chapter 4

34 정혁준, 《경영의 신 2》, 다산북스, 2013
35 같은 책
36 같은 책
37 같은 책
38 같은 책
39 정혁준, 《아이폰형 인간 vs 렉서스형 인간》, 한스미디어, 2011

40 같은 책
41 Pui-Wing Tam, 〈Idle Fremont Plant Gears Up for Tesla〉, The Wall Street Journal, 2010. 10. 21
42 Joshua Davis, 〈How Elon Musk Turned Tesla Into The Car Company Of The Future〉, 《Wired》, 2010. 9. 27
43 윤형중, 〈'테슬라' 모르면 삼성 · 현대는 큰코다친다〉, 한겨레, 2014. 10. 24
44 Callum Borchers, 〈Automaker Tesla looks to bypass car dealers〉, The Boston Globe, 2013. 11. 20
45 Noah Rayman, 〈A Tesla Recall? Not Exactly, Says Elon Musk〉, 《TIME》, 2014. 1. 14

Chapter 5
46 신시아 A. 몽고메리, 이현주 옮김, 《당신은 전략가입니까》, 리더스북, 2014
47 같은 책

Chapter 6
48 Reed Hastings, 〈Out of Africa, Onto the Web〉, The New York Times, 2006. 11. 17
49 Patrick J. Sauer, 〈How I Did It: Reed Hastings, Netflix〉, 《Inc.com》, 2005. 12
50 에이드리언 슬라이워츠키 · 칼 웨버, 유정식 옮김, 《디맨드》, 다산북스, 2012
51 같은 책
52 같은 책
53 David Leonhardt, 〈You Want Innovation? Offer a Prize〉, The New York Times, 2007. 1. 31
54 David M. Spencer · Elizabeth Carroll · Sayan Chatterjee, 〈Netflix〉, 《Harvard Business Review》, 2010. 2
55 〈Blockbuster Targets Netflix with 'Total Access'〉, NPR, 2007. 3. 27
56 Rajkumar Venkatesan · Giandomenico Sarolli, 〈DVD Wars: Netflix Versus Blockbuster〉, 《Harvard Business Review》, 2008. 7

Chapter 7
57 https://en.wikipedia.org/wiki/James_Sinegal#cite_note-6
58 Ashley Lutz, 〈Costco's Simple Strategy For Outperforming Wal-Mart And Target〉, Business Insider, 2014. 10. 1
59 Steven Grenhouse, 〈How Costco Became the Anti-Wal-Mart〉, The New York Times, 2005. 7. 17

60 Glenn Llopis, 〈The Costco Factor: To Win The Business Game, You Need to Change How You Think〉, 《Forbes》, 2011. 1. 31
61 Steven Grenhouse, 〈How Costco Became the Anti-Wal-Mart〉, The New York Times, 2005. 7. 17
62 Jena McGregor, 〈Why Obama hearts Costco〉, The Washington Post, 2014. 1. 28
63 Melissa Allison, 〈Retiring CEO of Costco takes a look back on his legacy〉, The Seattle Times, 2011. 12. 17

Chapter 8

64 http://www.adidas-group.com/en/group/history/
65 Erik Kirschbaum, 〈How Adidas and Puma were born〉, Reuters, 2005. 11 .8
66 Ellen McGirt, 〈How Nike's CEO Shook Up the Shoe Industry〉, 《Fast Company》, 2010. 9. 10
67 Matt Novak, 〈The designer of the Nike swoosh was originally paid $35〉, Gizmodo, 2014. 9. 12
68 Calin Van Paris, 〈The Evolution of the At-Home Fitness Video, From Cindy Crawford to Mark Wahlberg and More〉, 《Vogue》, 2015. 1. 29
69 Kim Foltz, 〈Reebok Fights to Be No. 1 Again〉, The New York Times, 1992. 3. 12
70 Laura Petrecca · Theresa Howard, 〈Adidas-Reebok merger lets rivals nip at Nike's heels〉. USA Today, 2005. 8. 4
71 Jeremy W. Peters, 〈The Birth of 'Just Do It' and Other Magic Words〉, The New York Times, 2009. 8. 19
72 Jeffrey Martin, 〈After 25 years, 'Just Do It' remains iconic tagline〉, USA Today, 2013. 8. 21
73 Sarosh Waiz, 〈The Adidas Slogan: All You Need To Know〉, Advergize, 2013. 6. 8
74 이웅, 〈삼성전자, 스포츠 브랜드 언더아머와 손잡나〉, 연합뉴스, 2014. 7. 16
75 〈Our History〉, Under Armour(http://www.uabiz.com/company/kevinplank.cfm)

Chapter 9

76 정혁준, 《아이폰형 인간 vs 렉서스형 인간》, 한스미디어, 2011
77 같은 책
78 같은 책

79 같은 책

80 같은 책

Chapter 10

81 Naomi Barr, 〈The founder of Victoria's Secret had a genius idea. But he couldn't see just how far it could go〉, Slate, 2013. 10. 30

82 Carlye Adler, 〈Victoria's Secret's Secret - The man behind the company that made lingerie mainstream and mall-friendly〉, 《Newsweek》, 2010. 6. 9

83 Anne-Marie Schiro, 〈Luxury Lingerie: a Mail-Order Success〉, The New York Times, 1982. 5. 15

84 Carlye Adler, 〈Victoria's Secret's Secret - The man behind the company that made lingerie mainstream and mall-friendly〉, 《Newsweek》, 2010. 6. 9

85 Christie D'Zurilla, 〈2014 Victoria's Secret Fashion Show spreads its lacy wings in London〉, Los Angeles Times, 2014. 12 .2

86 Ashley Lutz, 〈How Victoria's Secret Will Continue To Crush The Competition〉, Business Insider, 2014. 9. 9

Chapter 11

87 Kern Lewis, 〈Kmart's Ten Deadly Sins〉, 《Forbes》, 2003. 10

88 Wendy Zellner, 〈Sam Walton: King Of The Discounters〉, Bloomberg Business, 2004. 7. 8

89 Rupert Neate, 〈Amazon's Jeff Bezos: the man who wants you to buy everything from his company〉, The Guardian, 2014. 6. 22

90 예병일의 경제노트(www.econote.co.kr), 〈[인터넷 사업 성공 사례] 아마존, 온라인 쇼핑몰이 살아남는 법〉

91 성민현, 〈아마존 vs 월마트: 새로운 유통 전쟁의 시작〉, kt경제경영연구소

Chapter 12

92 정혁준, 《유한킴벌리 이야기: 착하면서 강한 기업》, 한스미디어, 2013

93 같은 책

94 같은 책

95 같은 책

욕망을 자극하라

1판 1쇄 인쇄 2015년 7월 24일
1판 1쇄 발행 2015년 8월 3일

지은이 정혁준

발행인 양원석
본부장 김순미
책임편집 송병규
본문디자인 네오이크 홍상만
해외저작권 황지현, 지소연
제작 문태일, 김수진
영업마케팅 김경만, 임충진, 송만석, 김민수, 장현기, 이영인, 정미진, 송기현, 이선미

펴낸 곳 ㈜알에이치코리아
주소 서울시 금천구 가산디지털2로 53, 20층 (가산동, 한라시그마밸리)
편집문의 02-6443-8857 **구입문의** 02-6443-8838
홈페이지 http://rhk.co.kr
등록 2004년 1월 15일 제2-3726호

ISBN 978-89-255-5693-2 (03320)

RHK는 랜덤하우스코리아의 새 이름입니다.